지혜로운
도덕 경영

이강태 지음

좋은 책을 만드는 북랩

포스트 팬데믹 시대

지혜로운
도덕 경영

이강태 지음

좋은 책을 만드는

들어가며

코로나는 바이러스다. 바이러스는 숙주가 없으면 살지 못한다. 영악하게도 숙주 몸에서 번식해서 다른 숙주에게로 전염을 통해 넘어간다. 그렇게 퍼지고, 그 결과 지금 1억 명 이상의 인류가 숙주가 되었고 5백만 명 이상이 사망했다. 전 세계적으로 퍼진 대규모 전염병을 팬데믹이라고 부른다. 팬데믹이 1년 넘게 지속되면서 우리의 일상과 생활도 크게 바뀌었다.

4차 산업혁명은 2016년 다보스 포럼에서 찰스 슈바프에 의해 처음 언급된 이래로 지금 현재 진행형이다. 이제 불꽃이 터지듯이 수많은 정보기술이 폭발적으로 세상에 나오고 있다. 무엇보다도 발전의 속도가 기하급수적으로 빨라지고 있다. 정보기술의 발전이 우리의 일상과 생활을 크게 바꾸고 있다

최근에 ESG(Environment, Social, Governance)경영이 자주 회자되고 있다. 코로나로 인한 불확실성이 증대하자 기업들은 지속성장 가능성에 주목하기 시작했다. 기업 내외부에서 비난받거나 공격받지 않을 착한 기업이 되는 것이 지속성장 가능성에 중요하다는 것을 인지하게 되었다. 그래서 기후변화의 주범인 CO_2 배출 규제라든지, 거래선들과의 협업이라든지, 기업의 지배구조 등을 다시 들여다보고 있다. ESG의 현재 수준을 정량적으로 평가하고, 이해관계자들과 개선 방안을 공유하고 있다. ESG는 자연과 공존하고, 사회와 상생하고, 지배구조를 건전하게 함으로써 기업의 지속성장 가능성을 높이기 위함이다.

기업들도 디지털 전환(DX)을 주요 전략으로 삼고 있다. 기존의 프로세스를 아날로그에서 디지털로 변모시켜야 한다. 아날로그가 감성적이기는 하지만 속도가 느리다. 디지털은 정확하고 빠르다. 디지털을 기반으로 하는 새로운 스타트업들의 성공 스토리가 속속 등장하고 있다. 디지털 기업들과 경쟁하기 위해서는 대기업이나 전통기업도 프로세스를 디지털화하지 않을 수 없다.

바이러스인 코로나조차도 생존을 위해 변이를 계속하고 있다. 급하게 개발한 백신이 변종에 효과가 있느니, 없느니 논쟁 중이다. 심지어 이 작은 바이러스조차 어떻게든 살아 보려고 변이를 거듭하고 있는데, 우리는 새로운 디지털 상황에 어떻게 스스로 변화하면서 대응하고 있는 것인가? 코로나 이후에 우리의 소중한 일상이 되돌아 왔으면 좋겠지만, 아마도 언젠가 다시 돌아오는 소중한 일상은 예전에 생활하고 경험했던 그런 일상이 아닐 가능성이 크다.

정보기술의 발전과 코로나의 창궐로 우리의 일상이 대면에서 비대면으로 바뀌었다. 그러나 비대면이 가능하게 된 것은 정보기술 덕분이다. 이미 우리 사회가 4차 산업혁명을 통하여 초연결사회가 되었기 때문에 코로나 비상시국에 비대면이 가능할 수 있었다. 이제 모든 생활이 인터넷과 스마트폰만으로도 가능하다. 인터넷에 연결된 스마트폰으로 그 자리에서 바로 통화, 검색, 메시지, 쇼핑, 배달, 이체도 가능하다. 현실은 비대면이나, 가상의 세계에서는 사람과 사람, 사람과 사물이 거미줄처럼 이미 연결되어 있기 때문이다.

정보기술의 발전에 힘입어 우리 일상과 생활이 빠르게 변하고 있다. 이러한 변화가 점차 더 빨라지고 더 광범위해지고 있는데, 이러한 변화를 주도하는 사람과 기업, 국가는 정보기술로 얻어지는 대부분의 경제적, 사회적 효익을 챙기고 있다. 반면 변화를 미처 좇아가지 못하는 사람과 기업, 국가는 점차 생존을 위협받고 있다. 그래서 양극화와 불평등, 불공정이 생겨나게 되었고, 양극화의 하단에 있는 사람들은 상단에 대해 양극화의 완화, 불평등의 평등화, 불공정의 공정화를 요구하면서 서로 대립하고 있다.

디지털 혁명을 맞이해서 부지런히 정보기술을 학습하며 변화에 적응하는 사람과, 학습을 소홀히 하고 변화에 저항하는 사람과의 차이가 양극단으로 사람들을 헤쳐 모이게 한다. 양극단에 모여 있다 보면 기득권이 생겨나게 된다. 점점 서로 대화하지 않고 자기 주장과 일치하는 정보만 지속적으로 습득하고, 생산하고, 교환하다 보니 더욱 양극단의 거리가 멀어지게 된다.

4차 산업혁명은 CPS(Cyber Physics System)로 정의된다. 가상과 실물의 결합으로 상품과 서비스가 바뀌고 있다. 가상세계와 현실세계의 혼재는 인간의 사고와 활동 영역을 넓혀 주기는 했지만, 또 한편으로는 인간의 주체성과 정체성을 흔들리게도 한다. 가상과 현실의 괴리에서 오는 정신분열은 자칫 폐인을 만들거나 범법을 저지를 가능성이 있다. 그러니 가상과 현실을 통제할 수 있는 정신적인 능력이 요구된다. 정신적인 능력은 스스로 배우고 깨우쳐야 한다.

코로나로 힘든 시기에도 여러 끔찍한 범죄들이 계속 발생하고 있다. 친자식, 친부모들을 학대하고 구박하고 버리고 죽이기까지 한다. 외국에서는 인종차별 범죄가 크게 증가하고 있다. 이러한 사건의 배경에는 가상과 현실의 괴리에서 발생하는 부적합, 불안정, 부정직이 있다. 어렸을 때부터 예의, 절제, 겸손, 존경, 성실과 같은 도덕적 인성교육을 받지 못하고 가상의 세계에서 싸움과 파괴와 살인에 익숙해져 있기 때문이다.

정보기술의 발달은 우리들의 일상을 쉽고 편리하게 만들어 주었고, 기업들은 더 좋은 상품을 더 싼 값에 만들어 판매할 수 있으며, 국가는 더 많은 국부를 창출할 수 있게 해주었다. 그러나 한편으로는 우리 인간들이 정보기술에 의존하면 할수록 인간들의 내면이 공허해지고, 인간들이 공동체에서 지켜야 할 기본적인 도덕이 경시되고 있다. 그 결과 정보기술의 발달이 인간들의 생활과 복지에 기여한 만큼 또 한편으로는 서로 불신하고, 차별하고, 소외되고 있다. 결과적으로 인간들의 미래를 위험에 빠트리고 있다.

사람은 정신이라는 소프트웨어와 신체라고 하는 하드웨어로 구성되어 있다. 정신은 두뇌에서 나온다. 신체의 수명은 점차 늘어나고 있는 반면, 우리의 정신은 그만큼 따라가지 못하고 있다. 젊은 범죄자, 인륜 파괴 부부, 갑질 사업가는 신체의 발달과 정신의 발달이 조화를 이루지 못한 사람들이다. 하드웨어 발전에 비해 소프트웨어 발전이 현저하게 뒤지고 있다. 그래서 이제는 우리의 정신 개발에 더 많은 시간과 노력을 쏟아야 한다. 그래야 균형 잡힌 안정적이고 건전한 디지털 인간이 될 수 있다.

우리의 정신 개발은 도덕에 바탕을 두어야 한다. ESG는 우리를 자연과 공존하고, 사회와 공생하고, 우리 주위와 협업하도록 한다. 이 ESG가 바로 도덕을 기반으로 하고 있다. 도덕은 공존, 상생, 협업이기 때문이다. 정보기술도 다른 과학기술들처럼 양날의 칼이다. 도덕적 정보기술은 인간을 번영과 행복으로 이끌지만, 비도덕적인 정보기술은 인간을 퇴보와 파멸로 이끈다.

도덕적 정보기술은 도덕적 인간이 전제되어야 한다. 인간 스스로가 도덕적으로 되지 않으면 도덕적 정보기술이 나오거나 정보기술을 도덕적으로 활용할 수 없다. 도덕적 인간은 주체적이어야 한다. 나만의 생각, 나만의 지성, 나만의 이성을 갖춘 사람이다. 인문학을 폭넓게 공부하고, 세상의 모든 현상에 대해 끊임없이 의심하고, 끊임없이 질문하고, 끊임없이 학습하는 사람이다. 그런 도덕적인 사람이 되어야 정보기술을 도덕적으로 개발하고, 사용하고, 세상에 도움을 줄 수 있다.

지식은 아는 것을 경험하는 것이고, 지혜는 경험한 것을 깨달아 가는 것이다. 지식을 많이 가진 사람은 많아도 지혜를 많이 가진 사람은 찾아보기 힘들다. 엄청난 양의 정보와 지식이 인터넷과 유튜브, SNS를 통해서 홍수처럼 밀려오고 있지만, 이러한 정보와 지식을 자기 것으로 소화하지 못하고 그냥 흘려보내고 있다. 들어도 귀 기울이지 않고, 보아도 주목하지 않으며, 알아도 깨달으려 하지 않기 때문이다.

정보기술의 최종적인 목적은 우리 인간이 지혜롭게 되는 것이다. 지혜는 우리를 좌절과 실패와 후회로부터 구해서 희망과 성공과 번영으로 이끌어 간다. 지혜로운 사람은 도덕적이다. 정보기술을 잘 활용하는 사람은 지혜로운 사람이다. 그러니 지혜로운 정보기술은 도덕적이어야 한다.

코로나로 거리 두기를 하고, 그로 인해 우울해지고 있는 이때, 우리는 지식을 지혜로 승화시킬 수 있는 너무나 좋은 기회를 얻었다. 인생에서 지혜로워지는 것은 가장 숭고하고 가치 있는 목표이다. 자기 자신만의 시간을 갖고, 자기 자신의 내면을 들여다보고, 자기의 정신적인 능력을 키울 수 있는 정말 좋은 기회다. 언제 우리 모두가 이렇게 자기 홀로 생각할 시간을 집단적으로 가질 수 있었는가? 항상 위기는 기회와 같이 온다.

부동산을 영끌하고, 동학개미, 서학개미로 몰려다니고, 비트코인에 열광하고 있는 사람들은 잠시 머리를 들고 눈을 돌려 자기가 노심초사하고 있는 일들이 과연 가치 있고 의미 있는 일들인지 생각해 봐야 한다. 시간은 무심하게 흐르고 우리는 늙어 간다. 지금 시간을 어떻게 보내느냐에 우리의 미래가 결정된다. 재테크로 40대에 은퇴하고, 하고 싶은 일만 하며 사는 것이 목표가 되면 안 된다. 인생의 궁극적인 목표는 더 지혜로워지는 것이어야 한다. 지혜가 있어야 인생의 의미와 가치가 보이기 때문이다.

지금 넘치는 그들의 지식을 자신의 지혜로 승화시켜야 한다. 여기에 정보기술이 중요한 도구가 된다. 본인 스스로가 정보기술자가 되려고 애쓰기보다는 정보기술이 발전되어 가는 방향을 이해하면 된다. 우리 주위의 다양한 정보기술들을 지적인 호기심을 가지고 쉼 없이 학습하면 된다. 정보기술의 의미와 의의를 알면 된다.

정보기술을 학습하면서 정보기술이 우리를 편안하고 행복하게 하는 것이 아니라 오히려 불안하고 불행하게 하고 있는 것은 아닌지 돌아볼 때다. 사람이 정보기술을 도구로써 활용하는 것이 아니라 정보기술이 사람을 부리고 있는 것은 아닌지 생각해 봐야 한다. 만약 우리가 지금 뭔가에 쫓기고 불안하고 행복하지 않다고 느끼고 있다면 그 불안과 좌절의 근원이 무엇이고, 어디에서 오고 있는 것인지 차분히 찾아봐야 할 때다.

차례

| 4 | 들어가며 |
| 15 | 1장 우리는 지금 어디에 있는가? |

코로나 팬데믹 / 17
코로나가 가져온 사회적 변화 / 19
4차 산업혁명의 가속화 / 23
더 강화되는 초연결사회 / 26
더 중요해지는 생산성 / 28
뉴노멀에 적응하기 / 31

코로나 이후의 세상 / 34
경제위기 발생 가능성이 높다 / 34
대면에서 비대면으로 전환된다 / 36
양극화가 더 심해진다 / 42
정보기술이 인간의 능력을 능가한다 / 44
정신교육이 중요해진다 / 46
팬데믹보다 인포데믹이 더 해롭다 / 49

| 53 | 2장 어떤 정보기술이 변화를 주도할 것인가? |

정보기술 발전 추이 / 55
경영자 입장에서 정보기술 트렌드 이해하기 / 55
4차 산업혁명의 정보기술들 / 59
AICBM(AI, IoT, Cloud, Big Data, Media) 이해하기 / 61

주요 정보기술의 인문학적 의미 / 108
지능의 외주화(인공지능) / 108
실시간의 중요성(IoT) / 111
분산에서 집중으로(클라우드) / 114
지식에서 지혜로(빅데이터) / 116
신뢰기관의 대체(블록체인) / 118
이동성의 향상(모빌리티, 스마트폰) / 121

정보기술 구현하기 / 124
정보기술 도입과 국내 현실 / 124
전사적 IT 프로젝트 이해하기 / 130

정보기술 제대로 운영하기 / 137
정보기술 관리체계 / 137
스타트업 경영의 특징 / 139

145 　**3장 정보기술이 경영에 어떠한 변화를 가져왔는가?**

시가총액 순위로 본 우리나라 기업의 현주소 / 147
경영자와 정보기술 / 153
경영자는 정보기술을 잘 알아야 한다 / 153
경영자는 스스로 정보기술을 활용해야 한다 / 156
경영자는 컴퓨팅적 사고를 할 줄 알아야 한다 / 158
경영자는 CIO에게 자주 질문해야 한다 / 161

경영혁신과 정보기술 / 163
IPO(Input-Process-Output) 이해하기 / 163
데이터 경영 이해하기 / 166
정보기술 경영은 선택과 집중이다(20:80의 원리) / 170
정보기술의 개념을 넘어서 응용으로 / 173
개선도 혁신만큼 중요하다: BCSF / 174
경영혁신은 IT 시스템으로 완결된다 / 177

정보보안 / 181
정보보안의 중요성 / 181
기업의 정보 유출을 막아라 / 183
사이버 전쟁에 대비하라 / 185

189   **4장 정보기술은 인간에게 어떤 변화를 가져올 것인가?**

             디지털 전환(DX) / 191
             디지털 전환(DX)이란? / 191
             DX 추진 배경 / 193
             DX의 추진 방법 / 196
             DX의 미래 / 199

             정보기술과 일자리 / 202
             일자리와 '1만 시간의 법칙' / 202
             정보기술과 인재 채용 / 209
             인공지능과 일자리 / 213
             정보기술과 양질의 일자리 / 217
             정보기술과 생산성 / 220
             정보기술과 학습 / 223
             조기 교육의 중요성 / 226
             정보기술과 교육 / 231

237   **5장 우리는 지금 어디로 가야 하는가?**

             ESG경영 / 239
             ESG경영이란? / 239
             ESG경영 트렌드 가속화의 배경 / 246
             ESG경영의 미래 / 248

             도덕 경영 / 251
             도덕이란 무엇인가? / 251
             ESG와 도덕 / 256
             IPO와 도덕 / 259
             DX(디지털 전환)과 도덕 / 263
             정보기술과 도덕 / 264
             AICBM과 도덕 / 269
             정보기술로 사회적 문제 해결하기 / 281

293   **맺음말**

01

우리는 지금 어디에 있는가?

코로나 팬데믹

지금 인류는 코로나와 전쟁 중이다. 그동안의 사람 간, 국가 간의 전쟁이 아닌 인류와 바이러스 간의 전쟁이 한창 진행중이다. 사람 간 전쟁에서는 이기면 영토, 포로, 재산 등을 얻을 수 있다. 하지만 바이러스와의 전쟁에서는 설령 이긴다 해도 인류 입장에서 얻을 게 없다. 이 전쟁에서의 승리는 얼마나 적게 죽고, 얼마나 많이 살아남았냐는 것 말고는 내세울 것이 없다. 싸움을 피할 수도 없고, 이겨도 얻을 게 없는 힘든 전쟁을 치르고 있다.

예전에는 보이는 적과 총칼로 싸웠다. 이제는 보이지 않는 적을 상대로 백신과 치료제로 싸우고 있다. 예전의 전쟁터에는 장군과 병사들이 싸웠지만, 이제는 의사와 간호사가 최일선에서 싸우고 있다. 다만 실질적인 도움이 안 되는 정치가들이 후방에서 북 치고 장구 치는 것은 예전과 다름이 없다.

지금 세계 각국은 코로나 전쟁 중에도 양극화와 불평등으로 심한 몸살을 앓고 있다. 국내에서는 잘 사는 사람과 못 사는 사람 간의, 방역과 도시 봉쇄로 먹고살기 힘든 사람과 먹고사는 데 문제가 없는 사람 간의 불평등이다. 또 국제적으로는 백신을 선점해서 접종을 시작한 나라와 백신을 구하지 못해서 무작정 기다리는 나라 간의 불평등이다.

불행하게도 코로나와의 전쟁에서 제일 피해가 심한 계층이 사회적 취약계층이다. 돈 있는 사람, 직장 있는 사람들은 코로나에 걸려도 사회적 격리나 병원 치료로 곧 회복되지만, 하루 벌어 하루 먹고 사는 사람들은 자발적 격리도, 제대로 된 치료도 못 받아 죽음으로 몰리고 있다. 코로나 방역 때문에 굶어 죽는다는 말이 나오고 있다. 바이러스의 전염은 국경, 나이, 성별, 직위, 재산, 학력과 관련 없이 모든 사람에게 공평하게 퍼지지만, 이처럼 어떤 사람이 걸렸느냐에 따라 전염된 사람의 결과는 삶과 죽음만큼 극단적이다.

이번 코로나 팬데믹이 주는 충격은 사전에 어느 누구도 이런 규모의 팬데믹을 미처 예상하지 못했다는 점이다. 그러니 이번 코로나에 대처하면서 앞으로 닥칠 충격이 어떤 종류이고, 어느 방향에서 밀려올 것인지를 예측하고 대비하는 것이 무엇보다 중요하게 되었다.

토머스 프리드먼(Thomas L. Friedman) 뉴욕타임스(NYT) 칼럼니스트는 "코로나19 이후 재앙은 기후변화에서 올 것"이라고 전망했다. 그는 "세계는 더 평평해졌고 동시에 더 취약해졌다"며 "지정학적 팬데믹(9·11테러), 금융 팬데믹(글로벌 금융위기), 생물학적 팬데믹(코로나19 사태)에 이은 팬데믹은 생태학적 팬데믹으로, 기후변화가 초래할 것"이라고 강조했다.

코로나가 지나가고 나면 곧 기후변화로부터 위기가 닥칠 거고, 기후변화는 지진, 화산, 홍수, 가뭄, 태풍 등의 형태로 인간의 생존을 위협할 것이라는 예측이다. 양치기 소년이 세 번 거짓말을 했다고 그냥 무시하면 안 된다. 네 번째 늑대가 온다고 소리치면 누구라도 자다가 뛰어나가야 한다. 이를 무시했을 때 받는 피해가 너무 크기 때문이다.

코로나가 가져온 사회적 변화

코로나가 지금 어떤 사회적 충격을 주고 있으며, 앞으로 어떤 사회적 변화를 가져올 것인가?

김동원 고려대 교수는 한 기고문에서 다음과 같이 예견했다.[1)]

"코로나는 자연사상이란 새로운 시대정신을 열었다. 종교에도 큰 충격을 주어 대형 교회의 시대에서 작은 교회의 시대로, 작은 교회의 시대에서 개인 영성의 시대로 바뀌고 있다. 교육 측면에서는 코로나로 인한 이동과 여행 제한으로 유학 대신에 온라인으로 유명 대학의 강의를 수강하는 수요가 증가하였다. 등록 학생 수, 단단한 재정, 캠퍼스의 좋은 시설, 좋은 교수진, 든든한 동문 커뮤니티 등으로 평가되던 대학별 순위는 구독자 수, 강사진의 충실한 설명, 이해하기 좋은 화면 구성, 급격한 트래픽 증가를 처리할 수 있는 IT 성능 등에 따라 바뀌고 있다. 선생님이 학생에게 직접 공부를 시키고 격려하던 하향식 교육방식은 학생 스스로 학습열에 따라 선

---

1) 김동원 고려대 교수, '고우경제'에 기고한 글에서 인용함.

생님을 찾아가는 상향식 학습 태도로 바뀌었다. 또 코로나를 극복하기 위하여 각국의 정부는 점점 비대해지고 전체주의적 성격을 띠고 있다."

코로나에 의한 변화를 요약하면, 대면에서 비대면으로, 정당에서 시민으로, 오프라인에서 온라인으로, 아날로그에서 디지털로, 제조·판매에서 배달로, 전기에서 수소로, 실물화폐에서 가상화폐로 힘의 이동이 일어날 것으로 보인다.

모든 인류가 마스크를 써야 하고, 서로 만나서 악수를 하거나 포옹할 수 없고, 수시로 손을 씻어야 한다. 학생들이 학교에, 직장인들이 직장에, 소비자들이 물건을 사러 시장에 가지 못하고 있다. 종교인들이 설교할 수 없고 환자가 병원에 갈 수 없다. 친구들과 만날 수 없고, 가족 친척의 결혼식과 장례식에 참석하거나 식당에 모여서 식사할 수 없다. 스포츠에 관중이 없고, 연주회에 청중이 없고, 전람회에 관람객이 없고, 해외여행을 하지 못하는 세상이 된 것이다.

이러한 변화는 1년이 넘으면서 이제 우리의 생활패턴으로 자리를 잡아가고 있다. 지금 각 분야의 전문가들도 예전의 당연했던 일상으로 다시 돌아갈 수 없을 것이라고 말한다. 다만 변화가 어느 정도일 것인지에 대해서는 이견들이 많다.

어쨌든 새로운 세상이 우리의 일상이 된 것이다. 새로운 변화는 처음에 항상 어색하고 불편하고 생소하다. 그렇지만 시간이 지나 어느 정도 적응하고 습관화되면 오히려 자연스럽고 편하고 익숙하게 된다. 다만 상당한 시간이 걸려야 했을 전 세계적이고 광범위하며 급격했던 이번 변화가 코로나 팬데믹으로 인해 1, 2년이라는 짧은 시간 동안 전 인류에게 강요된 변화라는 점에 주목할 필요가 있다.

이는 정보기술의 발전이 기하급수적으로 빨라져서 4차 산업혁명이 일어난 환경에서 다시 팬데믹이 2차 엔진 추진체가 되어 변화를 가속화한 것이다. 그러니 대부분의 보통 사람들이 느끼는 변화의 속도는 너무 빨라서 적응하기 힘들 것이다.

변화의 외생 변수는 자연과의 공존이고, 내생 변수는 도덕의 회복이다. 코로나 팬데믹을 부른 것이 이기적 생존경쟁이라면, 이제 인류는 이타적 생명경제로 나아가야 한다고 프랑스의 세계적인 석학인 자크 아탈리(Jacques Attali)는 말하고 있다. 인간들이 자연과 공존하고 상생하는 것이 아니라 이기적으로 자연환경을 파괴한 결과로 팬데믹이 일어났다는 것이다.

이화여대의 최재천 교수는 바이러스 입장에서 본다면 인간만큼 이상적인 숙주가 없다고 한다. 지구상 개체 수가 가장 많은 포유류로서, 서로 밀접하게 공동체를 만들어 생활하는 인간이야말로 바이러스가 번창하기에 가장 적합한 숙주라는 것이다.

언젠가 코로나가 잡히고, 인류는 또 한 번 팬데믹 극복에 안도할 것이다. 그러나 사스, 메리스, 코로나로 이어지는 팬데믹의 발생 주기가 점점 빨라지고 있다는 데에 주목해야 한다. 또 다른 이름의 팬데믹이 인간들을 덮치기 위해 지금 어디에선가 서서히 준비하고 있지 않을까?

인간의 이기적인 환경파괴가 기상이변, 팬데믹 창궐과 같은 형태로 나타나고 있다. 수많은 종의 동식물들이 멸종으로 몰리고 있고, 지구온난화로 빙하가 녹아내리고 기상이변이 속출하고 있다. 코로나로 끝날 문제가 아니다. 어쩌면 우리 인류는 앞으로 지구적 재난의 일상화에 시달릴지도 모른다.

또 하나의 방향은 우리 인간 스스로가 바뀌어야 한다. 환경을 개선하는 것도 중요하지만 우리 스스로 환경에 맞추려는 노력도 중요하다. 우리는 이제까지 자연을 우리 인간이 적극적으로 개발하고 이용해야 하는 객체로 생각해 왔다. 아무리 발버둥을 쳐도 자연을 벗어날 수 없는 인간이 그 자연을 변화시킴으로써 우리 스스로도 결국 변할 수밖에 없게 되었다. 이제부터라도 더는 자연을 변화시키려 하지 말고, 우리 스스로가 자연에 순응하면서 살아가는 지혜를 배워야 한다.

자연과의 공생이 무너져 내린 이유는 인간의 이기심 때문이다. 상대방보다 자신을 먼저 생각하고, 자신의 이익을 위해서 상대를 희생시키는 이기심이 문제다. 개인의 이기심이 모여 지금의 양극화, 불균형, 불공정과 같은 부조리를 만들었다. 자연과의 조화로운 삶, 이웃과의 상생의 삶, 개인의 자발적 절제가 가능해지려면 상대방을 존중하는 도덕심의 회복이 중요하다.

정보기술의 발전이 이제 생태계, 기후, 환경, 도덕의 문제로까지 퍼져가고 있다. 구한말 물질이 개벽하니 정신을 개벽하자는 선각자가 있었다. 정보기술의 발전에 걸맞은 우리의 정신이 함께 발전해야 정보기술의 여러 혜택과 이득을 다함께 오래 누리게 될 것이다. 이것이 도덕적 정보기술의 근본 사상이다.

코로나도 계속 변이가 일어나고 있다. 바이러스 입장에서 어떻게든 더 살아 보려고 스스로 변이를 계속하고 있다. 하물며 우리 인간이 이 엄중한 상황을 겪으면서 스스로 변하려고 하지 않는다면 그게 어디 인간의 도리라고 할 수 있을까? 기업도 마찬가지다. 혁신하지 않는 기업은 숙주에 기생하는 바이러스만도 못하다. 개인, 기업, 국가가 혁신하지 않고 기득권에 안주하면서 현상 유지 편향을 즐기고 있다면 이미 공멸의 길로 들어선 것이다. 환경은 쉼 없이 변하고, 변하는 환경에 적극적으로 적응하는 것이 진화다. 그래서 변화와 진화는 자연의 법칙이다.

변화와 혁신의 시작은 나로부터 출발해야 한다. 나는 변하지 않으면서 주위를 바꾸려고 하면 결국에는 아무것도 바뀌지 않는다. 나를 바꾸고 주위를 바꾸려 해야 한다. 그런 정신이 바로 도덕이다. 이제 코로나로 촉발된 뉴노멀에 나 스스로 적응하도록 노력하고, 나를 바꿈으로써 기업과 국가가 바뀌도록 해야 한다. 그래서 나와 기업과 국가가 자연과 공생하고, 사회와 상생하고, 이해당사자들과 같이 번영하는 도덕 세계를 만들어가야 한다.

4차 산업혁명의 가속화

인류역사상 증기기관, 전기, 정보로 촉발된 3번의 산업혁명이 있었고, 이제는 가상과 실물의 결합을 통한 4번째 산업혁명이 시작되었다. 용어 자체에 혁명이라는 말이 붙어서인지 조금은 파괴적이고 선동적인 느낌이다.

제4차 산업에 대한 정의는 다양하다. 각 산업에서 정보기술을 활용하여 대변혁이 일어나고 있어서 보는 관점에 따라 정의가 다를 수밖에 없다. 그러나 그 핵심은 오프라인과 온라인의 결합, 즉 O2O다. 제조업이 정보기술과 만나면 Industry 4.0이 되는 것이고, 금융업이 정보기술과 만나면 핀테크나 인터넷뱅킹이 되고, 유통업이 정보기술과 만나면 아마존과 쿠팡이 된다. 방송이 정보기술을 만나면 넷플릭스가 되고, 호텔업계가 정보기술을 만나면 에어비앤비가 되고, 택시업계가 정보기술을 만나면 우버나 그랩이 된다. SNS가 정보기술을 만나면 틱톡이나 트윗이나 카톡이 되고, 동영상이 정보기술을 만나면 유튜브가 된다. 제4차 산업혁명은 이렇듯 각 산업에서 정보기술을 통해 일어나는 지금 시점의 모든 경제, 사회, 문화의 변혁을 총칭하는 말이다.

4차 산업혁명은 정보기술의 발전이 기하급수적으로 빨라지면서 촉발된 혁명이다. 4차 산업혁명이라는 말에 부정적인 학자도 많다. 산업혁명이라고 말하려면 사회 전반에 걸친 혁명적 변화가 있어야 하는데, 4차 산업혁명은 주로 정보기술 분야에 한정되어 있기 때문에 산업혁명이라는 말을 붙이기 어렵다는 주장이다. 또 인간의 역사를 놓고 볼 때, 4차 산업혁명이 3차 산업혁명과 너무 시기적으로 가까워서 오히려 3차 산업혁명의 연장으로 봐야 한다는 주장도 있다.

지금 세계적으로 일어나고 있는 변화의 물결이 3차의 연장이나 4차냐를 떠나서 증기, 전기, 정보기술, 그리고 실물과 가상으로 이어지는 기술 발전의 주기가 빨라지고 있는 것만은 분명하다. 이런 4차 산업혁명에 대한 논의가 식어갈 즈음에 코로나가 터졌다. 전 인류가 스페인독감 이후 다시 100년 만에 전 세계적인 전염병을 경험하게 된 것이다. 팬데믹으로 사람들의 일상생활이 완전히 바뀌게 되었다.

흑사병과 스페인독감 이후 인간노동을 기계로 대체하려는 움직임이 있었듯, 현 팬데믹도 4차 산업혁명의 가속화를 가져올 것이다. 인공지능에 기반한 제조, 생산, 판매가 더욱 빠른 속도로 활성화되고, 인간 접촉 최소화를 위하여 생산 현장에 로봇의 도입도 현저히 증가할 것이다. 비대면 경제의 활성화도 이루어져 줌(Zoom), 웹엑스(Webex) 등 원거리 미팅 플랫폼이 많이 증가하고, 음식 배달, 번역, 편집, 디자인 등 비대면 플랫폼 경제 수요도 증가할 것이다.

4차 산업혁명을 이끌어가는 정보기술들의 앞머리 글자를 따서 AICBM이라고 한다. 'AI, IoT, Cloud, Big Data, Blockchain, Mobility'를 말한다. 이 정보기술들은 인간들을 서로 연결해 주고, 사물과 인간을, 실물과 가상의 세계를, 시간과 공간을 연결해 준다.

왜 이러한 연결이 필요하게 되었을까? 그 이유는 마치 개미나 꿀벌처럼 분산된 신경계를 구축하려는 데 있다. 각각의 개체가 서로 떨어져 있지만, 각각이 주어진 기능에 충실하다 보면 하나의 완전체가 되어 개개의 생존에 더 효율적이기 때문이다. 우리도 각 개인, 각 가정, 각 기업, 각 국가 조직이 각각의 목표를 달성해 나가면 연결된 개체들의 전체적인 생존 가능성과 복지가 높아진다.

이미 인터넷을 통하여 개인, 가정, 기업, 국가가 연결되어 있다. 거기에 On&Off, 즉 실물과 가상의 세계가 인터넷상으로 촘촘히 연결되어 있다. 코로나 이후 인간 활동은 비대면이 주류가 되었는데, 이 비대면이 가능한 것도 인터넷에 의한 연결 덕분이다. 현실의 대면이 가상의 비대면으로 대치되었을 뿐이다. 현실에서의 비대면이 인터넷상의 연결을 더욱 강화하고 보완하고 있다.

코로나로 뉴노멀이 된 비대면 현상은 결국에는 4차 산업혁명을 더욱 가속화할 것이다. 4차 산업혁명의 정보기술들이 없이는 비대면이 가능하지 않기 때문이다.

더 강화되는 초연결사회

지금 우리 사회를 한마디로 정의하면 초연결사회(Hyper Connected Society)라고 할 수 있다. 초연결사회에 대한 사전적 정의는 "IT를 바탕으로 사람, 프로세스, 데이터, 사물이 서로 연결됨으로써 지능화된 네트워크를 구축하여 이를 통해서 새로운 가치와 혁신의 창출이 가능해지는 사회"이다. 좀 더 쉽게 얘기하면 사람과 사람, 사람과 사물, 사물과 사물이 서로 연결되고 있다는 의미다.

초연결사회는 IT의 발전과 인간 욕구의 변화에 기인한다. 그 연결의 고리가 점점 더 강해지고 있다. 전 세계가 그물망처럼 촘촘히 연결되어 있다. 우리 주변에서 일어나는 모든 일은 원하든 원하지 않든 주위 사람들과 공유되고 있다. 이런 초연결사회에 일어난 팬데믹이 코로나다.

초연결사회에서의 여러 부작용도 예상이 된다. 지역적, 사회적, 경제적, 문화적으로는 서로 떨어져 있지만, 네트워크에 의해서 서로 강력하게 묶여 있다 보니 사람과 사람 사이에서의 불충분한 대화로 오해와 긴장과 갈등이 발생한다. 대면을 통한 감정의 교류가 없이 비대면으로 동영상이나 메시지로 서로 생각과 의견을 교환하다 보니 오해와 편견이 따른다. 접하는 사람들의 지적 수준, 도덕 수준에 따라 전혀 예상치 못한 결과도 나오고 있다. 그래서 악플, 왕따, 유언비어, 딥페이크 등 부정적인 면도 나오고, 이에 상처받은 사람들이 자살까지 하고 있다.

지금은 정보가 곧 돈이고, 그래서 정보 쏠림 현상에는 돈이 쏠리고 있다. 재산 있는 사람이 더 벌고, 지식 있는 사람이 더 많이 공부하고, 건강한 사람이 더 건강해지고, 친구 많은 사람이 친구가 더 많아지는 쏠림 현상이 생긴다. 초연결사회에서는 수평적 관계로 시작하지만 정보의 생산, 유통, 활용 측면에서 능력의 차이가 있다. 그래서 점차 투명하고 공정해야 할 초연결사회에서 다시 정보의 계층화가 발생하고 있다.

코로나 이후에 재택근무, 전자상거래, 화상회의, 이메일 및 메신저 사용이 예전보다 급증했다. 이러한 일하는 방식의 변화가 실물의 연결을 좀 더 촘촘하게 이어 주고 있다. 비대면이라고 해서 직접 얼굴을 맞대지 않을 뿐이지 오히려 인터넷을 통한 연결이 더욱 강화되어 전체적으로 초연결사회가 더욱 심화되고 있는 것이다.

초연결사회는 개인들에게 어디든지 연결되어 있어야 한다는 심리적 압박을 할 것이다. SNS에서 Follow를 하던, Facebook에서 친구를 맺던, 카톡에서 친구를 맺던, 휴대폰을 통하여 지속적으로 자기가 어딘가에 연결되어 있다는 확인을 한다. 연결되어 있어야 안심을 하고 안정감을 받는다. 우리는 현실이든 가상이든 네트워크를 통해 가족, 학연, 지연, 직장, 종교, 동호회 등과 연결된다. 현실에서는 혼자여도 가상의 세계에서는 혼자가 아닌 것이다.

우리가 우리 나름의 지식과 지혜가 없으면 이 네트워크에서 쏟아져 들어 오는 각종 정보에 의해서 교육되고 세뇌되어 진실과는 거리가 먼 편향되고 불공정한 의견을 갖게 될 위험이 있다. 현실과 가상, 진실과 허위의 구분이 애매해지고, 우리 스스로도 방향 감각을 잊어버릴 수 있다.

코로나 이후의 초연결사회는 컴퓨터 바이러스에 의해 또다시 중단되고 해체될 위험도 있다. 컴퓨터의 발달도 집중화와 분산화의 양극단을 오가면서 발전한다. 집중화를 하면 각 말단의 유연성이 없어지고 위험요소가 한곳에 집중된다. 정보보안 사고가 그중의 하나다. 분산화를 하면 자원의 분산에서 오는 비효율과 전체의 이익을 극대화하지 못한다는 문제점이 있다.

더 중요해지는 생산성

우리를 포함한 모든 동식물도 플러스 생산성이면 커지고 마이너스 생산성이면 작아진다. 농축수산 산업에서부터 최첨단의 생명과학 기업까지, 스타트업부터 대기업까지 모든 조직의 활동은 플러스의 생산성과 플러스의 부가가치를 창출해야 한다. 그러지 못하면 생존할 수 없다. 그래서 생산성과 부가가치의 주제는 시간과 공간을 지배하는 기본 운동 법칙이다.

공기업, 정부기관과 같이 공공의 안전과 복지를 위해서 존재하는 기관은 생산성과 관련이 없다고 생각하기 쉬우나 절대 그렇지 않다. 정부의 예산이든 협회의 기금이든 비용을 쓰는 모든 부서는 그 돈의 사용가치에 따라 평가를 받게 된다. 비록 정치적인 이유로 생산성 평가가 단기적으로 왜곡될 수는 있으나, 장기적으로 볼 때는 어떤 조직이나 기관도 생산성 문제에서 벗어날 수 없다.

어떤 정부가 저(低) 생산성의 기업이나 기관을 정리하지 않고 계속 끌고 간다면 국가 경제 자체가 무너지게 되어 계속 버틸 수가 없다. 우리나라에서 IMF사태가 났을 때 봤듯이 많은 좀비기업이 버티다 구조조정의 타이밍을 놓치고 타의에 의해 퇴출되었다. 미국, 유럽, 중국, 일본의 선진국가에서도 생산성 경쟁에서 뒤처진 기업들의 결과는 동일하다.

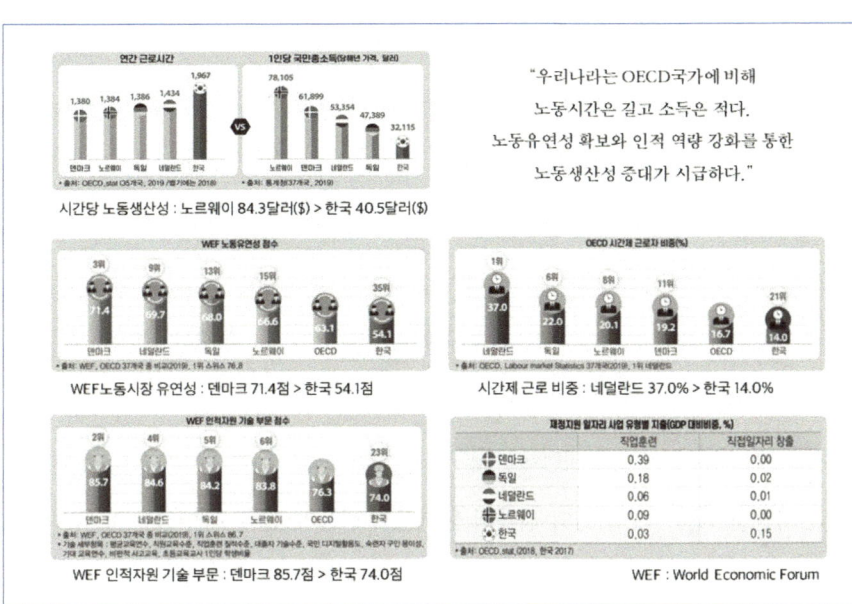

노동생산성 증가의 필요성
(출처: 한국경제연구원, 적게 일하고 많이 버는 나라들, 노동유연성과 노동생산성 높아, 2021. 4. 21.)

    남미의 많은 좌파 정부가 포퓰리즘으로 정권을 한동안 유지했지만 국가 전체적으로 생산성이 받쳐 주지 못해 결국에는 괴멸하는 경우도 볼 수 있다. 포퓰리즘이라는 말 자체가 생산성과 무관하게 자원을 뿌린다는 뜻이기 때문이다. 자원이 생산성을 기초로 배분되지 않으면 낭비되고 축소재생산을 하게 되어 전체가 소멸하게 된다.

    코로나 이후에 이러한 생산성 문제가 더욱 부각될 것이다. 우리나라에서 개인의 생산성 문제가 크게 대두되지 않은 이유는 일반적으로 개인의 생산성이 부서나 팀의 생산성에 묻혀서 평균적으로 보이기 때문이다. 내부적으로 들여다보면 생산성이 높은 직원의 성과물에 생산성이 낮은 직원이 업혀 가는 것이다.

만약 전체 사업부나 부서의 생산성이 낮으면 개인에 책임을 묻기보다는 부서 책임자에게 책임을 묻는 것이 통상적이다. 그래서 직원은 자기 자신의 생산성에 그리 크게 신경 쓰지 않고 시키는 일, 해야 할 일만 하면 된다는 보신주의가 판을 치고 있다. 일이 잘되거나 못 되거나 주된 보상을 받고 책임을 지는 사람은 항상 최상위 책임자다. 그러니 밑에서 책임의식이나 주인의식을 가질 이유가 없다.

이제 코로나 이후에 재택근무를 하고, 줌(Zoom)으로 원격회의를 하게 되면 예전처럼 팀이나 부서의 성과에 묻어가기 힘들게 된다. 개인별로 보이지 않는 곳에서 어떤 일을 하는지 보여 줘야 한다. 예전에는 회의에 도움이 되든 안 되든 회의에 참석하는 것 자체가 일이었지만, 이제는 원격회의에 참석해서 어떤 발언을 했고, 어떤 기여를 했는지 모든 사람이 다 알게 되었다. 회의 중에 한 사람 한 사람이 CCTV로 감시되고 있다고 봐야 한다. 재택근무든 원격회의든 자기 스스로 자기의 부가가치를 직접 증명해야 하는 시대가 오고 있다.

코로나 시대에 가장 좋은 직업이 월급쟁이라고 한다. 출근하든 안 하든 월급이 꼬박꼬박 나오기 때문이다. 그러나 사람들이 흔히 인생의 후반부에서 실패하는 이유가 관성의 법칙에 젖어 들기 때문이다. 지금 좋으면 계속 좋을 것 같이 생각하고 그렇게 믿고 싶어 한다. 그러나 우리의 젊음이 오래 가지 않듯이, 인생에서 편하고 좋은 시절은 그리 오래 가지 않는다.

항상 현실을 즐기지 못하고 미래에 불안해하라는 뜻은 아니다. 미래는 준비하는 사람에게는 기대감으로 다가오고, 준비하지 않는 사람에게는 불안감으로 다가오는 법이다. 그러니 지금 꼬박꼬박 나오는 월급이 자신의 능력으로 받을 수 있는 최선인지도 확인할 필요가 있고, 최선이라고 한다면 언제까지 이런 대우가 가능할 것인지 수시로 자문해 봐야 한다.

코로나 이후에 닥칠 사회적, 경제적, 국가적 혼돈 속에서 꿋꿋이 살아남는 비결은 자기 자신의 생산성에 의지하는 방법뿐이다. 어디에서 무엇을 하든지 생산성이 남들보다 높고 부가가치를 창출하고 있으면 살아남고, 그렇지 않으면 어려울 것이다. 코로나 이후에도 생산성을 유지하고 높이는 방법은 정보기술을 적극적으로 활용하는 방법밖에 없다.

뉴노멀에 적응하기

세상은 항상 변한다. 어느 때는 강하고 빠르게, 어느 때는 약하고 느리게 변한다. 어느 때는 인간에게 유리한 방향으로, 어느 때는 불리한 방향으로 변한다. 어떤 변화든 적극적으로 받아들이고 변화가 가져온 문제점을 극복해 나간 계층은 변화의 물결에 올라타서 번창한다. 그렇지 못한 계층은 쇠락의 길을 걷다가 퇴출당한다.

코로나 이후의 변화에 적극적으로 준비하고 대응하며 변화를 주도하는 계층은 양극화의 상단부에서 변화가 가져오는 새로운 세상의 혜택을 만끽할 것이다. 세상에는 변화를 주도하는, 변화에 따라가는, 변화에 적응하지 못하는 3가지 종류의 사람이 있다. 당연히 변화를 주도하는 사람이 가장 큰 변화의 혜택을 본다.

변화를 주도하는 사람과 변화에 저항하는 사람 중 누가 옳고 그르냐의 문제가 아니다. 변화가 항상 좋은 것도 아니고 변화의 방향이 항상 바람직하지도 않기 때문이다. 변화가 일어나고 있을 때는 누구나 변화의 소용돌이 속에 있기에 변화의 영향력을 측정하기가 어렵다. 당연히 변화의 방향과 속도에 대해 논란이 있을 수밖에 없다.

'디지털 문맹(digital literacy)'이라는 말이 있다. 글을 읽고 쓸 줄 아는 것처럼 '디지털 정보 체계와 디지털 기술을 활용할 줄 아는 역량을 갖추지 못한 사람'을 의미한다. 디지털 문해력(文解力)이 부족하면 디지털 문맹이다. 우리 사회의 디지털 문맹률이 90%라고 한다. 우리나라의 인터넷 속도가 빠르고 스마트폰 보급률은 높지만, 그 안에서 오가는 정보를 제대로 이해하고 활용하는 능력이 절대적으로 부족하다. 이는 비록 글을 읽고 쓸 수는 있지만 정작 문서로부터 필요한 정보를 취득하거나 기술을 학습하는 문자 해독 능력이 떨어지기 때문이다.[2]

금융문맹(Financial Literacy)이라는 말도 있다. 네이버 지식백과에서는 금융문맹을 다음과 같이 정의하고 있다. "일상생활과 산업 분야에서 금융이 차지하는 비중이나 중요성이 커지면서 금융 관련 지식이 부족하여 돈의 소중함과 관리방식을 모르고 돈을 제대로 활용하지 못하는 금융문맹이 될 경우 글자를 읽고 쓸 줄 모르는 문맹(文盲)과 같이 국민 개개인 삶의 질이 저하될 수 있고, 사회 성장 기반도 약화될 수 있음을 이야기할 때 쓰이는 용

---

[2] 김문수, aSSIST 경영대학원 부총장 및 크립토MBA 주임교수, 중앙일보 '한국의 디지털 문맹률이 걱정이다', 2020. 7. 5.

어이다."[3]

우리나라의 디지털 문맹과 금융문맹의 통계를 보면 충격적이다. 디지털 분야에서 가장 앞서 있고, 누구보다도 재테크에 열정적인 우리가 사실은 공부는 안 하면서 성적만 잘 받으려는 것과 같다. 우리가 일상적으로 쓰고 있는 스마트폰, PC, 이메일, 유튜브, 업무용 애플리케이션의 기능 일부분만 겨우 활용하고 있다. 뭐든 배우지 않고 알게 되는 것은 없다. 지속적인 학습만이 세상의 변화에 뒤처지지 않게 해준다.

나이가 들면 체력도 떨어지고 지적 호기심도 약해진다. 그렇다고 세상은 더 빠르게 변하는데 배움에 더 느려진다면 그 격차에 의해 문맹이 되는 것이다. 이런 문맹자들이 많아지게 되면 사회 전체의 변화 적응력이 떨어지고 국제 경쟁에서 뒤처지게 된다. 세계 통계를 봐도 젊은 사람들의 비중이 높은 나라의 경제성장률이 평균적으로 더 높다.

코로나 이후의 세상은 새로운 세상으로 가려는 원심력과 예전의 세상으로 되돌아가려는 구심력이 서로 맞부딪힐 것이다. 항상 그랬듯이 원심력에 의해서 세상이 한 단계 높은 방향으로 상향(上向)할 것이다. 변화를 능동적으로 주도하기 위해서는 열정적인 지적 호기심으로 새로운 뉴노멀을 학습해 나가야 한다. 뉴노멀에 대해 제대로 알아야 적응하고 번성할 수 있다.

....
3) [네이버 지식백과] 금융감독용어사전, 금융감독원

코로나 이후의 세상

경제위기 발생 가능성이 높다

경제 주체를 통상 정부, 기업, 가계로 나눈다. 국민 총생산도 이 주체들의 생산활동의 합이다. 최근 코로나 이후 국민 총생산이 늘고 있지 않다. 가계, 기업 부분의 생산이 줄고 있다. 경제가 안 좋아지면 정부에서는 기본적인 펀더멘탈(기초체력)은 좋은데 일시적으로 생산이 줄고 있다고 말한다. 코로나 이후에는 이런 변명이 통하지 않을 것이다. 코로나를 통하여 펀더멘탈 자체가 무너져 내리고 있기 때문이다.

정부는 생산이 감소하고 있는 부분을 부채로 메우고 있다. 그러니 가계, 기업, 정부의 부채가 급속하게 늘고 있다. 정부 부채가 2021년 1,000조 원에 육박할 거라는 예상이 나온다. 거기다가 가계 부채가 1,700조, 기업은

2,100조 원 근처다. 세 부문 합쳐서 5,000조 원에 달한다.

가계 수입의 부실은 결국 기업 수입의 부실과 정부 수입의 부실로 이어진다. 가처분소득이 줄면 수요가 줄고, 기업들의 수입이 줄고, 정부는 세금이 준다. 이론적으로는 부자 증세 혹은 법인세를 올리거나 임금을 올려서 가계를 지원해야 한다. 그러면 기업들은 고용을 줄이기 때문에 또다시 가계를 위축시키게 되는 악순환이 우려된다. 국채를 발행하는 것도 따지고 보면 가계나 기업의 부채를 국가로 이전시키는 것이다. 국가 부채가 늘게 되면 국가 신용도가 떨어지고 국채가격이 떨어진다. 이러면 국외로 지급해야 할 이자가 늘어나면서 다시 악순환이 시작된다.

지금 코로나 팬데믹 때문에 각국 정부가 취약계층을 지원한다는 명분으로 전대미문의 재정정책을 펼치고 있다. 더군다나 정치가들은 이러한 확대 재정정책의 후유증을 고려하지 않고 무책임한 포퓰리즘으로 대응하고 있다.

이런 포퓰리즘의 해악은 곧 사회 생산 요소의 합리적인 분배가 아닌 정치적 고려에 의한 자원의 왜곡이 일어나게 되어 정부의 지원을 받는 부분과 받지 못하는 부분의 불공정이 발생한다. 이는 정책의 신뢰를 떨어뜨리고 정치에 대한 불신을 초래하게 될 것이다. 생산성에 근거를 둔 자원의 배분이 아닌 경우 나라 전체의 생산성이 떨어지고, 결국에는 국가 경쟁력이 떨어지게 된다.

코로나 시기에 제일 좋은 직업이 월급쟁이라고 하지만, 돈이 풀려서 집값과 생활물가, 각종 세금과 보험료는 오르는데 월급과 연금은 오르지 않으면서 머지않아 가장 힘든 직업군으로 전락할 수 있다. 당장에 정부가 생활지원금으로 몇 푼 준다고 좋아할 일 아니다. 지금부터라도 저축하고 투자해서 스스로 살길을 찾아야 한다.

한국은행 총재도 부채문제가 심각하고 곧 위기가 닥칠 수 있다고 경고하고 있다. 동서고금을 막론하고 빚내서 오래 잘 사는 경우는 없다. 돈을 벌어서 빚을 갚는 선순환 구조를 만들지 못하면 결국 파산하게 되는 것은 자명한 이치다. 개인, 기업, 국가도 마찬가지다. 달러 발행국인 미국이 달러를 마구 찍어 내도 외국에서 달러를 구매해 주기 때문에 미국 내 인플레가 일어나지 않고 있다고 한다. 하지만 이런 상태는 절대 오래가지 못한다. 미국도 언젠가 금리를 올려서 달러 회수를 해야 한다. 그렇지 않으면 인플레 때문에 경제가 크게 흔들릴 수 있다. 부채 청산의 선순환 구조가 없으면 경제는 무너진다. 앞으로 펀더멘탈이 흔들리는 경제 위기가 닥치는 것은 확실하다. 시간문제일 뿐이다.

대면에서 비대면으로 전환된다

우리가 대면을 하는 이유가 뭘까? 제일 중요한 것은 커뮤니케이션 때문이다. 인간은 유사 이래로 얼굴을 보면서 소통을 해왔다. 업무보고, 지시, 회의, 출장이 모두 만남을 전제로 한다. 이제까지의 사회, 경제, 문화, 예술, 체육이 이 만남이라는 전제하에서 발전해 왔다.

코로나 팬데믹을 맞으면서 서로 만남을 자제하고 서로 피해야 하는 상황에 직면하고 있다. 다행히 통신기기와 인터넷의 발달로 비대면을 전자적으로 보완할 수 있다. 이제까지 우리가 해왔던 대면의 일상이 갑자기 비대면으로 일상화되고 있다.

보이는 것에서 보이지 않는 것으로 인식의 대상이 바뀐다

카이스트의 김대식 교수는 인류의 발전 단계에서 보이지 않는 것을 생각하고 상상할 수 있는 능력이 매우 중요한 분기점이 되었다고 설명한다. 미래, 신, 종교, 예술 등이 보이지 않는 것을 설명하기 위해 만들어진 개념이다. 이 설명을 위해서 언어라는 것이 생겨났고, 언어가 생겨남으로써 단체 생활이 가능하게 됐다. 이를 통해 연약한 인간이 신체적, 체력적으로 훨씬 강한 포식자들을 집단으로 대항해 가축화하고 지배하게 되었다고 한다. 그래서 동물과 인간의 경계를 보이지 않는 것을 상상할 수 있느냐 없느냐로 구분하기도 한다.

코로나 이후에 매일 얼굴을 보면서 일을 하고 공부하던 일상의 방식이 정보기술의 힘을 통하여 영상을 통한 비대면으로 바뀌었다. 처음에는 어색하고 불편하던 것이 이제는 더 친밀하고 편리해졌다. 대면 방식에서 비대면 방식으로 바뀌게 되면 우선 개인별 업무 정의(job description)가 지금보다 더 명확해져야 한다. 개인의 평가도 철저하게 이 업무 정의에 근거해서 한다. 그리고 보상도 여기에 맞춰져야 한다.

대면 방식의 업무처리에서는 팀으로 일한다는 의식이 강하다. 그래서 부서의 성과가 좋다고 하더라도 부서원 모두 같이 노력한 결과라고 생각한다. 각 개인의 생산성이나 부가가치를 평가할 목표와 기준과 수치가 명확하지 않으면 개개인이 최선을 다하기 힘들다.

비대면에서는 두리뭉실한 묻어가기 의식이 발붙이기 어렵다. 그러니 아래 사람의 업무 범위를 다 모아서 그 윗사람의 업무 범위로 잡는 포괄적인 업무 정의 방식은 이제 지양해야 한다. 실무자라도 책임과 권한을 명확히 해서 잘돼도 실무자가, 잘못돼도 실무자가 직접 책임을 지도록 해야 한다.

이런 업무처리 방식이 자리 잡으면 소위 결재나 불필요한 부서 회의, 팀워크를 위한 회식 등이 없어지게 될 것이다. 이미 코로나 이후에 이런 추세가 곳곳에서 나타나고 있다. 업무에 따라서 직원 개인이 비대면으로 할 수 없는 일도 있다. 업무를 잘 분석해 적절히 맡기는 것이 중요하고, 개인이 혼자 책임지기 힘든 업무는 최소한의 팀으로 책임을 지게 한다. 사업 단위조차도 세분화해서 최소한의 조직으로 사업을 담당하게 해야 한다.

지금의 업무 정의부터 새롭고 세밀하게 업무재구성(business reengineering)이 필요하다. 성과를 세밀하게 정량화하고, 과정이 아닌 결과로 평가하는 시스템도 정착시켜야 한다. 주어진 업무를 성실하게 하는 것이 아니라 없던 업무를 스스로 만들어가는 능력을 높이 평가할 수 있어야 한다. 그러기 위해서는 수직적 조직이 아닌 수평적 조직으로 바꿔야 한다. 마치 개미나 꿀벌이 각자 따로따로 일을 하지만 전체적으로는 완벽한 조화를 이루듯, 분절된 통합조직을 만들어야 한다.

직원들 간의 능력의 차이가 명확해진다

비대면에서는 상시적인 접촉이 없기 때문에 예전처럼 평가하고 싶어도 평가할 방법이 없다. 업무 실적은 다소 떨어지지만, 누구보다 아침 일찍 출근하고, 누구보다 늦게 퇴근하고, 항상 웃는 얼굴로, 부서의 허드렛일을 도맡아 처리하고, 회의 때마다 상사의 말에 고개를 끄덕이고, 직원 간의 경조사도 잘 챙기고, 부서 회식에 빠지지 않는 직원을 어느 상사가 나쁘게 평가할 수 있겠는가?

비대면에서는 윗사람들이 좋아하는 이런 직원을 찾아보기 어렵다. 1년이 넘도록 직접 얼굴을 보지 못하는 경우도 많다. 그저 주기적인 이메일과 전화와 줌 회의로 대면할 뿐이다. 직장에서의 인간관계가 삭막하고 담담하고 냉정하게 바뀐 것이다. 인간관계 중심에서 업무 중심으로 바뀐 것이다.

그러니 이제 평가할 때 누가 실질적인 성과가 좋은지 나쁜지만 가지고 평가할 수밖에 없다. 능력이 좀 모자라도 인간관계로 보완할 방법이 없게 되었다. 과정 위주의 평가에서 결과 위주의 평가로 바뀌게 된다. 일은 잘하는데 팀워크에 문제가 있다든지, 일은 못 하는데 팀워크는 좋다든지 하는, 과정과 결과가 믹스되는 평가 방식은 이제 사라지게 될 것이다.

그저 인간성이야 어떻든, 업적이 좋은지 나쁜지로 평가받게 될 것이다. 업적의 차이도 명확해져서 누가 일등이고 누가 꼴등인지 명확해진다. 두리뭉실하게 뭉뚱그리는 평가를 할 수 없기 때문이다. 직원 간에도 능력과 성과에 따라 양극화가 가속될 것이다.

직원 성과의 양극화는 곧바로 보상의 양극화로 이어지고, 이는 곧 자산의 양극화로 이어진다. 대부분 직원들의 월급은 제자리걸음을 걷고, 일부 뛰어난 성과를 올린 직원들은 평균 임금의 몇 배씩을 받게 된다. 이미 첨단산업과 정보기술 기업에서 이러한 현상이 일어나고 있다.

비대면을 받아들이고 잘 활용하는 기업이 성공한다

코로나 시대에 가장 타격을 받는 계층이 바로 대면 업종이다. 어떤 경우에도 출근해야 일이 되는 업종이 있다. 일의 성격상 혹은 환경상 비대면이 안 되는 경우다. 특히 군대, 의료기관, 공무원, 지방자치단체의 경우가 그렇다.

일반 기업도 어쩔 수 없이 출근해야 하는 상황에 놓일 수 있는데, 회사가 제대로 운영될 리 없다. 그동안 정보기술과 거리가 멀었던 중소기업이나 평소에 정보기술에 대한 투자를 소홀히 했던 대기업은 부랴부랴 타사의 애플리케이션을 빌려 쓰거나 급하게 일부분만 비대면으로 흉내 낸다. 이런 기업들의 생산성 감소는 불을 보듯 뻔하다. 반면 환경변화에 신속히 대응하고 이러한 변화를 적극적으로 활용한 기업은 변화에서 오는 생산성 증가의 혜택을 얻게 된다.

앞으로 비대면으로 바뀐 환경이 다시 대면으로 돌아갈 가능성은 크지 않다. 왜냐하면 운영만 잘하면 비대면이 대면보다 훨씬 더 생산성이 높기 때문이다. 비대면으로 사무실 운영비, 회의비, 출장비, 급식비 등이 줄었는데도 더 높은 생산성을 발휘하는 일 잘하는 직원들이 이를 입증하고 있다.

비대면이지만 쉼 없이 성과를 내는 기업이 느슨하게 일하는 대면 기업을 압도할 것은 명백하다. 공무원이나 금융기관 등에서 보안이나 법규문제로 재택근무를 받아들이지 않고 있지만, 코로나로 인한 어수선한 근무 분위기로 업무집중도와 생산성은 코로나 이전보다 더 떨어질 것이다. 중장기적으로 봤을 때 부서나 회사의 생산성이 떨어지면 소속 직원의 급여나 보상이 좋아질 리 없다. 보상이 좋지 않으면 능력 있는 직원이 남아 있을 이유가 없다.

또 하나의 문제는, 비대면 시대에 성공하고 있는 대부분의 기업이 전체 노동생산성 증가로 이익을 내는 것이 아니고, 극히 일부 뛰어난 직원과 대규모 자산투자로 이익을 내고 있다는 사실이다. 현재 재택근무가 1년이 넘도록 진행되고 있는데도 전체적인 생산성 저하가 눈에 띄지 않는 이유이다.

비대면에서의 기업 성공은 평범한 직원들 입장에서 꼭 축하받을 일은 아니다.

비대면 업무의 마지막 단계는 결국 대면이다

비대면 시대에 크게 성장하는 것이 전자상거래다. 쇼핑몰, 백화점, 대형마트는 쇠락하고 있고, 온라인 전자상거래 업체, 배달업체, 물류업체는 크게 성장하고 있다. 그러나 우리가 모든 생활을 디지털로만 할 수 없다. 보이지 않는 것이 보이는 것에 비해 상대적으로 중요해진 것뿐으로, 모든 생활을 보이지 않는 것에만 의존해서 생활할 수는 없다.

전자상거래가 발달하면 할수록 택배도 따라서 발달할 수밖에 없다. 마치 대형 유통업체에서 비즈니스 규모가 커지면 커질수록 이를 지원하는 물류시스템이 커지는 것과 같은 이치다. 대부분의 상적 유통 거래는 물적 유통이 뒷받침되어야 한다.

전자상거래와 택배에는 시차가 생긴다. 이 시차를 줄이려면 정보기술의 적극적인 투자와 활용이 있어야 한다. 예를 들어, 자동 수발주, 실시간 재고관리, 실시간 운행 경로 선정 등의 애플리케이션이 정비되어 있어야 한다. 인공지능(AI)가 많은 도움을 줄 수 있다. 아마존이나 쿠팡이 빠른 배송에 많은 투자를 하는 이유도 그렇다. 비대면의 시대에도 누군가는 고객접점, 즉 Last Mile을 책임져 줘야 한다.

비대면 시대에서도 우리가 놓치고 있는 부분이 있다. 학생이 학교에 가는 것은 꼭 선생님의 수업을 받으러 가는 것만은 아니다. 친구도 사귀고, 스스로 시간을 관리하는 법도 배우고, 사회 속에서 다른 사람들과 어울려 살아가는 방법을 배우는 것이다. 직장인이 회사에 가는 것도 마찬가지다.

회사에서는 꼭 혼자서 맡은 일만 하는 것이 아니고 동료와 같이 해야 하는 일도 많다. 업무를 보면서 오다가다 사람을 만나며 배우는 것도 많다. 집에서 재택을 오래 하게 되면 새로운 인연을 만들기 힘들다. 마치 배달이 전자상거래의 마지막을 대면으로 보완하듯이 재택근무를 하더라도 개인적으로 편한 곳에서 대면하며 인간적인 관계를 만드는 것도 중요하다.

양극화가 더 심해진다

양극화가 모든 분야에서 일어나고 있는 점을 주의 깊게 봐야 한다. 사회의 일반적인 현황이 가운데에 몰려 있는 표준편차가 아닌 양극화로 바뀌고 있다. 양극화는 불안정하다. 불안정한 상태가 오래가면 무너져 내리게 된다. 그래서 양극화는 모든 분야에서 위험 요인이다.

정보기술의 발달에 따라 이 양극화 현상도 속도가 빨라지고 범위도 넓어졌다. 상대적으로 두툼했던 중산층에서의 변화가 뚜렷하다. 정보기술을 잘 활용한 계층은 생산성이 높아져 상위 그룹으로 옮겨가고, 상대적으로 정보기술의 생산성 증대 혜택을 누리지 못한 계층은 자연스럽게 하위 그룹으로 이동한다. 이렇듯 중산층이 얇아지고 양극단으로 헤쳐 모여 하고 있다.

기존 상위 그룹은 본래 인맥과 정보가 풍부한 그룹이다. 높은 생산성을 기본으로 상위의 위치를 그대로 유지하거나 더 높은 곳으로 올라간다. 새롭게 중산층에서 올라온 그룹과 기존 상위 그룹이 서로 생산성의 승수효과를 내면서 상위 그룹 규모와 진행 속도는 더욱 빨라진다. 결국에는 상위와 하위의 상대적 차이가 사회적 양극화로 고착화되는 것이다.

하위 그룹이나 중산층이 상위 계층으로 올라가는 유일한 방법은 정보기술의 적극적인 활용으로만 가능하다. 생산성의 차이가 크지 않던 예전에는 일을 더 열심히 하면 계층의 상승이 가능했다. 그러나 지금은 정보기술을 활용하는 사람과 그렇지 못한 사람의 생산성 차이가 인간의 성실한 노력만으로 극복할 수 있는 정도를 넘었다. 트랙터와 삽질의 생산성을 따지는 것과 같다. 기업은 물론이고 스포츠, 예술, 문학, 철학, 역사, 의학, 종교와 같이 정보기술과 직접적인 관련이 없어 보이는 분야에서조차 정보기술의 활용 없이는 상위 계층으로 이동하기가 불가능하다.

지금의 양극화는 대부분 정보격차(IT Divide) 때문이다. 질 좋은 정보를 신속하게 공급받고 활용하는 그룹과 그렇지 못하는 그룹 간의 생산성 차이가 양극화를 만든다. 초연결사회에서는 각 접점에서 생산되는 정보의 양이 많아지게 된다. 많아진 정보를 모으고 분석하고 처리해서 이해하는 그룹과 많은 정보를 주체하지 못하고 그냥 흘려보내는 그룹과의 차이다.

계층 간 투쟁은 불안정과 사회적 퇴보를 가져온다. 지금 우리 사회의 진행 방향으로 봤을 때 상생보다는 투쟁으로 가고 있다. 중위, 하위가 상위를 끌어내리려고 하므로 결국에는 우리 모두가 하향 평준화될 가능성이 있다. 역사적으로 봐도 차이가 있음이 발전을 가져오지 평등에서는 어떤 발전도 일어나지 않는다.

정보기술이 인간의 능력을 능가한다

구글의 이사인 레이 커즈와일(Ray Kurtzweil)은 컴퓨터가 인간의 지능을 능가하는 시점을 특이점(Singularity)[4]이라고 불렀다. 레이는 기술이 인간을 능가하는 시점을 두 개로 나눠서 설명했다. 첫 번째는 컴퓨터 한 대가 인간 한 명의 지능을 넘어서는 시점이고, 두 번째는 컴퓨터 한 대가(여러 대로 연결은 되어 있겠지만) 인류 전체 지능의 합을 넘어서는 시점이다.

컴퓨터 한 대가 한 명의 지능을 넘어서게 되면 전체 인류의 지능을 넘어서는 것도 순식간일 것이다. 정보기술의 발전 속도는 기하급수적이기 때문이다.

이미 체스, 퀴즈, 바둑, 게임에서 컴퓨터가 인간을 이겼다. 침팬지를 조상으로 둔 인류가 대표적인 포식자인 사자, 호랑이를 동물원의 구경거리

---

4) 특이점(Singularity) : 컴퓨터 중앙처리장치의 내장형 프로그램을 처음 고안한 미국의 수학자이자 물리학자인 존 폰 노이만이 처음 제시하였고, 수학자이자 소설가인 버너 빈지가 1983년 잡지의 기고문과 1993년의 논문 '다가오는 기술적 특이점'을 통해 최초로 그 개념을 정의하였다. 레이 커즈와일이 2005년 '특이점이 온다'는 저서를 통해 이 개념을 더욱 구체화시켰다.

로 만든 능력은 두뇌의 활용에 있다. 그 두뇌들이 여러 분야에서 컴퓨터에 밀리고 있다. 이제 어느 특정 분야에서 인간이 컴퓨터보다 더 뛰어나다고 말하기 어렵다. 컴퓨터와 대결해서 지는 사람들은 이미 인간들의 대표 선수급이다. 상상의 비약이지만, 언젠가 거대한 컴퓨터 네트워크가 인간을 우리에 가두고 구경거리로 만들거나 연구 대상으로 관찰하고 있을지도 모르는 일이다.

만약 컴퓨터가 인간보다 더 빠르고 정확하게 판단한다면, 그런 세상에서 우리 인간의 가치는 어디에 있을까? 이런 세계에서 인간의 존재 의미는 무엇인가? 우리 인간이 추구해야 할 궁극적인 가치는 무엇인가? 어떻게 살아야 잘 사는 것인가?

이미 컴퓨터와 두뇌의 연결(Brain Computer Interface, Brain Machine Interface)에 대해 많은 연구가 진행되고 있다. 특이점이 오면 우리의 모든 추억과 경험, 지식을 컴퓨터로 업그레이드가 가능하다고 레이 커즈와일은 예측했다. 비록 생물학적으로 몸은 세상에서 사라지지만 가상의 나는 컴퓨터 메모리에 남아서 살아생전과 같이 SNS도 하고, 카톡도 하고, 이메일도 주고받고, 자산도 관리하고, 그래서 상대방이(그 상대방도 살아 있는지 죽었는지 잘 모르지만) 마치 살아 있는 사람과 실시간 대화를 나누고 있다고 여기는 날이 올 것이다. 이런 상태가 레이 커즈와일이 말한 영생일지도 모른다.

정신교육이 중요해진다

지금 우리들은 예전과 다르게 무엇을 공부해서 스스로 깨치기보다는 알고 싶은 것을 검색해서 찾는다. 공부한 것을 애써 기억할 필요도 없이 필요한 정보를 필요한 때에 필요한 만큼 찾아서 쓰는 방식으로 바뀌고 있다. 오랫동안 스스로 공부를 해서 더 많이 알고 있는 사람보다 어디서 무엇을 검색할 수 있는지를 아는 사람이 더 대우받고 있다. 소위 'Know What'이 아니라 'Know Where'를 공부하고 있다.

컴퓨터로 따지면 내장 메모리보다 외장 메모리에 더 많은 정보를 보관하는 것과 같다. 우리들 모두 많이 알고 있다고 생각하지만 사실은 깊이 있게 아는 것은 그리 많지 않다. 간단하고 짧은 문장은 바로 이해하지만 조금 길고 복잡해지면 이해를 못 한다.

디지털 문맹률이 높은 이유도 디지털 문해력이 낮기 때문이다. 문해력은 읽고 이해하고 해석할 수 있는 능력이다. 디지털을 접하면서 스스로 이해하는 능력을 키우기보다 단편적으로 가공된 정보를 취득하는 데 익숙해지면서 스스로 정보를 생산해 내는 이런 능력은 감소하고 있다. 내가 스스로 만든 정보가 아닌 남의 정보를 마치 내가 알고 있는 정보인 양 착각하고 허세를 부리는 것이다.

허위확증편향(False Consensus Bias: 자신의 의견이나 신념 행동이 실제보다 더 보편적이라고 착각하는 자기중심성 개념)이라는 말이 있다. 내가 지금 알고 믿는 것만이 사실이고 진실이라고 생각하는 것이다. 각종 음모론, 비과학적 정보, 스캔들, 험담, 악플과 같은 정보들은 허위확증편향 위에서 생겨나고 번성한다. 한

번 허위확증편향에 걸리면 지속적인 정보의 편식을 통하여 다시 빠져나오기 힘들다.

지금 TV에서 관찰예능이 대세다. 다른 사람들이 어떻게 사는지 들여다보는 프로그램들이다. 정도 차이는 있지만 방송 프로그램은 자연 다큐나 몰카가 아니면 전부 연출된 것이다. 유명인들의 생활이 어떤지에 관심을 갖기보다는 스스로 내가 어떻게 생활하고 있고, 좀 더 가치 있고 의미 있게 살려면 어떻게 살아야 하는지 고민해 봐야 한다. 자기 스스로의 생활에 관찰 시간을 더 써야 할 때다.

나보다 다른 사람의 생활에 더 관심을 갖는 것은 내 자신에 대한 자신감의 결여 때문이다. 그래서 주체성도 없고, 모든 가치 기준을 내 스스로의 기준이 아닌 그들의 기준에 따르고 있다. 주체적인 가치 기준이 없다 보니 항상 남과 비교하게 되고, 항상 남을 따라 하게 된다. 남들이 알아주는 명품을 사고, 자기의 일상을 SNS에 올려서 남들로부터 인정을 받고 싶어 하는 것도 자기 자신의 내면의 공허함과 자기 자신에 대한 자신감의 결여 때문이다.

스스로 생성하는 내적 정보가 없이 외부 정보를 주로 받기만 하면 정보비만에 걸린다. 외부 정보를 자기의 사유(思惟)를 통해 내적으로 소화시켜서 자신만의 정보, 지식, 지혜로 만들지 못하기 때문이다. 정보를 잘 소화하고, 지식을 지혜로 업그레이드시켜서 정보비만을 정보근육으로 만들어야 한다.

이 정보비만을 다이어트하려면 외부 정보의 습득에 쓰는 시간을 좀 줄이고 자기 내면을 탐구하는 시간을 늘려야 한다. 우리의 정신과 마음의 힘을 키우지 않으면 외부 정보의 무차별 살포를 막아 내지 못한다. 자기 자신의 정신과 지식의 힘이 외부 정보를 판단하고 사유할 수 있게 균형을 이룰 수 있어야 한다. 외부의 정보가 들어와 내적인 지혜로 서로 선순환될 수 있어야 안정적이고 건강한 디지털 시민이 될 수 있다. 그래야 가짜 뉴스, 편향 뉴스와 같이 사람들을 분열시키고 싸우게 하는 그런 디지털 사회의 어두운 그늘에서 벗어날 수 있다.

최근 인류를 저버리는 비도덕적 범죄들이 증가하고 있다. 특히 살인, 영아 유기, 성폭행, 성추행, 스토킹, 데이트 폭력, 학폭, 주폭, 투기, 갑질 등 많은 범죄들이 발생하고 있다. 특히 요즘에는 젊은 층에서의 범죄도 많이 늘고 있다. 청소년기에 독서와 토론을 많이 해서 인문학적 시야를 넓히거나, 어떻게 사는 것이 가치 있고 의미 있는 것인지에 대한 자기 성찰의 시간을 많이 갖지 못한 탓이다. 비도덕적 컴퓨터 게임에 너무 몰입한다든지, SNS상의 편파적이고 비도덕적인 정보만 주로 섭취한다면 종합적이고 균형 있는 지적 시야를 갖기 어렵다.

지금 서양에서는 명상, 요가 열풍이 불고 있다고 한다. 물질문명이 발달하면서 정신이 뒤따르지 못해서 우울증을 포함한 정신 건강에 이상이 생긴 사람이 많다. 앞으로의 교육은 어릴 때 읽고 쓰고 듣고 말하는 능력을 가르치는 것에 더해서 성장하면서 어떻게 자기의 정신을 건강하고 명료하게 유지할지, 어떻게 자기의 의지로 마음을 통제할 수 있을지를 가르쳐야 한다. 자신이 정신과 마음을 통제하지 못하면 인간은 결국 물질의 노예, 기술의 노예로 전락하게 될 것이다.

팬데믹보다 인포데믹이 더 해롭다

팬데믹을 지나면서 사람들이 거리 두기, 재택, 온라인 미팅, 쇼핑 등을 하면서 세상과 접하는 방식이 오프라인에서 온라인으로 바뀌었다. 그래서 세상을 인식하는 주요 채널이 온라인이다 보니 직접 만나거나 보거나 느끼지 않고 오직 정보만을 통해서 사실과 진실을 찾는다.

홍수가 났을 때 가장 필요한 것이 깨끗한 물이다. 물이 넘쳐나지만 막상 먹을 물이 없다는 역설이다. 지금 수많은 정보가 쏟아져 들어 오고 있지만, 솔직히 우리는 어느 게 진실이고 어느 게 거짓인지 잘 모른다. 오히려 거짓일수록 더 진실에 가까워 보이는 법이다.

진실은 검증하고 확인하는 데 시간이 걸리기 때문에 항상 거짓 뉴스보다 늦게 전달된다. 먼저 전달된 그럴듯한 뉴스는 대개 공포를 조장하기 때

정보편식사회 : 진실보다는 내가 느끼는 감정이 더 중요한 사회, 사실보다는 대안적 사실을 더 신뢰한다.

혼돈의 시대 : 인공지능 기술의 급속한 발전으로 인포데믹이 난무하고, 진실보다는 감정에 치우쳐 진실이 퇴색되어 버린 사회로 변질되어 누구의 말도 믿을 수 없는 시대 정직보다는 기만이 지배적 지위를 차지하게 된 시대

진실을 꾸며대는 인공지능 : 사람들은 정확한 정보를 찾고 싶지만 정보의 과잉과 인공지능 기술의 오남용으로 진실을 알기 어려운 사회

문에 합리적인 판단을 흐리게 만든다. 뒤늦게 전달된 진실을 받아들이지 않게 되고 그런 사람들이 모여 거짓 뉴스를 근거로 집단 광기를 조성하기도 한다.

거짓 정보에 흥분하는 사회의 결말은 사이비 종교가 집단 자살로 결말을 맺듯 집단 파괴에 이르게 된다. 거짓 정보는 그릇된 신념을 부르고, 그릇된 신념은 그릇된 행동을 낳고, 결과적으로 불행한 결과를 낳게 된다. 우리 사회에서도 수많은 가짜 뉴스들이 판을 치고 있다. 천안함 사건, 세월호 사건, 광주사태, 광우병 사태, 원전 괴담, 백신 괴담, 코로나 괴담 등 광범위하고 다양한 관점의 정보들이 넘쳐 나서 어느 것이 진실인지 정말 구분하기 힘들다. 디지털 사회의 어두운 면이다.

초연결사회에서 앞으로 인포데믹(Infodemic: 인터넷 공간에서 증폭되고 있는 과잉 정보의 부작용)의 폐해는 팬데믹보다 더 치명적일 수 있다. 팬데믹은 어떤 바이러스고, 어떻게 막아야 하는지 알고 있다. 인포데믹은 누가 적이고 어떻게 걸러내야 하는지 아무도 모른다. 팬데믹은 가까이서 순차적으로 퍼져 나가지만 인포데믹은 인터넷을 통하여 전 세계로 퍼져 나간다. 그래서 사람들은 가장 먼저 접하는 자극적인 정보에 빠져 그것을 자기 신념으로 삼고 스스로의 의식이 없는 정신적 좀비가 된다.

인포데믹뿐만 아니라 모든 정보기술의 발전에서 자기 자신의 상실을 막기 위해서는 자기의 정신적 능력을 평생 갈고닦아야 한다. 정신의 수준이 낮으면 지적인 수준이 낮게 되고, 그러면 자기 스스로의 의식이 아닌 남의 의식으로 조종되는 좀비가 되는 것이다.

지식을 쌓은 뒤에는 스스로 깨닫는 노력을 해야 한다. 구슬이 서 말이래도 꿰어야 보배인 것처럼 아무리 많은 지식도 내 자신에 체화(體化)되지 못하면 아무 쓸모없다. 지식을 모으고 학습해서 지혜로 승화시킬 때 비로소 그 지식은 자기의 자산이 되고 세상을 보는 보다 높은 사유의 시선을 갖게 된다.

자기의 정신적 능력을 갈고닦기 위해서는 인문학을 공부하면 좋다. 문학과 역사와 철학을 공부해서 인간들이 그려왔던 발자취와 무늬를 공부하면 자기의 주체성을 확립할 수 있다. 그러면 어떻게 살아야 의미 있고 가치 있는지를 깨달을 수 있다. 정보의 홍수, 그것도 흙탕물에서 살아남기 위해서는 배를 타고 앞으로 저어 나가야 한다. '배'는 인문학으로 만든 자기의 주체적 정신 능력이고, 배를 젓는 '노'는 도덕이다.

02

어떤 정보기술이
변화를 주도할
것인가?

정보기술 발전 추이

경영자 입장에서의 정보기술 트렌드 이해하기

세계적인 석학 유발 할라리(Yuval Noah Harari, 이스라엘 역사학 교수)는 그의 저서 《사피엔스》에서 "역사의 진로를 형성한 것은 세 개의 혁명이었다. 약 70,000년 전 일어난 인지혁명은 역사의 시작을 알렸다. 약 12,000년 전 발생한 농업혁명은 역사의 진행 속도를 빠르게 했다. 과학 혁명이 시작한 것은 불과 500년 전이다"라고 말했다.

1차 산업혁명은 동력혁명이었다. 사람이나 동물의 힘에 의존하던 생산 활동이 증기로 대체됨으로써 생산성이 획기적으로 늘어나게 되었다. 그러나 증기기관은 동력이 필요한 그 장소에 설치되어 운영됐다. 2차 산업혁명은 전기를 활용함으로써 멀리 떨어진 곳으로 전기를 보내 필요한 곳에서 기계나 설비를 돌릴 수 있었다. 3차 산업혁명은 전기 신호를 온오프(On&Off)시킴으로써 정보를 저장하고, 계산하고, 출력함으로써 실물이 아닌 지적 활동의 생산성이 크게 늘어났다. 4차 산업혁명은 실물과 가상세계의 결합으로 데이터 활용을 통하여 새로운 가치를 창출했다. 데이터로 얻어진 지식을 융합하고 통섭하여 궁극적으로 지혜를 얻고자 한다. 3차 산업혁명이 정보혁명이면, 4차 산업혁명은 지혜혁명이다.

각 산업혁명의 주요 에너지원을 보면 그 경계가 뚜렷해진다. 1차 산업혁명은 석탄, 2차는 석유, 3차는 전기, 4차는 데이터다. 4차 산업혁명은 이미 시작되어 진행 중이다. 4차 산업의 주된 동력은 당연히 정보기술이고, 4차 산업혁명의 주요 에너지원은 정보기술을 통하여 발생하는 각종 데이터다. 그러니 4차 산업혁명에서 살아남고 성공적으로 헤쳐나가려면 어떤 다른 변화보다 정보기술의 변화를 이해하는 것이 필요하다.

기업 측면에서도 정보기술을 잘 활용해서 새로운 비즈니스 기회를 찾아낸 적극적인 기업들은 성공의 길로 가고 있다. 반면 지금 있는 비즈니스 모델에 정보기술을 접목시켜서 개선해 보려는 소극적인 기업들은 제자리걸음을 걷고 있다. 정보기술에 소극적인 기업들은 나름대로 열심히 노력은 하지만 막상 뚜렷한 성과가 없다. 생존에 급급하거나 시장점유율 지키기에 급급하다보니 더 큰 성장을 위한 파괴적 혁신이 더욱더 어렵기 때문이다.

기업의 목적이 점차 주주 수익 극대화에서 노동자 권익 보호를 거쳐 주변 사회와 국가에 대한 기여를 통한 상생으로 이동하고 있다. 그래서 이제는 ESG(Environment, Social, Governance), 즉 자연보호, 사회와의 연대, 건실한 지배구조를 중시하는 것으로 바뀌고 있다. ESG가 중시되는 이유는 코로나 이후의 저성장, 불확실성 시대에서 기업의 지속성장 가능성 때문이다.

기업도 살아 있는 생명체이기 때문에 인간처럼 생로병사를 겪는다. 처음부터 우량아로 태어난 기업도 있고, 인큐베이터를 거친 기업도 있다. 부모를 잘 만난 기업도 있고, 자식 때문에 기울어진 기업도 있다. 모든 기업이 영원할 것 같지만 인간 사는 것처럼 100년 이상 된 기업은 세계적으로 손꼽을 정도다.

기업도 주변 환경 속에서 태어나서 성장하고 성숙하고 병들다 사라진다. 반짝이는 젊음이 오래가도록 온갖 좋은 것 먹고, 약도 먹고, 운동도 하지만 생각만큼 오래가지 않는다. 그래서 모든 세상의 변화를 이해하는 핵심은 모든 것은 변한다는 것이다. 좋은 시절이 있어도 원하는 대로 오래가지 않고, 힘든 시기가 있어도 예상한 것보다는 짧다. 그러므로 경영자는 변화가 모든 경영철학의 근간임을 알아야 한다. 변화를 어떻게 이해하고 어떻게 대응하느냐에 따라 미래가 결정된다.

사실 모든 경영자가 취임 초 또는 신년에 혁신을 부르짖는다. 다들 습관처럼 변해야 산다고 반복적으로 말하고 있다. 지난해보다는 올해가 더 어렵다고 하고, 매년 위기가 아니었던 해가 없었다. 뼈를 깎는 고통을 감수하자느니, 마누라와 자식 빼고는 다 바꾸자느니, 여러 용어를 동원해서 임직원의 변화를 요구한다. 그러나 몇몇 기업을 빼고 혁신에 성공한 기업은 매우 드물다.

사람은 성년이 되고 나면 생각의 틀이나 성품이 거의 바뀌지 않는다. 마찬가지로 경영자들도 사고, 행동, 성품이 거의 변하지 않는다. 직원 앞에서 혁신을 얘기하면서 자기 스스로가 혁신을 주도하고 있다고 착각에 빠져있다. 혁신을 말하는 것과 혁신을 실제 하는 것은 전혀 다른 얘기다. 우리 모두 변해야 한다는 뜻은 모두들 이해하지만, 나부터 변해야 한다는 사실을 받아들이기는 쉽지 않다. 자기 자신도 변하기 힘든데 하물며 남들의 변화를 이끌어낸다는 것은 정말 기적에 가까운 일이다.

기업경영에서 중요한 것은 기업이 변화에 끌려가는 것이냐, 아니면 기업이 변화를 이끌어 가는 것이냐의 차이다. 뒤에서 끌려가면 부지런히 쫓아가는 수밖에 없고, 앞에서 이끌어 가면 부지런히 변화의 길을 찾는 수밖에 없다. 우리는 이제까지 추종자로서 부지런히 선진 글로벌 기업을 쫓아 여기까지 왔다. 다행히 몇몇 분야에서는 글로벌 선두에 섰다. 하지만 뒤에서는 또 다른 추격자들이 부지런히 우리를 쫓아 오고 있다. 어디로 갈 것인가? 추월당할 것인가? 아니면 초격차를 유지하도록 다시 뛰어갈 것인가?

변화는 나부터, 우리 스스로부터 시작되어야 한다. 환경이 변하니 우리가 변하는 것이 아니라 우리가 먼저 변하고 새로운 환경을 만들어간다고 주도적으로 생각해야 한다. 우리가 어떻게 변할 것인지, 어느 방향으로 변할 것인지를 결정하기 위해 지금 일어나고 있는 변화를 우선 이해하는 것이 중요하다.

이러한 변화는 꼭 코로나 때문에 일어났다고 보기 힘들다. 이미 변화는 일어나고 있었고 코로나 때문에 가속화되었다고 봐야 할 것이다. 이러한 변화를 일시적이거나 코로나 이후 다시 예전으로 돌아가리라 생각하면 안 된다. 새로운 변화에서 오는 여러 가지 장점들을 수 많은 사람이 이미 경험했기 때문에 다시 비대면이 대면으로 돌아갈 가능성은 그리 크지 않다.

4차 산업혁명이 추구하는 초연결사회에서 비대면이 이렇게 빠른 시간에 가능했던 것도 온전히 정보기술의 덕분이다. 그러니 이제는 After Corona 시대의 생존을 위해서라도 정보기술을 이해하고 적극적으로 활용해야 한다.

4차 산업혁명의 정보기술들

4차 산업혁명이란 정보기술 혁명을 통한 지혜이다. 정보기술이 뒷받침되지 않는 4차 산업혁명은 성립되지 않는다. 4차 산업혁명의 특징 중 하나는 이러한 정보기술들이 한꺼번에 쏟아져 나왔다는 것이다. 4차 산업혁명 전에는 정보기술이 컴퓨터 하드웨어와 소프트웨어 부분에서 순차적이고 점진적으로 발전해 왔다. 그러나 지금은 기술들끼리 상호작용하면서 폭발적으로 발전하고 있다.

이제까지의 정보기술들은 기업의 생산성과 효율성을 올리기 위한 것으로 우리 생활에 그리 밀접한 것이 아니었다. 그러나 지금은 인공지능(AI)를 필두로 수많은 정보기술들이 불꽃 놀이하듯 하늘에서 폭발하고 있고, 이러한 정보기술들은 우리가 매일 접하는 자동차, 스마트폰, TV, 영화, 의료, 금융, 여행, 주거 등에서 새로운 사용자 경험들을 창출하고 있다.

새로운 정보기술들이 우리나라 경영자들에게 낯설게 느껴지는 것은 모두 해외에서 수입된 개념들이기 때문이다. 영어 약자로 된 컴퓨터 용어나 정보기술들이 쉽게 이해되지 않는 것은 당연하다. 모든 기술은 필요에 의해 발명되고 개선되고 발전한다. 사람들의 삶과 생활에서의 필요를 찾아서 이것을 해결해 나가는 기업 활동이 경영이다. 정보기술은 달을 가리키

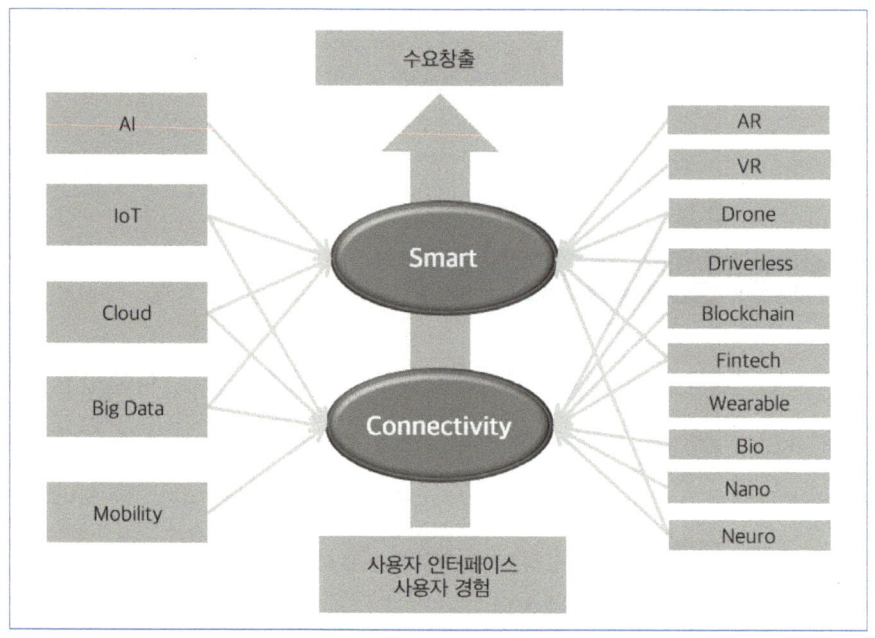

4차 산업혁명의 기술들

는 손가락이다. 경영자들은 정보기술이 가리키는 달을 보면 되지 굳이 손가락을 보고 왈가왈부할 필요는 없다.

지금 쏟아져 나오고 있는 정보기술들의 특징은 사실 각각 독립적인 것이 아니라 서로 밀접하게 연결되어 있다는 것이다. 예를 들어 빅데이터가 없으면 AI를 하기 어렵고, 클라우드가 없으면 빅데이터를 하기 어렵고, IoT가 없으면 빅데이터는 하기 어렵다. AI가 없으면 빅데이터를 하기 어렵고, AI, IoT, Cloud, 빅데이터가 없으면 모바일(Mobile)이 어렵다. 이렇듯 정보기술들이 서로 강하게 연결되어 있으면서 경쟁적으로 발전해 나가고 있다. 이렇게 다양한 정보기술들이 서로 경쟁적으로 발전해 나가면서도 지향하는 한 점이 있다.

그것은 지혜다. 지혜로운 경영, 지혜로운 생활, 지혜로운 인간관계, 지혜로운 소비, 지혜로운 생산, 지혜로운 일상과 같이 우리의 모든 삶에서 지혜로워지는 것이다. 지혜로워지면 실수나 후회가 적다. 지혜로워지면 가장 빠르고, 가장 좋고, 가장 싸고, 가장 단순하게 일상의 사건들을 처리할 수 있다. 그래서 정보기술들의 이름과 역할은 서로 다르지만, 궁극적으로는 인간이 지혜로워지는 데에 기여하고 있다.

기업 경영자부터 말단 신입사원까지 정보기술은 생산성을 올리는 도구이며, 경쟁력을 높이기 위한 무기이다. 도구든 무기든 성능을 잘 알아서 필요한 때 용도에 맞게 잘 쓰는 것이 중요하다. 그런 관점에서 최소한 개념은 알아야 할 5가지 정보기술이 있다. 바로 인공지능(Artificial Intelligence), 사물인터넷(Internet on Things), 클라우드(Cloud), 빅데이터(Big Data), 모바일(Mobile)과 미디어(Media)다.

AICBM(AI, IoT, Cloud, Big Data, Media) 이해하기

4차 산업혁명이 시작되면서 새로운 정보기술들이 폭발적으로 쏟아져 나오고 있다. 경영자들은 새로운 정보기술들의 개념을 이해하기조차 바쁘다. 중요한 것은 새로운 정보기술 하나하나를 이해하고 서로의 연관관계를 파악하기보다 왜 이러한 정보기술들이 세상에 나오게 되었는지를 이해하는 것이다. 그러면 정보기술의 역할과 효과를 파악하기 쉽다.

4차 산업혁명이 시작되면서 경영환경이 빠르게 바뀌고 있다. 앞으로 어떤 방향으로 바뀌게 될지 예측하기도 어렵다. 특히 코로나 이후의 세상에 대해 여러 분야의 전문가들이 다양한 예측하고 있지만 결과적으로 '장님이 코끼리 만지기'식이다. 기업의 생존과 성장을 책임지고 있는 경영자 입장에서 앞으로 어떤 경영환경이 펼쳐질지를 모른다면 그야말로 폭풍 속에 해도(海圖) 없이 항해하거나 레이더 없이 비행하는 것과 같다.

정보기술을 주력으로 하는 스타트업 경영자들도 자기가 전공한 정보기술에 대해서는 정통하지만 다른 분야에 대해서는 잘 모른다. 오직 자기가 알고 있는 정보기술만 가지고 새로운 비즈니스 기회를 찾고 당면한 경영상의 문제들을 해결하고자 하기 때문에 번번이 한계에 봉착하게 된다.

경영자는 지금 고객과 시장과 경쟁사에서 무슨 일이 벌어지고 있는지, 어떤 변화가 일어나고 있는지 모든 가용자원을 활용해서 정보를 실시간으로 수집할 필요가 있다. 여기서 소위 실시간 기업(RTE: Real Time Enterprise)의 개념이 나왔다. 이 개념은 기업의 시스템을 하나의 신경체계로 만든 사내 정보 통합관리로 실시간으로 경영에 대한 판단을 하자는 것이다. 한마디로 기업의 경영실태를 실시간으로 파악하고, 실시간으로 대처하는 것이다.

실시간으로 정보를 수집하고 분석하고 이해하는 능력은 경영상의 문제를 빠르게 해결하는 데 필수적이다. 만약 시차가 생긴다면 그만큼 문제에 대한 대처가 늦고 더 많은 경영상의 노력이 들어가게 된다. 실시간 기업에서 한 단계 더 나아가 예측하는 기업이 되어야 한다. 사후 서비스(AS)를 하는 기업보다는 사전 서비스를 하는 기업이 되어야 한다. 현황을 실시간으로 파악하고 나아가 예측을 하기 위해서는 먼저 RTE가 되어야 한다.

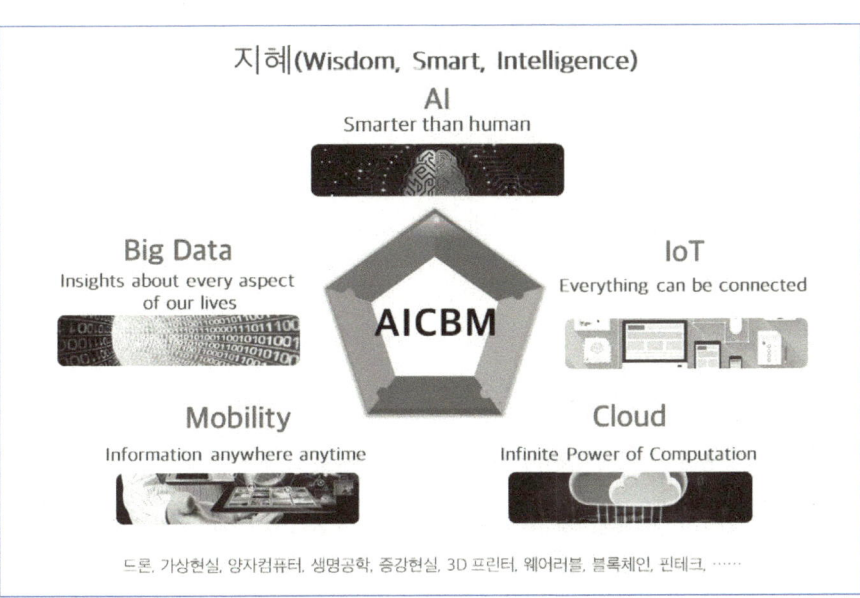

AICBM의 이해

제조 현장에서 실시간으로 정보를 수집하기 위하여 사물인터넷(IoT: Internet of Things)이라는 인터넷(Internet) 기반의 센서가 등장하게 되었다. 이 IoT를 통하여 날아가는 비행기의 엔진 상태를, 농장의 트랙터 엔진 상태를, 자동차 제조 현장에서 로봇의 운영상태와 부품의 재고를, 매대에 놓여 있는 상품의 재고를, 수도·전기계량기의 사용량을 원격 센서로 실시간 흐름을 파악할 수 있다. IoT를 위해서는 IoT를 작동시키는 동력과 자료를 전송하는 통신이 필수적이다. 이 두 가지 필수적인 기능이 반도체의 발달로 가능하게 되면서 IoT가 실시간 자료 수집 도구로 쓰이게 된 것이다.

그런데 폭발적으로 늘어난 데이터들을 자체 컴퓨터에 저장하고 안정적으로 활용하기 위해서는 컴퓨터와 데이터 저장장치 구입에 막대한 비용을 투자해야 한다. 기업 입장에서는 언제 제대로 쓰일지 모르는 데이터를 축적하기 위해 지속적으로 컴퓨터 하드웨어에 선제적으로 투자하는 것은 대단히 어렵고 고통스러운 일이다.

기업들의 이러한 고민을 해결해 주는 것이 바로 클라우드(Cloud)다. 클라우드를 쓰게 되면 기업들의 데이터를 외부 저장장치에 저장할 수 있고, 기업이 가지고 있는 컴퓨터보다 훨씬 더 크고 성능이 좋은 컴퓨터를 필요한 때에 활용할 수 있다. 쓰는 만큼만 돈을 내면 되기 때문에 마치 자가용을 사는 것이 아니라 필요한 때에 우버나 카카오 택시를 활용하는 것과 같다.

이제까지의 IT 발전 방향을 정리해 보면, 경영환경의 급격한 변화에 신속하게 대응하기 위해 과거의 자료들과 각종 실시간 데이터들을 모아서 실시간으로 분석할 필요를 느끼게 되었다. 데이터를 모으고 분석할 수 있는 클라우드 환경이 조성되면서 기업들 입장에서 큰 비용을 사전적으로 투입하지 않고도 자료를 모으고 분석할 수 있는 환경이 마련된 것이다.

데이터를 분석하는 데 과학자들이 주목한 것은 인간의 뇌이다. 인간의 뇌야말로 각종 데이터를 실시간으로 저장하고 처리하는 최고의 데이터 처리기관이다. 그래서 뇌 공학이 새로운 연구 분야로 대두되었고, 뇌 공학에 기초를 둔 인공지능(AI)에 대한 개념과 연구가 탄생하게 되었다.

두뇌의 기능에 근거를 둔 인공지능을 연구하다 보니 데이터의 입력부문에서 사람이 보고 듣고 냄새를 맡고 말하고 기억하고 생각하는 기능들이 컴퓨터에 필요하게 되었다. 그래서 음성인식(Voice Recognition), Text to Message, 기계학습(Machine Learning), 강화학습(Deep Learning), 알고리즘과 같은 여러 기술이 개발되었고, 이런 기술들이 결합되어 인공지능(AI)을 이루고 있다.

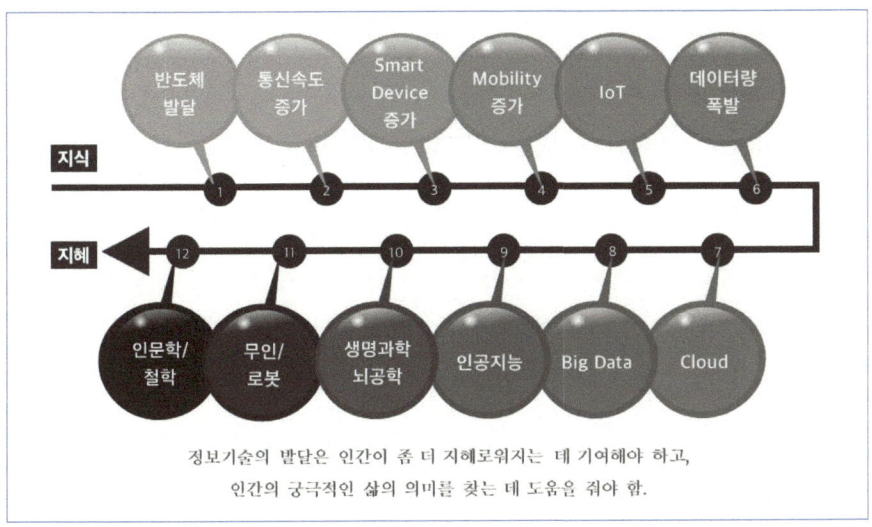

인간 vs. 기술

현존하는 컴퓨터는 기본적으로 모든 데이터를 디지털, 즉 0과 1, 전기 신호의 on&off로 변환해서 입력하고 축적하고 처리하고 출력한다. 사람의 뇌도 스냅시스 간의 전기 신호에 의해 생각하고 기억한다. 그래서 인공지능을 인간의 뇌 공학 측면에서 접근해 인간이 보고 듣고 생각하고 기억하는 방식을 컴퓨터에 적용하고 있다. 뇌 공학에서 발견한 논리와 통제를 알고리즘(Algorithm)으로 만들어서 컴퓨터에 적용하고, 어린아이들이 세상을 배워가는 방식을 적용한 딥 러닝(Deep Learning) 알고리즘을 컴퓨터에 적용하기도 한다.

컴퓨터가 인간을 대신할 수 있는지에 대한 여러 시도가 있었다. 각종 로봇, 자율주행차, 무인항공기, 무인선박, 무인경비 등의 등장이다. 많은 분야에서 인간보다 로봇이나 무인기계들이 경제성, 신뢰성, 생산성이 더 높다. 앞으로도 다양한 분야에서 컴퓨터가 인간을 대체하게 될 것이다. 결과적으로 컴퓨터를 설계하고 활용하고 지배하는 인간과, 컴퓨터에 의해 대체되고 지시받고 지배받는 인간으로 나뉘게 될 것이다.

이러한 컴퓨터의 인간 대체, 인간과의 경쟁 현상은 우리에게 중요한 질문을 던진다. "컴퓨터와 어떻게 공존할 것인가?", "컴퓨터가 인간의 일을 대신한다면, 인간! 너는 세상에 무슨 의미가 있는가?", "어떻게 사는 것이 잘 사는 것인가?" 등의 철학적이고 본질적인 질문이 나오게 된다. 여기에 제대로 답을 하기 위해서는 인간이 좀 더 지혜로워져야 한다. 지혜는 문제의 본질에 보다 가까이 접근할 수 있게 해준다. 본질을 정확하게 이해해야 올바른 판단과 선택을 할 수 있다.

이렇게 인간과 컴퓨터가 서로 대결을 벌이듯 경쟁해 가면서 4차 산업혁명의 문을 열고 있을 때 코로나가 터졌다. 코로나는 인류가 평소 같으면 최소한 20년은 걸릴 정도의 급격하고 광범위한 변화를 1, 2년 만에 가져왔다. 인간이 그토록 소중히 여기는 생명과 자유를 위협하면서 인간들 스스로가 격리되어 스스로 자유를 통제하고 제한하게 만든 대변화이다.

인공지능

인공지능이 우리 인간의 지적 활동을 보조하는 수단으로 개발되었지만, 결과적으로는 특정 영역에서 인간의 지적 능력을 넘어서고 있다. 처음에는 인공지능이 퀴즈로 시작해서 체스에서 세계 챔피언을 이기고, 바둑에서 이세돌 9단을 이기더니 스타크래프트 게임에서 그랜드 마스터 레벨에 올랐다. 인공지능이 SF영화의 단골 소재로 시작해서 생활가전의 최첨단 기능으로 이름을 올리더니 이제는 직원들을 채용하는 AI면접관까지 되었다.

구글이 개발한 OS인 안드로이드의 어원은 그리스어로 '인간을 닮은 것'이란 의미로, andro-(인간)와 eidos(형상)의 합성어다. 지금 인공지능도 인간을 닮은 것에서 시작해서 인간을 넘어선 뒤 언젠가는 인간을 지배하는 수준에 다다를 것으로 보인다.

인간의 뇌는 1.4kg의 작은 고깃덩어리에 불과하지만 실제로 하는 일은 무궁무진하다. 이 뇌를 통하여 우리는 우주의 기원을 연구하고, 우주의 크기를 측정하고, 별의 개수를 추정한다. 또 수많은 말과 행동과 생각과 의지를 만들어 낸다. 우리 스스로 생각하는 것만이 아니라 다른 사람의 생각을 읽어 내기도 한다. 우리 뇌에는 과거와 현재의 모든 지식과 경험이 저장되고 미래에 대한 예측과 상상이 들어 있다. 우리 뇌는 환경 변화에 융통성 있게 대처하도록 진화해 왔다.

인공지능에 대해 우리 인간이 가지고 있는 걱정과 공포는 두 가지이다. 하나는 인공지능이 인간의 일자리를 빼앗으리라는 것과, 또 하나는 인간을 감시하고 통제하고 지배하게 될 수도 있다는 것이다. 첫 번째 걱정은 이미 현실로 다가왔고, 두 번째 공포는 인간을 감시하는 수준까지 진행되고 있다. 그럼 우리는 어떻게 대처해야 할 것인가?

카이스트의 정재승 교수는 "데이터를 분석하고 확장하는 일은 인공지능이 훨씬 빠르기 때문에 우리는 이해(comprehension)가 필요한 일을 해야 한다. 비판적 사고로 기존의 데이터에 반하는 것을 하는 것이 인간의 영역"이라고 했다. 또 "인간은 이해(comprehension) 단계를 거쳐 적용(application) 단계로 넘어간다. 반면 컴퓨터는 지식(knowledge)에서 적용(application) 단계로 바로 넘어간다. 엄청난 수의 데이터를 가지고 이해 없이도 문제해결이 가능한 기계학습(Machine Learning)을 수행하기 때문이다"라고 말한다.

'비판적 사고로 기존의 데이터에 반하는 것'을 찾아내는 것이 인간의 몫이라고 한다면 인간이 인공지능과의 경쟁에서 이기기 위해서는 비판하는 능력을 키워야 한다. 만약 이러한 비판적 사고능력을 기르지 못한 사람은 결국에는 인공지능에 의해 일자리를 잃게 될 가능성이 크다. 비판하는 능력은 대답하는 능력이 아니라 질문하는 능력에서 나온다. 그러니 질문을 하기 위해서는 끊임없는 지적 호기심을 가지고 학습을 해야 한다. 앞으로 학습하지 않는 인간은 살아남기 어려울 것이다.

인공지능은 이미 CCTV나 포털의 알고리즘을 통하여 인간을 감시하고 통제하고 있다. 인공지능이 인간의 행동과 자유를 통제하고 제한할 것인지에 대한 대답은 결국 우리 인간에게 달려 있다. 인공지능 자체의 문제가 아니라 인공지능의 알고리즘을 만드는 사람의 의지이기 때문이다. 인간이 인간답게 살도록 하는 것이 도덕이다. 그러니 인공지능을 만들고 이용하는 사람들이 도덕적이어야 이 문제를 슬기롭게 해결할 수 있다.

테슬라의 CEO 일론 머스크(Elon Musk)는 뉴럴링크사를 설립해서 두뇌 컴퓨터 인터페이스(BCI: Brain Computer Interface)를 개발하고 있다. 사람 머리에 칩을 심어서 뇌에서 발생하는 미세한 전압을 읽어 생각을 추론하는 기술이다. 이미 동물 실험을 끝내고 임상실험을 준비하고 있다고 한다.

구글의 레이 커즈와일 이사는 BCI가 발전해서 우리의 기억과 경험을 클라우드에 업로드하게 되면 비록 몸은 생물학적으로 죽었어도 저장장치에 살면서 마치 살아 있는 것처럼 SNS나 메일 등 일상의 네트워킹을 하게 될 것이라고 예측했다. 가상세계에서 아바타들끼리 서로 연결되어 대화도 하고, 모임도 갖고, 학습도 하는 그런 세상이 올 것이라는 것이다.

이경전 경희대 교수는 '인공지능은 최적화'를 위한 것이라고 정의했다. 그러기 위해서는 기업은 가장 중요한 문제가 무엇인지를 찾고 그 해결을 위해 어떤 방법이나 도구를 사용할 것인지 정해야 한다. 그리고 선택된 방법에 대한 임직원과의 자발적 협력을 도모하고, 기술이 가진 한계를 인정하라고 주장하고 있다.

경영자는 경험과 학습을 통해 경영능력을 배양한다. 보다 폭넓은 경험과 깊이 있는 학습은 경영에서 마주치는 여러 문제를 지혜롭게 해결하는 데에 도움이 된다. 인공지능의 경우에는 주어진 데이터를 가지고 학습하여 최적의 지적 체계를 만든다. 주어진 데이터 내에서는 어떤 인간도 인공지능을 이길 수 없다. 우리가 10년, 20년 걸려서 해내는 학습의 양을 인공지능은 1, 2시간이면 해내기 때문이다. 그러니 만약 인공지능과 경영자가 서로 대결을 해야 하는 상황이 되어 주어진 환경에서 주어진 데이터를 근거로 결정을 내려야 한다면 경영자가 백전백패를 할 가능성이 크다.

경영자 입장에서는 인공지능에 대해 두 가지 키워드를 기억해야 한다. 데이터와 학습이다. 모든 인공지능은 데이터를 입력하고 학습을 통해서 발전한다. 우리 인간도 학습을 통하여 비판적 사고를 길러야 한다. 인공지능의 방대한 계산 능력을 넘어서기 위해서는 주어진 데이터들을 새롭게 해석하려는 노력이 필요하기 때문이다. 어떻게 비판적 사고능력을 학습할 것인가? 비판적 사고는 문학, 역사, 철학과 같은 인간이 그리는 무늬를 폭넓게 공부하는 것이 도움이 된다.

인간 중에는 공부하고 일하고, 새로운 것을 생각하고 만들고, 세상에 이로운 일을 찾아서 하는 사람과, 이와 반대로 사는 사람도 있다. 태어나서 죽는 것은 모두 똑같지만 의미 있는 인생과 이로운 삶을 살다 간 사람은 그리 많지 않다. 오직 끊임없이 학습하고 학습한 사람들만이 인생의 의미를 찾고 세상을 이롭게 할 수 있다. 이런 사람은 인공지능과 활동 차원이 다르고, 또 경쟁할 필요도, 이유도 없는 사람이다.

인공지능이 인간을 이기는 것도 학습 과정을 통해서고, 인간이 인공지능을 이길 수 있는 것도 학습이다. 하지만 주어진 데이터만 가지고 학습을 하느냐, 아니면 문학, 역사, 철학과 같이 인간이 그린 무늬를 학습하느냐에 따라 미래는 달라진다. 누가 미래의 주인이 되고, 누가 노예가 될 것인지는 여기서 결정날 것이다.

클라우드(Cloud) 서비스

클라우드가 처음 시장에 나온 배경이 재미있다. 지금 클라우드 시장 점유율 1위인 AWS(Amazon Web Services)은 아마존 내부 시스템을 관리하면서 남는 컴퓨터 용량을 활용하고자 시작했다. 유통업체는 일년에 3, 4번 정도의 피크타임을 가진다. 미국의 경우 부활절, 크리스마스, 추수 감사절에서 시작해서 크리스마스와 연말연시, 신학기 시작(Back to the school) 등의 계절적 성수기가 있다.

입지와 업종에 따라 다르지만, 평소에도 주말 매출이 주중 매출의 1.5배에서 2배 가까이 된다. 유통업체 입장에서는 매출이 급격히 상승하는 대목 장사를 위하여 넉넉한 컴퓨터 처리용량을 평소에도 확보하고 있어야 한다. 매장에서 POS 처리, 신용카드 승인, 포인트 적립 등을 하고 온라인 주문의 신속한 처리를 위하여 1년 중 가장 많은 처리 건수를 기준으로 컴퓨터 용량을 준비하고 운용해야 한다.

그러나 반대로 보면 대목이 아닐 때는 컴퓨터에 과 투자한 셈이 된다. 유통업만이 아니다. 금융업, 공기업, 제조업, 여행업 등 모든 업종이 시기는 조금씩 다르지만 데이터 처리 기준으로 볼 때 나름대로 피크타임이 있고, 이것을 기준으로 컴퓨터 용량을 사전에 확보해야 한다.

초기에 평소 남는 자원을 빌려주자는 개념에서 클라우드를 시작했던 아마존은 4차 산업혁명 즈음해서 이러한 데이터의 폭발적인 증가와 맞물려 클라우드의 최강자 자리를 차지하게 되었다. 경영자 입장에서 클라우드 자체를 이해하고 잘 활용하는 것도 중요하지만, 자기가 가진 강점을 전혀 다른 분야의 비즈니스로 전환한 아마존의 비즈니스 창출능력에 대해 배울 필요가 있다. 유통기업이 IT 분야로 진출해서 성공한 경우이다.

기업은 각 분야에서 수년간의 경쟁을 통해 내공을 길러왔다. 이제까지 서로 다른 산업의 기업 전략을 비교하면 사과와 오렌지를 비교하지 말라고 했었다. 그러나 4차 산업혁명 시기에는 산업 간의 융합이 활발하게 일어나고 있다. 그러니 내가 가진 강점을 가지고 전혀 다른 산업에 진출할 수도 있다. 또 전혀 생각하지도 못한 경쟁자가 생각지도 못한 무기를 가지고 등장해 경쟁할 수도 있다. 그러니 전통적인 산업의 분류 속에서 안주하지 않고 새로운 영역과 산업을 융합시켜서 새로운 시장으로 만들어 갈 수 있는 능력이야말로 4차 산업혁명 시기에 꼭 필요한 경영능력이라고 할 수 있다.

아마존의 성공에 힘입어 모든 빅테크 기업들이 클라우드 시장에 진출해서 사활을 걸고 있다. 이러한 컴퓨팅 파워 렌털(임대) 서비스는 사회적으로 내구재의 구매보다 임대 쪽을 선호하는 소유의 종말 시대와 맞아떨어지면서 대박치고 있다.

아웃소싱은 내용을 잘 알고 해야 효과가 있다. 잘 모르고 귀찮고 힘들어서 하는 아웃소싱은 반드시 실패한다. 클라우드도 마찬가지다. 내가 필요로 하는 서버의 용도와 사용량을 정확히 알지 못하면서 외부의 서버를 계약 베이스로 쓰게 되면 분명히 쓸데없는 비용을 지불하게 된다. 어차피 쓴 만큼 비용을 내는 데 사용량에 대해 뭐 그리 깐깐하냐고 반문할 수도 있다.

그러나 많은 기업에서 서버를 비즈니스 용도에 맞게 경제적으로 사용하고 있다고 자신할 수 없다. 작은 규모의 전산실에서는 시스템 규모가 작아서 한눈에 들어온다. 그러나 공기업, 금융, 통신, 유통, 항공, 전력 등 대기업들은 컴퓨팅 파워의 경제적 운영을 위해 정기적으로 점검해 봐야 한다. 크고 복잡하면 구석구석에 먼지가 쌓여 있을 수밖에 없다. 이사 가기 전에 안 쓰는 것들은 버리고 가야 한다. 모든 것 다 들고 이사 가서 수납장 없다고 불평하는 것은 우매한 짓이다.

예전 회사에서 150억 규모 신규 포인트 개발 프로젝트를 결국 10억 이내에 해결한 적이 있다. 모회사인 통신회사의 포인트를 카드회사에서도 같이 쓰자는 프로젝트였다. 목표 포인트 회원의 수가 3년 안에 2,000만 명이었다. 무척 공격적인 사업계획이었다. 그러니 IT 비용은 당연히 2,000만 명을 관리하는 대용량의 서버와 프로그램 개발 비용이 포함되어 있었다.

그래서 다시 서버 활용 현황을 꼼꼼히 따져 봤더니 최근에 산 서버 중에서 500만 명까지는 견딜 수 있는 서버를 찾을 수 있었다. 프로그램 개발도 기존의 통신사에서 쓰고 있던 프로그램을 그대로 가져다 쓰면 굳이 새로 재개발할 필요가 없어 보였다.

더 확실한 방법은 기존의 통신사 프로그램에서 포인트 합계를 계산해서 넘겨주면 나중에 가맹점과 정산만 하면 되었다. 이리저리 파고드니 7억이면 가능하였다. 3년이 지나고 회원이 한 때 800만 명까지 올라갔지만, 회장이 바뀌면서 통신회사와 서로 공유하려고 했던 포인트 시스템은 소리 없이 사라졌다. 결과적으로 150억을 투자했더라면 전부 쓰레기가 될 뻔했다.

이렇게 좋은 클라우드 서비스가 왜 이제야 각광을 받게 되었는가? IT 성능 발전 속도가 사회 발전 속도를 넘어섰기 때문이다. 모바일(Mobile)과 모빌리티(Mobility), IoT와 스마트 센서(Smart Sensor), 미디어(Media)와 SNS가 다양해지면서 데이터 통신량이 폭증하게 되었다. 폭발적으로 늘어난 데이터를 자체적으로 IT Power를 늘려서 처리하는 것은 힘들다. 데이터 처리 문제에서도 선택과 집중이 필요하게 된 것이다.

초연결사회에서 인간과 인간, 인간과 사물, 사물과 프로세스, 사물과 사물이 연결되기 시작하면서 쏟아져 들어오는 대량의 데이터를 의미 있고 기업 경영에 도움이 되는 방향으로 쓰자고 하는 것이 빅데이터(Big Data)다. 빅데이터는 대량의 데이터를 저장하고 분석하는 것을 전제로 한다. 이 대량의 데이터를 저장하고 분석하기 위해서는 대규모의 컴퓨팅 파워가 있어야 한다. 이런 목적으로 컴퓨터를 자체적으로 구입하고 운용하는 것은 경제적 효과를 입증하기 어렵다.

결국, 4차 산업혁명 시대에서의 컴퓨터 운영은 클라우드에 의존할 수밖에 없다. 앞으로 이 클라우드는 전 세계적으로 여러 단계의 선택과 집중을 거쳐서 궁극적으로는 Earth Brain Power와 같은 초집중 중앙컴퓨터와 각 대륙, 각 지역에 흩어진 지역 거점 컴퓨터센터로 재편될 전망이다.

사물인터넷(IoT)

사물인터넷(IoT: Internet of Things)는 데이터가 발생하는 다양한 접점에서 센서를 통하여 실시간으로 데이터를 수집하는 용도이다. 용어의 정의로 봐서는 제조현장이나 정밀기계 분야에서 주로 쓰일 것 같지만 이미 우리 주위에 많이 이용되고 있다. 우선 스마트워치 같은 헬스기기, 시리(Siri)나 클로바(CLOVA) 같은 인공지능 스피커, 넥스트 같은 실내 온도와 조명 관리 기기, 코로나로 각광 받고 있는 비접촉 체온 측정기, QR 코드 인식기, 전력, 수도 계량기의 검침, 주차장 관리 등 여러 분야에서 많은 IoT기기들이 설치되어 운용되고 있다.

IoT는 일상생활에서 삶의 질을 개선하고 운영 효율성을 높이는 스마트 시티의 핵심기술이다. 도시 인프라를 통해 데이터를 수집하고 해당 정보를 사용하여 운영을 최적화하고, 정보에 기반한 더 나은 결정을 내릴 수 있다. 스마트시티에서 IoT는 기반시설에 센서를 통합하여 에너지 관리, 수자원 관리, 운송 및 교통을 효율적으로 관리할 수 있다. IoT는 건물의 조명, 난방, 에어컨, 엘리베이터 등을 관리할 수 있다.

IoT는 실시간으로 접점에서의 데이터를 모으기 때문에 중요한 시설이나 장비의 가동률을 높이는 데 크게 유용하다. 실제로 비행 중인 항공기 엔진이나 가동 중인 트랙터의 엔진을 모니터링함으로써 사전에 점검해야 할 부품을 찾아서 조치를 취하고 있다. 애프터 서비스가 아닌 예방 정비 서비스가 IoT 덕분에 가능해짐으로써 고객만족을 높이고 사고를 미연에 방지할 수 있다. 이외에도 제조 현장에서 부품의 재고를 관리하거나 운송 현황을 관리하는 사례도 많다.

IoT는 4차 산업혁명에서 주요 경영전략으로 추진되고 있는 애자일(Agile) 경영이 가능하도록 데이터 수집의 최전선에서 유용한 정보기술이다. 코로나 이후의 경영환경에서는 실시간 기업경영, 즉 RTE(Real Time Enterprise)가 중요한데, IoT가 현장에서 수집한 정보가 기반이 되어야 한다.

우리가 항상 휴대하는 스마트폰도 IoT의 역할을 하고 있다. 마치 꿀벌, 개미들이 나름의 분절화된 네트워크를 통해 일체의 움직임을 집단적으로 통제하고 있는 것처럼 스마트폰도 중앙집중형으로 인간의 동선을 모니터링하고 통제하고 있다.

코로나가 터지고 사람의 동선을 모니터링하는 데 스마트폰이 중요한 도구가 되었다. 이 스마트폰은 데이터 통신망으로 서로 연결되어 어느 시간대에 어느 장소에 있었는지를 실시간으로 모니터링할 수 있다. 이게 바로 IoT에서 한 걸음 더 나아간 IoH(Internet On Human)가 된 것이다.

경영자 입장에서는 기업 경영에 관련된 모든 데이터가 실시간으로 입력되어야 한다. 실시간으로 모아진 데이터를 통해서만 애자일 경영이 가능하다. 실시간으로 정보를 모으고, 실시간으로 정보를 분석하고, 실시간으로 결정을 내리고, 실시간으로 대응을 할 수 있는 RTE(Real Time Enterprise)는 IoT에서부터 시작한다.

빅데이터(Big Data)

기업의 빅데이터 활용은 고객의 행동을 미리 예측하고 대처방안을 마련해 기업경쟁력을 강화시키고, 생산성 향상과 비즈니스 혁신을 가능하게 한다(McKinsey, 2011). 공공 기관의 입장에서도 빅데이터의 등장은 시민이 요구하는 서비스를 제공할 수 있는 기회로 작용한다. 이는 '사회적 비용 감소와 공공 서비스 품질 향상'을 가능하게 만든다.

데이터에는 숫자와 같은 정형 데이터만 있는 것이 아니다. 사진, 동영상, 녹음, 문서, 그림 등등의 여러 비정형 데이터들이 있다. 데이터를 모으다 보면 정형 데이터보다 비정형 데이터가 더 많고 다양하다. 이 비정형 데이터를 컴퓨터가 입력을 받아서 처리할 수 있는 0과 1로 바꾸는 기술들이 필요하다.

모여진 정형·비정형 데이터들을 컴퓨터가 인식하고 마치 인간처럼 생각하고 처리하기 위해서는 컴퓨터에 학습이 필요하다. 이를 위해 머신러닝(Machine Learning)이라는 기술이 필요하다. 즉 컴퓨터가 데이터를 인식하면서 스스로 데이터 간의 상관관계를 학습하도록 하는 것이다. 예를 들어 바둑의 기본 룰과 그동안 있었던 수많은 기보(棋譜)를 입력해서 학습시키면 어느 단계에 이르러 컴퓨터 스스로 인간을 넘어서는 바둑을 배울 수 있다.

여기서 중요한 것은 컴퓨터를 공부시킨다고 하지 않고 학습을 시킨다고 한다는 점이다. 즉 컴퓨터를 교육(Education), 훈련(Training), 공부(Study)시키지 않고 학습(Learning)시킨다고 표현한다. 무엇이 다른가?

학습은 주어진 환경에서 주어진 규칙으로 스스로 익힌다는 점이다. 일단 컴퓨터에 기본적인 규칙과 절차, 방법과 명령어들을 주고 그 뒤에 데이터를 입력시킨다. 그러면 컴퓨터는 입력된 데이터들을 알고리즘에 따라 처리하게 되는데, 그 출력물로서 최적의 모델을 만들어 내게 된다. 그래서 데이터가 많으면 많을수록 더욱더 정교한 모델이 만들어지고, 이런 과정을 학습한다고 하는 것이다. 이게 소위 머신러닝(Machine Learning)이다.

인간이 학습하는 것은 관련 데이터를 읽고, 이해하고, 규칙이나 상호 관련성을 파악해서 데이터 간의 공통된 의미를 찾아내는 프로세스다. 인간의 학습과 기계의 학습은 기본적으로 같은 프로세스이지만, 차이점은 처리하는 데이터의 양이다. 컴퓨터는 전기만 공급하면 엄청난 속도로 데이터를 처리한다. 이세돌 9단을 이긴 알파고는 프로기사의 기보 16만 개를 5주 동안에 학습했다.[1] 사람이 평소대로 학습한다면 10년이 걸릴 분량이라고 한다.

알고리즘은(Algorithm)은 주어진 문제를 논리적으로 해결하기 위해 필요한 절차, 방법, 명령어들을 모아놓은 것이다. 또 다른 말로 표현하면 논리와 통제를 갖춘 컴퓨터 프로그램의 집합체를 말한다.

빅데이터는 단순한 데이터의 분석이 아니다. 통찰력 있는 분석가, 비즈니스 사용자 및 경영진이 올바른 질문을 던지고, 패턴을 인식하고, 정보에 입각한 가정을 세우고, 행동을 예측해야 하는 전체적인 사실(Fact)의 발견 프로세스를 말한다.

빅데이터는 빙산의 윗부분이다. 빅데이터의 유효한 분석결과를 얻기 위해서는 방대한 데이터 처리작업이 수행되어야 한다. 처리작업이 방대해질

---

[1] 알파고는 딥러닝 신경망(deep neural networks)과 몬테카를로 트리 검색(Monte-Carlo tree search)을 결합해 전문가로부터의 지도학습(supervised learning)과 자체 경기를 통한 강화학습(reinforcement learning)으로 훈련해왔다.(Overcome West)

수록 데이터 간의 상호작용에 대해 이해하기가 쉽지 않고 역으로 추적해 들어가기도 어렵다. 그러니 데이터의 성격과 데이터 간의 상관관계에 대해 사전에 정확히 이해하고 빅데이터 분석을 시작해야 한다.

빅데이터의 진정한 목적은 과거 데이터의 정밀한 분석에 있는 것이 아니라 미래의 방향을 정확하게 판단하는 데 있다. 그러므로 데이터의 처리와 분석에 너무 급급해서는 안 된다. 경영자가 지혜롭게 판단을 하고 지혜롭게 행동할 수 있도록 도움을 줘야 한다. 마치 달을 가리키는 데 달은 안보고 손가락을 보는 우를 범해서는 안 된다.

마이데이터 사업

우리나라에서도 이제 마이데이터 사업이 2021년부터 시작된다. 개인 데이터의 소유권을 명확히 하고 그 소유자로부터 동의를 받아서 데이터를 모아서 사업을 하는 것을 말한다. 이 사업에 대부분의 금융기관이 적극적으로 뛰어들었다.

금융위원회에서 마이데이터는 "정보 주체인 개인이 본인의 정보를 적극적으로 관리, 통제하고, 이를 신용관리, 자산관리, 나아가 건강관리까지 개인 생활에 능동적으로 활용하는 일련의 과정"이라고 정의하고 있다.

마이 데이터 사업에서 몇 가지 유념해야 할 항목이 있다.

우선 데이터에 대한 정의다. 데이터의 정의가 다 같은 것 같아도 회사별로, 사업부별로 다른 경우가 많다. 게다가 그 안에서도 다르게 사용되는 경우가 많다. 예를 들어 고객 데이터라고 할 때 과거 언제부터의 고객 데이터인지, 실제 고객만의 데이터인지, 잠재 고객까지 포함한 데이터인지, 연락 가능한 고객 데이터인지, 어떻게 분류된 고객 데이터인지, 어떻게 모은 고객 데이터인지 등등 어떤 각도에서 어떤 목적으로 어떻게 보느냐에 따라 고객 데이터의 정의가 달라진다.

다음으로, 마이데이터 사업자 간의 데이터 공유문제가 있다. 벌써 20개 이상의 마이데이터 사업자가 인가를 받았는데, 사업자 간의 데이터 성격과 양이 크게 차이가 난다. 금융권의 데이터와 빅테크 기업의 데이터는 내용에서 차이가 크다. 각 카테고리 내에서도 기업의 데이터 처리 능력, 데이터 분석 능력에 따라 차이가 크다. 시간이 지나면서 우열이 나타나면 여기에서도 양극화가 생기게 될 것이다.

마이데이터 사업자들은 자기가 취급하는 것이 민감한 개인정보라는 것을 알아야 한다. 사업자들이 개인정보 유출이나 오남용에 대해 엄중한 조치를 취한다고 하지만, 정보보안 사고는 항상 예기치 못한 곳에서 생긴다. 만약 어떤 형태든 사고가 나면 브랜드에 치명적인 타격이 오고, 마이데이터 사업은 접어야 한다. 수익모델은 변변치 않은데 위험부담은 매우 큰 사업이다.

데이터를 관리하고 처리할 때 데이터의 특성을 잘 이해할 필요가 있다. 데이터의 특성을 보면, 다음과 같다.

① 데이터는 발생 시점부터 뚜렷한 이용 목적을 가지고 모아야 한다.
② 데이터를 모아서 분류하고 분석을 준비하는 데 많은 노력과 시간이 들어간다.
③ 데이터는 양자역학처럼 관찰자가 의도를 가지고 관찰할 때 의미가 생긴다.
④ 데이터는 양이 아니라 질이 우선한다.

⑤ 데이터는 진실하고 신뢰할 수 있어야 한다.

⑥ 비정형 데이터가 정형 데이터보다 양적으로 많고 의미도 더 풍부하다.

⑦ 데이터는 인간의 활동 외 IoT에서도 대량으로 발생한다.

⑧ 데이터를 단순히 모아서 분석하는 것은 빅데이터의 목적이 아니다.

⑨ 빅데이터는 주로 가설을 세우고, 데이터를 통하여 가설을 검증하는 프로세스다.

핀테크

핀테크(FinTech 또는 Financial Technology)는 금융(Finance)과 기술(Technology)의 합성어로, 모바일, 빅데이터, SNS 등의 첨단 정보기술을 기반으로 한 금융서비스 및 산업의 변화를 통칭한다. 사실 4차 산업혁명 때문에 각 산업별로 정보기술을 활용한 혁신이 활발히 일어나고 있다. 그중에서도 금융에서 일어나고 있는 혁신적인 변화를 총칭해서 핀테크라고 한다.

어떤 일을 시작할 때 관점과 방향은 중요한 요소이다. 핀테크를 금융에 정보기술이 접목된 새로운 금융상품이라고 인식할 경우, 기존의 금융에 얽혀 있던 각종 인허가와 규제의 덫을 벗어나기 어렵다. 따라서 정보기술에 금융을 접목한다고 생각해야 규제를 넘어 한 차원 높은 새로운 비즈니스 모델을 만들 수 있다. 핀테크가 아닌 테크핀이 되어야 하는 이유이다.

금융은 전통적으로 보수적이다. 금융은 신용도라는 무기와 위험 관리라는 방패로 무장한다. 돈을 빌려줄 때 그 사람이 돈을 갚을 의지나 능력이 있는지 알아보는 것이 매우 중요하다. 그게 바로 신용도를 아는 것이다. 돈을 잘 굴려서 돈을 맡긴 사람에게 이자를 줄 수 있어야 하고, 맡은 돈을 잘 관리해야 한다. 그게 바로 리스크 관리이다. 신용을 체크하고, 비용을 관리하고, 리스크 관리를 하는 것이 금융의 핵심이다.

금융은 인허가 사업이다. 자금을 운용하고 관리할 능력이 없는 사람이 여러 사람에게서 돈을 모으면 사회적 문제가 생긴다. 그러기 때문에 각국 정부는 금융업에 대해 엄격한 자격심사를 하고 허가를 내준다. 그러다 보니 금융기관이 안전하기는 하지만 뭔가 파격적인 투자나 상품을 만들기는 어려웠다. 금융기관에 대해 감독기관의 규제 또한 심하다. 그동안 일부 금융기관들이 투자자나 주주들에게 피해를 준 경우가 많았기 때문이다.

보수적이고 각종 규제에 묶여 있는 금융기관에 대해 핀테크가 마치 바위를 쪼갤 때 나무토막을 박아 단단한 바위를 쪼개는 역할을 하고 있다. 처음에는 간단한 지급결제 시장으로 시작해서 국내 송금으로 영역을 넓히고, 다음은 외화 송금과 투자, 보험은 물론 인터넷 기반의 은행을 설립하기에 이르렀다.

당초 은행업은 번들링(bundling)이 대세였다. 예금·대출부터 펀드·보험 등 모든 금융상품을 취급하는 흐름이었다. 그런데 핀테크가 성장하면서 하나의 앱에 개별 금융상품을 서비스하는 언번들링(unbundling)을 거쳐 지금은 고객을 대거 확보한 플랫폼을 발판으로 모든 서비스를 제공하는 리번들링(rebundling)의 단계로 진화하고 있다. 여러 서비스가 결합되는 콜라보 상품을 판매하고, 이를 통해 대출 비교와 보험·펀드 상품 판매도 가능해지고 있다.

이제 곧 마이데이터 사업이 시작된다. 개인 데이터를 개인들로부터 동의를 얻어서 데이터를 가지고 비즈니스할 수 있게 되었다. 당연히 정보기술에 근간을 두고 있는 핀테크 업체들이 빠르게 다양한 비즈니스를 만들어 낼 것이다. 대형 은행에서도 노력하겠지만 구조적으로 신속(agile)한 비즈니스를 하는 데는 한계가 있다.

금융은 산업의 동맥이다. 산업에 필요한 곳에 필요한 때에 자금을 보내고 받는 것이 금융이다. 그러나 산업구조 자체가 어떤 정치적인 이유 때문에 생산성이나 효율성을 무시하고 자원 배분을 왜곡시키면 금융 역시 어디선가 돈맥경화가 생긴다. 그러다가 경색도 되고, 핏줄이 터질 수도 있다.

그런 때가 오면 금융은 마치 산업의 하수종말처리장처럼 모든 부조리, 불공정, 부실경영의 책임을 떠맡게 된다. 그때 가서 정치를 탓하고 후회하면 너무 늦다. 핀테크 핑계라도 대면서 서둘러 자체적으로 효율적인 정보의 흐름과 신속한 대응체제를 내부적으로 갖춰야 한다. 그러니 핀테크는 금융기관의 혁신을 요구하는 외침소리이다.

다른 4차 산업혁명의 정보기술처럼 핀테크도 금융권의 기득권에 도전하고 있다. 어쩌면 기득권에 도전하고, 기존의 질서를 무너뜨리고, 새로운 질서를 수립하는 것이 혁명이다. 그러한 혁명이 도처에서 일어나고 있다. 실제로 Di-Fi(탈중앙화된 금융)가 일어나고 있다. 더더군다나 인류는 코로나를 기점으로 기존 질서와 정책, 사상으로는 팬데믹 위기를 이겨낼 수 없다고 생각하기 시작했다.

금융기관에서도 당연히 내부적으로 위기감을 느끼고 있다. 꼭 핀테크 때문만은 아니다. 자신들의 몸집이 너무 크고 움직임이 둔하다는 것을 스스로 잘 안다. 그래서 모든 금융기관의 장들은 디지털 트랜스포메이션을 외치고 있다. 그러나 디지털 트랜스포메이션이 업의 본질에 대한 재정의를 통한 새로운 비즈니스 구조를 만들어야 하는데, 이 대목에서 다들 한계를 느끼게 된다.

블록체인(Block Chain)

정보기술에 대한 이해가 없는 일반 사람들이 블록체인을 이해하기가 쉽지 않다. 완전히 새로운 개념이기 때문이다. 그래서 처음부터 쓰레기라고 외면해 버리는 사람들도 많다. 그러나 경영자들은 시간과 노력을 들여서 블록체인을 공부할 필요는 있다. 블록체인은 새로운 사상이고, 앞으로 정보기술의 주류에 들어올 가능성이 크기 때문이다.

블록체인은 기존의 정보시스템 사상과 크게 다르다. 기존의 정보시스템은 누가 주인이고 누가 프로그램의 운영에 책임지고 있는지, 또 어느 서버에 저장되어 있는지 알 수 있다. 해킹이나 위변조도 가능했다. 그러나 블록체인은 우선 누가 해당 프로그램의 주인인지를 모른다. 그래서 문제가 있을 때 누가 책임을 질 것인지 불분명하다. 모든 참여자의 서버에 분산 저장되기 때문에 한 번 일어난 거래에 대해 수정이 불가능하다. 수정이 불가능하기 때문에 해킹이나 위조로부터 안전하다. 정보의 발생부터 폐기까지 체인처럼 연결되기 때문에 전체적인 흐름을 파악할 수 있다.

블록체인은 중간자를 배제(disintermediation)하고 모든 참여자가 공동으로 인증한다. 공동으로 참여를 허락하고, 공동으로 서버에 저장하고, 공동으로 관리한다. 그런 의미에서 철저하게 분산형이고, 철저하게 커뮤니티형의 민주적인 운영이다. 모든 거래 내용이 참여자들에게 공유되기 때문에 굳이 신뢰받는 중간자, 예를 들어 정부 기관, 은행, 등기소와 같은 인증기관이 필요 없다. 이 또한 지금의 사회운영 시스템의 근간을 뒤집는 매우 혁명적인 발상이자 창의적인 사상이고 민주적인 제도이다.

블록체인이 세간의 주목을 받기 시작한 것은 비트코인 때문이다. 비트코인 한 개의 가격이 5년 전에 100만 원 안팎이던 것이 2021년 4월 7,000만 원에 육박했으니 저금리 시대에 일반 투자자의 관심을 끌 수밖에 없다. 코로나 이후에 각국 정부들이 대량의 양적 완화를 하면서 인플레이션 회피용으로 비트코인이 주목받고 있다. 비트코인의 발행량이 2,100만 개로 정해져 있는 반면 정부는 화폐를 맘먹은 대로 찍어 내기 때문이다.

블록체인을 이해하지 않고는 비트코인을 이해할 수 없다. 우선 블록체인만 보면 정보기술 상으로 새로운 시도 중의 하나다. 블록체인 정의에서 살펴본 바와 같이 일명 분산원장기술이다. 기업에서 원장은 경영에서 가장 기본이 되는 중요한 회계장부다. 지금까지는 기업에서 집중 보관하고 관리하고, 기업의 책임하에 무결성과 정합성을 보장해 준다. 소위 회계 당국이라는 감독기관에서 하는 일의 대부분이 회계장부의 무결성과 정합성을 확보하기 위한 것이다.

블록체인은 분산된 데이터베이스가 동기화하는 과정에서 서로를 검증하는 엄격한 테스트 작업, 소위 작업증명을 수행한다는 것과, 이를 감독하는 주체가 별도로 존재하지 않고 프로그램 자체의 논리에 따른다는 것, 그리고 시스템 전체에 대한 결정력에 있어서 분산된 서버들이 동등한 권한을 갖고 있다는 점이 유별나다.[2]

---

2) 오태민 저, 《비트코인》, 지혜의 족보

기업의 경영자들은 이러한 블록체인을 어떻게 이해하고 어떻게 경영에 활용해야 할 것인가? 블록체인은 기업정보시스템의 근간을 뒤흔들 가능성이 있다. 만약 기업이 블록체인을 도입한다면 어느 업무가 제일 적당할 것인가? 아마도 외부와의 거래 시스템이 제일 적당할 것이다. 내가 받을 돈은 상대 입장에서는 줄 돈이다.

지금은 거래한 내용을 서로 따로 기록하고 보관하고 있다. 그래서 계약서도 필요하고, 공증도 필요하고, 문제가 있을 시 법원의 도움도 필요하다. 그러나 만약 블록체인을 쓴다면 동일한 거래 데이터를 동시에 가지고 있고, 어느 일방도 그 내용을 수정할 수 없다. 이 때문에 거래의 무결성을 보장해 주는 사회적 시스템이 필요 없게 된다. 당연히 세무당국과도 거래 데이터를 블록으로 같이 공유하기 때문에 회계사, 세무사, 변호사가 필요 없게 된다.

기업 간의 거래에 블록체인을 사용하게 되면 여러 이점이 있다. 특히 공급망관리(Supply Chain Management) 분야에서 물품의 입고, 이동, 출고, 세금계산서 발행, 상품대금 지급, 출하 증명서, 원산지 증명 등에서 블록체인이 유용하게 쓰여질 수 있다. 수정 불가능한 거래 데이터를 단계적으로 추적과 집행이 가능하기 때문이다.

기업의 거래 데이터뿐만 아니라 온갖 계약도 마찬가지다. 계약 상대방과 같은 내용의 계약 데이터를 공유하고, 서로 동의 없이는 수정할 수 없다. 계약 조건에 따라 조건이 성립되면 자동으로 결제할 수 있기 때문에 계약의 성실한 이행이 보장된다. 여기에서도 거래 중개인 개입 시킬 이유가 없게 된다.

블록체인은 소유권 및 기록보관의 연속성이 중요한 금융·물류 등의 분야에서 유용하게 사용될 것이다. 금융부문은 정부가 항시 감시하고 감독하는 분야다. 금융은 산업의 혈액에 해당하기 때문에 국가 경제에 매우 중요하다. 그러니 금융 당국에서는 블록체인의 투명성이 확보되지 않으면 이를 방관할 리 없다. 그래서 금융 분야에서의 블록체인 거래에 금융 당국이 참여해야 금융거래로서 인정할 것이다. 또 비트코인과 같은 암호화폐는 디지털화된 무기명 채권과 같기 때문에 이를 감시하고 추적하는 금융 당국 입장에서는 사회적으로 필히 막아야 할 부도덕한 금융자산으로 본다.

그러나 완전 분산형 원장관리 방식이 개별적인 거래에서 쓰는 데는 문제가 없지만, 거래의 규모가 커지고 참여자가 많아지게 되면 참여자의 인증이나 거래 확정에 들어가는 시간이 오래 걸리게 되어 부적합한 면이 있다. 또한 아직까지는 정부나 세무당국에서 블록체인으로 거래하는 것을 인정하지 않기 때문에 만약 기업이 블록체인을 쓴다고 하면 별도로 기존의 세무보고용도 같이 운영해야 한다는 문제가 있다.

경영자 입장에서는 완전 분산형으로 투명하고 민주적이고 상호 인정하고 존중하는 방식으로 운영되는 시스템의 도래에 주목할 필요가 있다. 정보기술 때문에 가능해지기는 했지만 이런 사회적 욕구는 늘 있어 왔다. 블록체인은 초연결사회에서의 프로그램 운영방식의 미래를 보여 준다고 할 수 있다.

코로나로 비록 범세계적인 교류가 일시적으로 약해진 것으로 보이지만 블록체인은 가상의 세계를 연결시켜 줄 수 있다. 코로나 이후에 해외여행이 정상화되면 국경, 민족, 지역을 넘어서는 범세계적인 프로그램들이 운영될 조짐이 있다. 벌써 IATA(International Air Transport Association)에서는 백신

여권을 블록체인을 이용한 모바일 앱으로 만들어서 활용하겠다고 발표했다. 이렇게 되면 굳이 한 나라에 서버를 두고 민감한 개인정보를 관리하는 부담을 질 필요가 없게 된다. 바로 이런 것이 블록체인의 장점이자 미래인 것이다.

비트코인(bitcoin)

비트코인은 블록체인 기술을 기반으로 만들어진 온라인 암호화폐다. 비트코인의 화폐 단위는 BTC로 표시한다. 2008년 10월 사토시 나카모토라는 가명을 쓰는 프로그래머가 개발하여, 2009년 1월 프로그램 소스를 배포했다. 중앙은행 없이 전 세계적 범위에서 P2P(peer to peer) 방식으로 개인들 간에 자유롭게 송금 등의 금융거래를 할 수 있게 설계되어 있다. 거래장부는 블록체인 기술을 바탕으로 전 세계적인 범위에서 여러 사용자의 서버에 분산하여 저장하기 때문에 해킹이 불가능하다.[3]

비트코인은 암호화폐라고 하지만 엄밀하게 말해서 화폐라고 볼 수는 없다. 현실적으로 거래에 쓰일 수 없기 때문이다. 화폐는 실물경제가 잘 돌아갈 수 있도록 뒷받침해 줘야 하는데 비트코인은 거래에 걸리는 시간이 길고, 가치의 변동폭이 너무 급격해서 화폐로서는 부적절하다.

코로나 이후에 각 정부가 거의 무제한의 양적 완화 때문에 인플레의 우려가 커지고 있다. 이에 대비한 자산가치의 보전 측면에서 비트코인을 찾고 있다. 그러나 비트코인에 대한 전망은 양극단으로 흐르고 있다.

----

3) 위키백과

① 긍정적인 전망

비트코인은 발행량이 2,100만 개로 한정되어 있다. 중앙은행에서 마음만 먹으면 무제한으로 찍어 내는 화폐와 달리, 공급의 제한과 희귀성 때문에 점차 가치가 상승할 것이라는 믿음이 있다. 비트코인은 개당으로 사용되는 것이 아니고 소수점 8자리까지 쪼개서 사용이 가능하므로 2,100만 개로 공급이 제한되어 있어도 소수점 자릿수를 8자리 이하로 더 쪼개면 사용량을 얼마든지 늘릴 수 있다. 각국의 정부가 개입할 소지가 없기 때문에 정치적 고려가 없이 순수하게 공급과 수요로 가격이 결정된다. 그런 의미에서 가장 시장친화적이다.

많은 우려와 질시 속에서 12년째 지속적으로 생존해 있고, 비트코인의 가치에 대해 논란이 일수록 더욱 강해지는 특성이 있다. 골드만 삭스나 블랙 록, 일론 머스크, 짐 로저스 같은 금융의 큰 손들이 가치를 인정하고 매입을 하고 있다. 곧 비트코인이 자산으로서 기업의 재무제표에 정식으로 기록될 전망이다.

② 부정적인 전망

같은 인플레 헤지 수단으로서 금은 내재적 가치가 있지만, 비트코인은 내재적 가치가 없다. 그저 블록체인 프로그램 덩어리에 불과하다. 또 책임 있는 관리 주체가 없이 분산형이기 때문에 문제해결이 쉽지 않다. 네트워크 참여자들의 합의를 도출하는 데 많은 시간이 걸린다.

익명성 때문에 범죄나 자금세탁에 사용될 수 있다. 비트코인을 가지고 있다는 것은 자기는 암호 키만 들고 있고 실제로 비트코인은 블록체인으로 거래 참여자의 컴퓨터에 분산되어 기록되어 있다. 암호 키를 분실하게 되면 되찾을 방법이 없다.

비트코인을 채굴하기 위해서 너무 많은 전기를 쓰고 있다. 생산을 위한 에너지 사용이 아니라 단지 비트코인 채굴에 쓰는 것이기 때문에 막대한 화석 에너지가 매 10분마다 단순히 일회용으로 쓰여지고 있다. 최근에 중국 정부는 모든 비트코인 채굴장을 폐쇄한다고 발표했다.

③ 향후 전망

이제까지 우리 인류는 소금, 조개껍질, 금화, 은화, 종이 지폐, 수표든 간에 눈으로 보고 만질 수 있는 것을 화폐로 사용했다. 숫자로 표현이 가능했고 서로 확인이 가능한 것들이다. 모든 화폐가 그렇듯이 가치에 대한 신뢰와 확신이 있어야 거래에 쓰일 수 있다. 가치는 그 재화를 필요로 하는 사람들 사이에서 형성되는 신뢰다. 필요로 하는 사람이 많으면, 다시 말해서 수요가 많으면 가치가 올라가고 수요가 적으면 가치가 떨어진다. 수요가 절실해질수록 당연히 가격이 올라간다. 비트코인에 대한 광풍도 이와 같다.

인류가 발전해 오면서 새로운 조류에 대해 항상 긍정과 부정이 서로 겨루다가 긍정이 이기게 되면 세상 흐름의 주류가 되고, 지면 역사의 장에서 사라졌다. 비트코인도 많은 긍정과 부정이 오고 가고 있지만 생각보다 잘 버티고 있다. 이제 주류에 들어오고 있는 것으로 보인다.

항상 새로운 주류를 기존의 가치와 개념으로 보면 이해하기 힘들다. 새로운 가치와 개념으로 이해해야 한다. 정보기술이 급격히 발전하고 있고 실물이 가상의 세계로 전환하고 있는 이때 가상의 암호화폐는 가상의 개념으로 이해해야 그 가치를 알아볼 수 있다.

비트코인에 관한 가장 핵심적인 논쟁인 내재가치의 유무이다. 하지만 내재가치는 우리의 인식에 있는 것이지 금처럼 금반지를 해서 끼고 전자제품에 들어가야 하는 것은 아니다. 마치 뭉크의 그림에 대한 값과 가치가 그림의 또 다른 용도가 있어서 정해지는 것은 아니다. 비트코인의 가치는 논란 속에서 이미 가치가 정해지고 있다고 봐야 한다.

자고 나면 치솟는 비트코인의 가치를 볼 때 앞으로도 몇 번의 급등락은 있겠지만, 전체적으로 자산의 가치 저장 수단으로의 역할은 할 수 있을 것으로 보인다. 특히 달러, 유로, 엔과 같은 기축통화 발행국들이 무차별로 화폐를 찍어 내고 있는 현실에서 공급이 제한되어 있다는 상징성이 크게 부각되고 있다.

비트코인이 갖는 중요한 모순 중의 하나는, 본래 중앙의 신뢰기관의 개입을 부정하는 것이 블록체인의 기본 개념인데, 비트코인의 가치 평가와 저장, 유통을 중앙의 신뢰기관들이 나서서 보장해 달라고 하는 점이다. 물론 대형 기관들이나 테슬라와 같은 기업도 하나의 참여자로서 비트코인을 사고팔지만, 개인들과 이들의 역할은 크게 차이가 날 수밖에 없다. 대형기관들끼리 서로 사고팔면서 가격을 올리거나 떨어뜨릴 경우 개인들은 속수무책으로 당할 수밖에 없다. 주식이든, 암호화폐든 개인이 기관을 상대로 이기는 것은 불가능하기 때문이다.

대체 불가능 토큰, NFT

NFT(No-Fungible Token)는 온라인 예술품에 암호화폐(가상화폐)의 기반이 되는 블록체인 기술을 사용한 것으로, 그 동안 상품을 소유했던 사람들이 모두 기록되기 때문에 온라인 콘텐츠의 소유권을 명확하게 특정할 수 있다. NFT는 가상 자산에 희소성과 유일성이라는 가치를 부여할 수 있어서 디지털 예술품, 게임 아이템 거래 등의 분야에서 영향력이 커지고 있다.

NFT는 비트코인의 상승세와 시중의 풍부한 유동성 때문에 희소성과 유일성을 확보할 수 있는 모든 것을 블록체인 기반으로 거래하고 있다. 그림, 음악, 동영상과 같은 전통적인 예술품뿐만 아니라, 심지어 방귀 소리, 이세돌과 알파고의 대결에서 나온 이세돌의 신의 한 수까지 NFT로 판매하고 있다. NFT는 그동안 크게 알려지지 않았던 예술가들이 자신의 작품을 NFT로 판매할 수 있게 되어 예술가들의 발굴과 저변을 확대하는 데 도움을 주고 있다.

NFT는 블록체인 기술을 바탕으로 각각의 토큰이 고유한 자산으로 인식되어 희소성을 갖는 암호화된 디지털 자산이다. 블록체인상의 모든 거래는 불변하는 고유의 가치로 기록되지만, 뭔가를 NFT로 등록하는 데 실명을 확인하거나 신분 증명 사실을 첨부할 필요는 없다. 그래서 한 번 NFT로 등록된 창작물은 도난당하거나 훼손되어도 원작자가 이를 되돌리거나 소유권을 되찾기 어렵다.

이는 블록체인이 분권화된 특징을 지니기 때문에 생기는 문제이다. 감시나 감독을 거의 받지 않고 누구나 NFT나 암호화폐를 만들 수 있다. 이를 통해 절도로 NFT 소유권을 취득하거나, 다른 사람의 창작품을 먼저

NFT로 등록하거나, 이미 등록되어 있더라도 또 다른 NFT로 등록하면서 소유권을 주장하면 분쟁이 발생할 수 있다. 하지만 현재 이를 해결해 줄 기관이나 사회적 조정 방법이 없다는 게 큰 문제다. 블록체인의 특성이 분산형이기 때문에 중간에서 누군가가 분쟁을 조정해 줄 수 없다.

블록체인 기술이 부여하는 고유한 인식 값의 불변성과, 이를 관리하는 중앙집권적 규제기관이 없는 상황에서 모든 거래는 영구적으로 이뤄진다. 문제는 절도로 취득한 NFT 소유권도 영구적으로 유지된다는 것이다.

모든 정보기술은 세상에 나오면 향후 전망에 대해 항상 찬반의 논란이 일어난다. NFT의 미래에도 긍정과 부정의 관점이 있다. 긍정적 관점은 디지털 파일에 대한 희소성과 유일성을 기반으로 디지털 자산화할 수 있어서 거래가 가능하다는 점이고, 부정적 관점은 만약 희소성과 유일성이 디지털 파일의 가치라고 한다면 이 가치가 진정한 것이고 지속 가능한 것인가 하는 점이다.

앞으로 수많은 유일한 NFT가 생겨나면 그 가치를 어떻게 상대적으로 평가할 수 있을까? 자연계에 존재하는 삼라만상이 유일성 때문에 존재가치가 있는 것이다. 이 유일성 자체를 거래의 대상으로 삼기에는 너무 다양하다.

NFT는 비트코인과 마찬가지로 분산 처리되기 때문에 NFT 거래가 많아지게 되면 심각한 거래 지연이 예상된다. 포털이나 거래소에서의 해킹이나 도난도 우려된다. NFT도 비밀번호를 분실하거나 누군가에 의해 유출되면 되찾을 방법이 없다. 앞으로도 NFT는 최초의 유일성과 대체 불가능이라는 명분으로 여기저기서 수많은 시도가 있을 것이다. 이러한 시도들이 과연 새로운 디지털 자산이 되어 지속적인 거래가 되고, 투자 가치가 상승할 것이냐는 좀 더 두고 봐야 할 것이지만, 긍정보다는 부정의 견해가 아직까지는 더 많다.

모바일과 미디어(Mobile and Media)

① 모바일(Mobile)

스타티스타(Statista)에서 발표한 자료에 의하면, 2021년 전 세계 스마트폰 사용자 수는 38억 명이다. 지난 5년간 매년 3억 명 정도씩 늘어나고 있다. 우리나라에서도 약 5,000만 명이 스마트폰을 사용하고 있다.

거의 모든 경제활동 인구가 스마트폰을 사용하고 있다. 직장인, 학생들 사이에서는 스마트폰 중독 얘기가 나올 정도다. 집에서 스마트폰 알람 소리에 잠을 깨고, 스마트폰으로 지하철을 타고, 지하철에서 스마트폰으로 유튜브나 드라마를 시청하고, 편의점이나 커피숍에서 스마트폰으로 아침을 산다. 스마트폰으로 뉴스와 이메일을 검색하고, 점심 맛집을 검색하고, 게임도 하고, 식당을 예약하고, 친구들과 채팅하고, 퇴근해서 모바일 쇼핑을 하고, 음악을 들으면서 잠자리에 든다.

이 모든 생활이 스마트폰의 도움을 기반으로 하고 있다. 그러니 스마트폰이 없으면 난리가 난다. 스마트폰은 정보기술이라고 하기보다는 이제 우리 시대의 문명이고, 중요한 문화가 되었다. 이제 스마트폰을 얘기할 때는 정보기술 측면보다는 인문학적으로 접근해야 한다.

통계를 들먹이지 않아도 지하철을 타보면 안다. 예전에는 책이나 신문을 읽는 승객들이 있었지만, 지금은 대부분 스마트폰으로 뭔가를 하고 있다. 지하철 내에서 슬슬 걸어가면서 일별하면, 대부분이 뉴스, 음악, SNS, 검색, 게임, 유튜브를 시청하고 있다.

국가적으로 자원이 생산적인 부분에 적절하게 재투입되는 것이 미래를 위해 매우 중요하다. 지금 우리는 단순한 호기심과 순간순간의 지루함을 피하려고 너무나 비싼 통신자원을 낭비하고 있다. 우리가 무료로 쓰고 있는 와이파이도 사실은 통신회사들이 중계기에 엄청난 투자를 한 결과이다. 이 투자 비용은 결국 스마트폰 사용 요금에 포함되어 있다. 엄청난 비용의 투자를 우리는 별로 중요하지 않은 시간의 소비에 쓰고 있다. 스마트폰의 과잉 소비와 집착의 이면에는 통신 자원, 국가 자원의 낭비뿐만 아니라 그보다 더 중요한 자기 자신의 소중한 시간을 낭비하는 것일 수 있다.

우리가 아무 부담 없이 스마트폰을 활용한다고 해서 경제가 발전하고 삶의 질이 올라가고 행복해지는 것인가? 의사가 칼을 쓰면 생명을 살리지만 강도가 칼을 쓰면 생명을 죽인다. 우리가 도구를 지배해야지 도구가 우리를 지배하게 해선 안 된다.

삼성과 애플은 매년 새로운 스마트폰을 발표하고 있다. 별 차이가 없어 보이는 새 스마트폰은 항상 혁신의 아이콘인 양 시장에 화려하게 등장하고 있다. 마치 드라이버 골프채가 새로 나올 때마다 항상 20야드 더 나간다고 하는 것과 같다. 광고한 대로 거리가 늘어났으면 모두 300야드는 나가야 할 것이다.

스마트폰도 마찬가지다. 스마트폰이 광고대로 혁신의 아이콘이 되려면 새로운 기능들을 제대로 활용할 수 있어야 한다. 카메라가 좋아졌다고는 하나, 지금 가지고 있는 카메라의 수많은 기능을 제대로 쓰는 사람이 많지 않은데, 새로운 카메라 기능이 얼마나 도움이 될까?

있다가 없으면 불안하고, 하다가 못하면 초조해지고, 가지고 있다가 빼앗기면 화가 나는 현상이 대표적인 중독 증상이다. 스마트폰을 놓고 나오거나 잊어버린 경우, 혹은 배터리가 방전되어 쓰지 못할 때 사람들은 거의 공포감을 느끼면서 큰 실수를 저지른 것처럼 안절부절못한다.

휴대전화가 없으면 초조하거나 불안을 느끼는 증상을 노모포비아(Nomophobia)라고 한다. '노 모바일 폰 포비아(no mobile phone phobia)'를 줄인 말인데, 휴대전화 금단현상 정도의 의미다. 영국의 주간지 '이코노미스트'는 생각하는 사람인 호모 사피엔스에 빗대어 휴대전화 없이 살아가기 어려운 인류, 포노 사피엔스(Phono Sapiens)의 시대가 도래했다고 보도했다.[4]

사람이 스마트폰을 쓰는 것인가? 아니면 스마트폰이 우리를 바쁘게 부리고 있는 것인가? 우리가 스마트폰을 가지고 있는 것이 아니라 우리가 스마트폰을 모시고 있는 것은 아닌가?

한국을 다녀간 프란치스코 교황이 한국의 젊은이들에게 한 말씀이다. "우리의 삶은 시간으로 이뤄져 있고 시간은 신이 준 선물이니 선하고 유익한 일에 써야 한다"고 강조했다. 또 "많은 젊은이가 쓸데없는 일에 너무 많은 시간을 낭비하는 것 같다"며, 인터넷 또는 스마트폰 채팅, TV 드라마 시청, 첨단 제품 이용 등을 '쓸데없는 일'의 사례로 적시했다. 프란치스코 교황은 이런 활동이 '삶의 질을 단순화하고 개선하기도 하지만, 무엇이 정말 중요한 것인지에 대한 관심을 빼앗아간다'고 지적했다.

---

4) 김지연의 직장인을 위한 IT서바이벌, 서울신문

② 미디어(Media)

SNS(소셜네트워킹서비스)

SNS는 Social Networking Service의 약자로, 온라인상에서 이용자들이 인적 네트워크를 형성할 수 있게 해주는 서비스를 말한다. SNS는 웹사이트라는 온라인 공간에서 공통의 관심이나 활동을 지향하는 일정한 수의 사람들이 일정한 시간 이상 공개적으로 또는 비공개적으로 자신의 신상정보를 드러내고 정보교환을 수행함으로써 대인관계망을 형성토록 해주는 웹 기반의 온라인 서비스로 정의될 수 있다.

SNS의 대표적인 기능은 신상정보의 등록 및 공개인데, 구체적으로 이용자의 성별, 연령, 직업, 문화적 취향, 이데올로기, 종교들이 전부 또는 선택적으로 공시될 수 있다. 또 SNS는 이용자 자신과 연계를 맺고 있는 또 다른 이용자들을 드러내며 단계를 거치면 다른 이용자의 네트워크가 다 드러난다. 그래서 대인관계망과 그 구조를 알 수 있게 된다.

SNS는 정치가, 예술가, 유명인들이 자신의 영향력을 확대하는 수단으로 사용되고 있다. 예전에는 신문, 방송, 잡지와 같은 정규 언론에서 다루어지던 것들이 이제는 SNS라는 자체 네트워크를 통해서 대중에 대한 자기의 영향력을 행사할 수 있다. 일반인들도 자기만의 작은 네트워크를 만들어 자신의 근황과 취미와 경험을 팔로워와 공유하고 있다.

넷플릭스의 '소셜 딜레마(The Social Dilemma)'라는 다큐 프로그램이 있다. 구글에서 디자인 윤리를 담당했던 트리스탄 해리스(Tristan Harris)가 소셜 미디어가 알고리즘을 통하여 구독자를 무의식적으로 조종하고 있다는 사실에 대해 고백하고 있다.

해리스의 고백에 충격적인 내용이 많다. "AI가 이미 세상을 지배하고 있다", "알고리즘은 우리보다 우리를 더 잘 파악하고 있다", "알고리즘에 의해 조장된 확증 편향은 우리 사회를 두 동강 내고 있다". 이외에도 "우리는 광고를 보는 좀비"라든지, "SNS에서 인간이 선물(先物)로 거래되고 있다", "SNS는 인간을 채취 가능한 자원으로 인식한다"는 것과 같은 내용도 있다.

소셜 딜레마는 SNS의 알고리즘이 우리 자신을 선택의 '주체'가 아닌 '객체'로 만들기 때문에 알고리즘에 저항해야 한다는 메시지를 전하고 있다. 우리가 SNS에 빠져있는 동안 우리도 모르게 우리가 사회적 좀비가 되었고, 우리가 알고리즘의 객체가 되었다는 것은 정말 충격적인 지적이다.

SNS를 하는 데는 돈이 안 든다. 왜 그럴까? 누가 소셜 미디어 네트워크를 만들고 유지하는 비용을 내고 있는가? 어떻게 이게 가능할까? 이유는 우리 스스로가 바로 상품이기 때문이다. 우리는 자신들의 정보를 올리고 자기에 대해 자랑스럽게 알리지만 그 정보들을 광고주들이 돈을 내고 사고 있기 때문에 SNS가 유지되고 발전하고 있는 것이다.

그래서 SNS 운영업체들은 우리들의 정보를 광고주들이 사갈 수 있도록 잘 정리하고 분류해서 광고주에게 맞춤 서비스를 하고 있다. 광고주 입장에서는 타깃마케팅이 가능하기 때문에 많은 광고비를 지급하고 있다. 그래서 페이스북, 트위터, 구글, 네이버, 카카오의 이익이 늘어나고 있는 것이다.

소셜 딜레마의 성공은 중독성 때문이다. 우리가 잠시도 스마트폰을 내려놓지 못하고 수시로 스마트폰을 들여다보는 것도 사실은 SNS 영향이 크다. 카톡을 보고, 유튜브 추천 영상을 보고, 인스타그램 게시물에 '좋아요'나 댓글이 달렸는지 확인한다. 또 페이스북과 트위터에 남들이 공유한 게시물을 찾아본다.

여기에다 평소에 어떤 뉴스를 주로 보고, 어떤 뉴스에 '좋아요'와 '화나요'를 누르는지를 보면 이 사람의 정치적 성향과 사회적 관점을 쉽게 파악할 수 있다. 사람들은 나이가 들면서 자기가 좋아하는 뉴스만 보는 경향이 있다. 듣고 싶은 것만 듣고, 알고 싶은 것만 알고, 말하고 싶은 것만 말하고 싶어 한다. 그러니 언론이나 SNS 운영업체에서는 구독자의 관심과 시간을 확보하는 것이 광고 수입에 중요하기 때문에 입맛에 맞는 뉴스나 블로그를 추천해 주는 것이다.

우리가 사이트에 접속하여 2, 3번 클릭하면 아주 간단한 알고리즘으로 독자가 어느 분야에 관심이 있고 어떤 정치적 성향을 가지고 있는지 SNS 운영자는 금방 알 수 있다. 거기다가 몇 가지 가정을 가지고 뉴스를 추천해 보면 거기에 대한 반응률이 금방 나온다. 이러한 취향을 반영한 광고를 높은 가격에 광고주에게 팔 수 있다.

모든 SNS는 세 가지 목표가 있다. ① 사용자의 사용 시간을 늘려라, ② 머무는 시간을 길게 하라, ③ 광고 보는 횟수를 늘려라. SNS는 네티즌을 위한 공갈 젖꼭지라는 말이 있다. 입에 물고 빨고 있는 동안은 울지 않는다. SNS에 몰입해 있는 동안은 다른 것들은 잊어버리고 시간 가는 줄 모른다. SNS의 알고리즘이 사용자들을 중독시키는 것이다.

소셜 미디어는 우리가 진화과정에서 무리 지어 살면서 다른 사람들이 어떻게 생각하고 행동하는지를 항상 신경 쓰도록 훈련된 점을 이용한다. 그런 이유로 내가 올린 인스타그램이나 페이스북의 글과 사진에 팔로우들이 어떻게 반응하는지 애달프게 목을 매고 있는 것이다. 특히 청소년, 연예인, 스포츠 스타들이 민감하게 반응을 하고 있다. 이들은 남의 이목이 매우 중요하다고 생각하기 때문이다. 남의 눈으로 자기를 보도록 교육받고, 훈련되고, 습관화되었다.

우리는 혼자서 모니터나 스마트폰 화면을 보고 있지만 그 모니터 뒤에는 수십만 명의 프로그래머와 슈퍼컴퓨터가 당신의 모니터를 지켜 보고 있다. 누가 이길 것인가? 누가 누구를 조종할 것인가? 우리가 수시로 SNS를 하고, SNS에 집중하고 있으면 가장 좋아할 사람은 누구인가?

정보기술은 그동안 인간의 힘과 지성을 압도할 때를 기다리고 있었다. 이제 정보기술은 기술적 특이점을 넘어 우리의 일을 대신하고, 인간보다 똑똑해지고, 인간의 약점을 찾아냈다. 그래서 SNS는 우리 인간들을 중독과 분극화와 급진과 분노와 허영을 조장하고 있다.

MIT가 조사한 바로는 가짜 뉴스가 진짜 뉴스보다 6배 빠르게 전파가 된다고 한다. 가짜 뉴스의 제목이 진짜 뉴스보다 구독자의 관심과 호기심을 끌기에 훨씬 강력하기 때문이다. 우리가 뉴스를 보는 이유는 뭔가? 그것도 남들보다 한발 앞서서 알고자 하는 이유는 뭔가? 다른 사람들이 다 아는 내용을 나만 모를지 모른다는 공포감 때문에 그렇다. 디지털 시대에는 정보가 돈이고 권력이다. FOMO(Fear of Missing Out)라고도 한다. 다른 사람은 다 하는데 나만 빠져있을 때 느끼는 공포다. 부동산, 주식, 비트코인, 도지코인의 광풍이 불 때 무조건 따라나서는 것이 FOMO다.

이제 사람들은 정확한 팩트에 대해서 알지 못한다. 가짜 뉴스와 진짜 뉴스를 구별할 능력이 없기 때문이다. 가짜 뉴스는 진짜 뉴스 같아야 생명력이 있다. 흔히 시중에서 사기를 당하는 사람들이 사기당하고 난 뒤에 너무나 완벽해서 사기인 줄 꿈에도 생각 못 했다고 하지 않는가?

우주정거장에서 지구의 생생한 모습을 생중계하는 세상인데도 지구는 평평하다고 믿는 집단이 있다. 달에 가서 바위 조각을 들고 와도 달에 간 적이 없다고 주장하는 사람들이 있다. 수입 소고기를 먹으면 광우병 걸린다고 데모하던 사람들도 있었다. 세상이 혼란스럽고 이슈에 대한 긴장이 고조될수록 가짜 뉴스와 음모론이 더욱 기승을 부린다.

SNS가 빠른 속도로 정보를 전달하는 반면에 그 정보의 진위에 대한 혼란을 야기시킴으로써 SNS의 사회적 효용에 대해 의문이 제기되고 있다. SNS의 알고리즘에 의한 사람들의 성향에 따른 의도적 분류는 분극화를 가속화시키고 사회적 양극화를 심화시키고 있다. 4차 산업혁명이 가져온 정보기술의 어두운 면이다.

메타버스(metaverse)

메타버스는 가공, 추상을 의미하는 '메타(meta)'와 현실세계를 의미하는 '유니버스(universe)'의 합성어로, 3차원 가상세계를 의미한다. 기존의 가상현실(virtual reality)이라는 용어보다 진보된 개념으로, 웹과 인터넷 등의 가상세계가 현실세계에 흡수된 형태이다. 최근 세컨드라이프, 트위니티 등 SNS 서비스가 메타버스 사례이다. 미래에는 인터넷이 3차원 네트워크로 진화하고 있는 만큼 메타버스는 향후 IT산업의 핵심 키워드가 될 전망이다.[5]

....

5) [네이버 지식백과] 매일경제용어사전, 매일경제

이용자들은 아바타를 이용해 그저 게임이나 가상현실을 즐기는 데 그치지 않고 실제 현실과 마찬가지로 사회, 문화적 활동을 한다. 새로운 사회적 가상 공간인 셈이다. 나아가 경제적 가치도 창출하고 소유, 투자, 보상을 받을 수도 있다. 예를 들어, 자신의 아바타를 통해 직접 물건을 만들어 팔고, 가상현실에서 통용되는 화폐로 쇼핑도 할 수 있다.

코로나 확산과 함께 집콕하는 사람들이 메타버스에서 자신만의 세계를 건설해서 집에서 모든 사회 경제 활동이 일어나는 홈코노미(Home + economy) 시대와 맞물리면서 메타버스가 크게 확산하는 중이다.[6]

모바일 기반의 SNS, 게임 등 콘텐츠들이 더욱 현실 같은 가상현실(Virtual Reality) 기반으로 자연스럽게 넘어가고 있다. 메타버스는 가상과 현실이 오버랩되어 운영된다. 몸은 현실에 있지만 정신은 가상의 세계에 있다. 가상의 세계에서 보다 실감 나게 생활하기 위해 토지를 사고, 물건을 사고팔고 있다. 현실에서의 부동산 욕구가 가상의 세계로 옮겨간 것이다. 가상의 토지나 물건에 대해 투자하는 것은 재미는 있을지 몰라도 허망한 짓이다. 가상은 가상일 뿐이다.

구글의 레이 커즈와일이 얘기하는 것처럼 언젠가 우리의 경험과 추억이 컴퓨터에 업로드되어 완전히 가상의 세계로 이주를 하게 되면 메타버스에서 가족과 친구들을 만나고 결혼도 하고, 회사에 다닐 수 있을 것이다.

메타버스로 들어가서 활동한다는 뜻은 현실에서 떠나서 가상의 세계로 들어가는 것이다. 가상세계에서의 생활은 신체는 현실에 머무는데 정신은

---

6) 노컷 뉴스, 2021. 3. 1.

가상의 세계에 머문다는 뜻이다. 신체와 정신의 분리는 일시적이기는 하지만 매우 위험한 시도일 수 있다. 가상의 세계에 집중해서 너무 오래 머물면 일종의 정신 분열 상태가 되고 신체 감각을 의도적으로 무시하게 된다.

가상의 세계에 처음에는 일종의 게임 하듯이 재미있어서 몰입하게 되지만, 그 몰입이 지나치면 나중에는 가상과 현실의 구분이 모호해져서 현실 생활에서의 어려움을 겪을 가능성이 있다. 그래서 특히 자아가 확립되지 못한 청소년들의 메타버스에서의 활동에 세심한 주의를 기울일 필요가 있다.

소셜미디어

4차 산업혁명은 실물과 가상의 결합(Cyber-Physics System)으로부터 출발했다. 유튜브로 다가오는 화면은 가상이다. 사진과 동영상은 현실을 픽셀로 나눠서 전자적으로 저장하고 이동하고 보이기 때문이다. 우리는 동영상을 보는 순간에 현실로 착각할 뿐이다. 현실이 가상이 되고, 가상이 다시 현실이 되고 있다.

이것은 우리에게 무엇을 의미하는가? 젖먹이부터 노인에 이르기까지 모든 연령대의 사람들이 현실에서 가상으로 빠져들고 있는 것은 무엇을 의미하는가? 그리고 그 가상의 시간이 점점 길어져서 현실의 시간보다 더 길어지면 어떤 일이 발생할 것인가?

가상의 세계에서 우리는 지식의 소비자다. 누군가가 만든 지식을 우리가 받아들일 뿐이다. 유튜브는 알고리즘으로 구독자의 기호와 관심 분야를 찾아서 더 많은 시간을 쏟도록 부추긴다. 당연히 유효한 광고도 따라붙는다. 그냥 와이파이로 로그인하고 유튜브를 틀면 우리가 차마 거절할 수 없는 관심 있는 주제들의 유튜브 화면들이 우리 앞에 긴 줄을 선다.

마치 이미 비만인 사람이 맛있어 보이는 음식 앞에 앉아 있듯이 SNS와 유튜브는 이렇게 우리에게 각종 정보와 지식을 푸아그라 만드는 것처럼 구겨 넣고 있다. 지식은 잘 생각하면서 받아들여야 소화가 된다. 학교에서 선생님이 강의하신 내용은 강의가 끝나고 다시 한번 곱씹어 보고 문제를 직접 풀어 보아야 자기 것이 된다. 듣고 보기만 한다고 자동으로 내 것이 되지 않는다. 내가 이해하고, 내가 기억하고, 내가 설명할 수 있어야 내 지식이 된다. 그러지 않으면 내 지식이 아닌 그들의 지식으로 남아 있는 것이다.

화면으로 수많은 유튜버의 지식을 듣고 있는 순간에는 나도 그들만큼 잘 알고 있는 것으로 생각하지만, 화면을 닫고 보면 머릿속에 주제 말고는 남는 것이 없다. 자신의 지식을 만들기 위하여 스스로 생각하고 이해하고 설명하지 않았기 때문이다. 자신의 시간을 자신의 지식을 위해서 쓰지 못하고, 그들의 지식을 마냥 듣고, 전달하는 데에만 쓰게 되면 이 세상에서 나의 존재는 누군가에 종속적이 된다. 누군가가 물어보면 대답은 할 수 있을지 몰라도 한 걸음 더 나아가 질문할 단계로 넘어가지 못한다. 새로운 것을 만들어 내지 못한다는 뜻이다.

누구나 처음에는 종속적으로 배워야 한다. 현실 세계에서의 학습은 배우면서 공부하는 법을 알게 되고 지식도 쌓고 지식을 다른 사람과 나눈다. 현실 세계의 학습을 위주로 하고 가상세계를 활용하면 학습의 효과도 더 커질 수 있다. 서로 선순환이 될 수 있다. 그러나 가상세계 위주의 학습은 지식을 모으고 쌓는 것이 아니라 지식의 목차와 위치를 기억할 따름이다.

가상세계에서의 크리에이터들은 구독자들을 모으기 위해 애쓴다. 가능한 좀 더 자극적이고, 관심 있을 것 같은 주제로 제목을 붙인다. '좋아요'와 '구독'에 목메다 보니 많은 사람이 알아듣기 쉽고, 재미있어하는 소재를 지루하지 않게 다뤄야 한다. 점점 더 경쟁이 치열하다 보니 누구보다 더 이슈를 선점해야 하고, 더 창의적으로 내용을 구성해야 하고, 더 재미있어야 하고, 더 강하게 말해야 한다. 시간과 형식과 피드백에 얽매이다 보니 사실과 진실에서 점점 멀어져 가게 된다. 그래서 우리는 가치와 사실을 혼동하게 된다.

스스로 생각하는 능력이 점차 감퇴하고, 시청하는 유튜브의 내용들이 사실보다 형식과 피드백에 묶이게 되면 현실세계에 대한 인식과 이해가 서로 분리되기 시작한다. 점차 극단의 견해를 갖게 되면 확증편향에 빠진다. 듣기 좋은 말만 보고 듣고, 싫은 말은 듣지도 보지도 않기 때문에 극단에서 빠져나오지 못하고 결국 남의 목소리를 대변하는 수준에 머문다. 그래서 결과적으로 사회적 좀비가 될 수도 있다.

자기 삶의 주체가 되고 지식의 소비자나 전파자가 아닌 생산자가 되기 위해서는 인문학적 노력이 필요하다. 다양한 주제의 독서를 하고, 다양한 관점과 의견들을 수용하고, 토론하고 배우고 가르치면서 점차 자기만의 높은 지적 수준을 갖춰야 한다. 그래야 SNS, 유튜브, 메타버스로 이어지는 가상세계에서의 자기의 정체성과 주체성을 확보할 수 있다.

이제 SNS와 유튜브를 거쳐 메타버스까지 나왔다. 소비자들이 실물세계에서 가상의 세계로 몰려가고 있는 것이다. 지금의 마케팅은 현실세계에 있는 소비자들에게 꿈과 판타지를 주는 쪽으로 광고를 해왔다. 이제 꿈과 판타지가 다시 가상 속의 현실이 되고 있다.

젖먹이 때부터 유튜브를 보고 큰 아이들은 이제 청소년이 되었고, 20,

30대의 젊은 회사원들은 이제 중년의 소비자들이 되었다. 소비자와의 접점도 예전의 전통적인 신문, 방송, 잡지와 같은 아날로그 미디어의 영역에서 SNS, 블로그, 유튜브, 페이스북, 메타버스와 같은 디지털 미디어의 영역으로 옮겨 왔다. 아날로그 미디어에서 디지털 미디어로 바뀐 것이다.

디지털 미디어의 특징은 크게 이동성·휴대성, 네트워크성, 상호작용성, 비동시성을 들 수 있다. 이동성·휴대성은 스마트폰이나 태블릿과 같이 장소에 관계없이 휴대해서 접속할 수 있다 네트워크성은 상호 연결성을 말하는 것으로, 소비자들이 상호 공통의 네트워크 기반을 통해 연결돼 일대일, 일대다, 다대다의 다차원적 커뮤니케이션이 가능하다. 상호작용성은 기존의 수동적 수용자 개념을 능동적 이용자 개념으로 변화시키는 작용을 한다. 비동시성이란 문자 그대로 언제든지 필요한 때에 접속할 수 있다는 뜻이다.

디지털 소셜 네트워크는 사람들이 디지털상에서 연결되도록 서비스를 제공하고, 누구와 연결됐는지에 대한 데이터를 기반으로 개인이 좋아할 만한 정보를 제공함으로써 정보의 흐름을 만들어 준다. 이 정보 흐름은 다시 알고리즘에 의해 가속화되고, 가속화된 네트워크는 광고주를 유치해서 생태계를 유지하고 발전시키는 것이다.

디지털 미디어의 뒤편에는 광고주가 있다. 광고주 입장에서는 가장 소비 가능성이 높은 잠재 고객군을 추출하고, 이들의 구매 욕구를 올려서 구매가 이루어질 수만 있다면 가장 이상적인 디지털 미디어라고 볼 수 있다. 지금 이 성공률 높은 광고를 위해서 디지털 소셜 네트워크의 알고리즘이 AI, IoT, 빅데이터, 클라우드, 모바일을 활용하여 접속자를 상대로 불철주야 마케팅 실험을 계속하고 있다.

소셜미디어를 운영하는 기업에는 시작 목표, 성장 목표, 광고 목표가 있다. 시작 목표는 소셜미디어 계정을 만든 사람들이 본격적으로 이용하도록 만들어 사용 시간을 늘리는 것이고, 성장 목표는 지속적으로 소셜미디어를 찾게 만들고 친구들을 초대하게 유도하는 것이다. 광고 목표는 광고를 노출시켜서 최대한 많은 돈을 벌어들이는 것이다.[7]

감각의 현실세계에서 추상의 가상세계로 넘어가고 있다. SNS에서 이제 메타버스로 넘어가고 있는 것이다. 소비자들 자체가 가상의 아바타가 되고, 가상의 판매자가 가상의 구매자에게 가상화폐를 받고 가상의 물건을 파는 시대가 다가오고 있다.

소셜미디어는 코로나 이전에 이미 비대면으로 성장해 왔다. 소셜미디어를 통해서 대면을 주축으로 하던 인간의 사회적 관계가 비대면의 정보와 감정의 공유로 바뀌게 된 것이다. 만나서 서로 대화하고 정보를 공유하고 감정을 공유하던 인간의 관계가 이제는 서로 만나지 않으면서도 정보를 공유하고 감정을 공유하게 된다.

정보의 양은 많고 다양해진 반면, 감정의 공유는 깊어지지 못하게 되었다. 소셜미디어에서의 사회적 이슈에 대한 네티즌들의 감정의 공명(共鳴)은 점차 증대되어 큰 목소리가 되기도 하지만, 그런 공명은 그리 오래가지 못하고, 네티즌들은 또 다른 공분(公憤)을 살만한 이슈를 찾아 나서게 된다. 그렇게 이슈를 따라 몰려다니면서 자기의 사회에 대한 연결고리를 확인하

---

7) 트리스탄 해리스(Tristan Harris), 전 구글 디자인 윤리 담당

통해 검색, 알람, 음악, 조명 조절, 메모 입력 등을 하고 있다. 전자상거래, 바이오, 금융, 제조, 유통, 국방, 게임 등 모든 산업군에서 인공지능을 활용하고 있다.

인간들이 인공지능을 발전시키는 것은 인간의 사고능력을 확장하는 것이지만, 결과적으로는 지능을 외주화하는 것이다. 인공지능은 인간보다 더 집중하고, 더 많이 기억하고, 더 많은 데이터를 더 빨리 처리할 수 있다. 이를 통해 더 높은 생산성을 낼 수 있고, 감정과 감각이 아닌 데이터 기반의 판단을 할 수 있다. 특정 주제나 제한된 범위에서 인공지능의 데이터 처리 능력은 인간이 도저히 따라갈 수 없다. 인간과 인공지능의 데이터 처리 능력의 격차는 기하급수적으로 커질 것이다.

인공지능이 인간의 지능을 추월하게 되면 인간은 인공지능과의 경쟁을 바로 포기하고 더욱더 인공지능에 의존하게 될 것이다. 세상의 흐름은 생산성이 낮은 곳에서 높은 곳으로 흐른다. 그리고 이런 현상이 상당 기간 지속되면 인간의 지능이 'Know What'이 아니라 'Know Where'로 바뀌게 될 것이고, 이에 따라 인간 자체의 사고능력이 크게 떨어지게 될 것이다.

인간의 지능은 수많은 시행착오와 반복, 경험을 통해 개발되고 향상된다. 어린아이들이 어른들의 말을 듣고 습득해서 스스로 말할 수 있기까지 3년 이상 걸린다. 지금 우리가 할 수 있는 모든 능력은 훈련과 숙달로 배운 것이지, 저절로 알게 되는 것은 본능 빼고는 없다. 인공지능은 이런 훈련과 숙달의 과정을 건너뛰게 할 가능성이 있다.

인공지능을 설계하고 개발하고 발전시키는 것은 인간이다. 그러나 그런 인간은 아주 소수에 불과하다. 지금 대부분 인간들은 위부에서 쏟아져

| 정보기술적 의미 | Sensor + Data + Learning |

"인공지능의 발명이란 자동차에서 바퀴를 떼어낸 뒤
그 자리에 발을 달기 위해 고심하는 것이다."
- 앨런 튜링, 컴퓨터 공학자

"기계는 일반적으로 삶을 편리하게 하고
많은 것을 해줄 수 있으며
간호 로봇, 과일 따는 로봇 등 인간에게 도움이 되는
인공지능도 있다."
"기계가 편리함을 주되 초지능이 되지 않도록
인류가 잘 관리를 해야 한다."
- 빌 게이츠, MS 회장

| 인문학적 의미 | 지능의 외주화는 생각의 능력을 퇴화시킨다. |

인공지능(AI)의 인문학적 의미

들어 오는 정보들을 주체하지 못하고 있다. 거기다가 무엇이 진실이고 거짓인지도 판단하지 못한다. 그저 자기 인생의 어디에선가 형성된 자기 관점을 따라 그 관점에 맞으면 진실이고, 그 관점을 벗어나면 거짓으로 생각한다.

자기 자신이 읽고 생각하고 정리하고 말하고 배우고 가르치는 자신의 지능 훈련을 하지 않고 주위의 떠도는 정보를 실어 나르는 일에 급급하고, 남의 주장을 비판 없이 수용하게 되면, 결과적으로 머리는 자신의 것이 아닌 그들의 것이 될 뿐이다. 지능의 외주화가 가져오는 비극이며 저주인 것이다. 인공지능에 지나친 의존은 인간들을 소수의 천재들과 다수의 우매한 대중들로 나누다가 어느 단계에 가면 다수의 주도적인 수퍼지능과 다수의 종속적인 인간으로 구분될 것이다.

실시간의 중요성(IoT)

사물인터넷(IoT, Internet Of Things)은 센서(Sensor)를 인터넷으로 연결해서 사람, 동물, 기계, 설비 등의 움직임을 실시간으로 파악하는 정보기술이다. 그래서 정보기술 측면에서는 센서와 인터넷의 두 요소가 있다. 센서는 소리, 빛, 온도, 압력 따위를 검출하는 소자(素子) 또는 그 소자를 갖춘 기계 장치를 말한다. 센서의 종류는 온도 센서, 습도 센서, 초음파 센서, 동작 센서, 바이오 센서 등이 있다.

사물인터넷은 이미 우리 주변에 넓게 포진하고 있다. 스마트폰의 각종 센서, 자동차의 센서, 가전제품의 센서, 인공지능 스피커의 센서, 음주 측정기, 체온 측정기, 안면 인식기, QR인식기 등 이제 사물인터넷 없는 생활은 거의 불가능하다. 특히 코로나 이후에 비접촉식이 일상화되면서 사물인터넷이 더욱더 우리 일상과 밀착되고 있다.

사물인터넷의 인문학적 의미는 실시간(real time)이다. 시차 없이 즉시 파악할 수 있다는 뜻이다. 이제까지는 데이터를 수집하고, 처리하고, 가공하고, 이해하고, 대응하는 데 각각의 단계에서 시간 지연이 발생했다. 데이터를 처리하는 데 들어가는 각 단계에서의 시간 지연은 어쩔 수 없는 것으로 여겨졌다. 그러나 디지털 신호를 처리하는 반도체의 발달에 힘입어 이제는 시간 지연 없이 실시간으로 모든 정보를 파악할 수 있게 되었다. 실시간이 중요하게 된 이유는 그만큼 우리가 관리해야 할 속도가 빨라졌기 때문이다.

기업에서 실시간 분석이 중요한 이유는 경영환경이 빠르게 변하고 있고, 이에 따라 기업의 대응도 빨라져야 하기 때문이다. 큰 격차도 처음에는 차

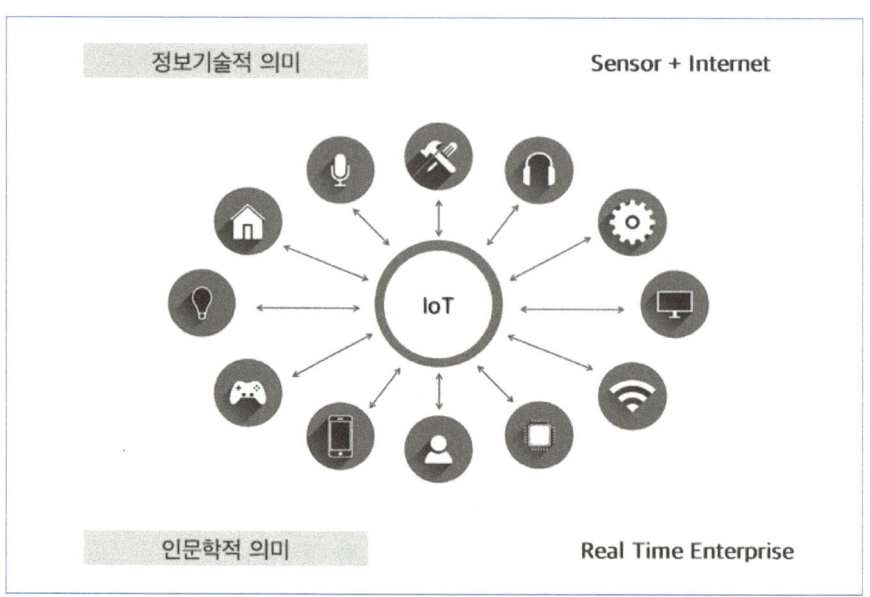

사물인터넷(IoT)의 인문학적 의미

이가 아주 미미한 부분부터 시작한다. 차이가 미미할 때 잘못된 길을 알아차리면 바로 수정할 수 있지만, 늦게 알게 되면 많은 시간과 노력이 들어가고, 너무 늦으면 회복이 불가능해진다. 그래서 마치 초음속 전투기 조종사가 적기의 움직임을 파악해서 신속하게 공격하고 방어하듯이 기업도 수많은 경영의 기회요소와 위험요소들을 실시간으로 파악하여 우선순위를 정해서 결정하고 행동해야 한다.

만약 '실시간까지는 필요 없다'라고 생각하는 경영자가 있다면, 그 기업의 경영이 뭔가 잘못되어 가고 있다고 봐야 한다. 동네 음식점은 물론, 스타트업, 중소기업을 운영하는 경영자는 본능적으로 실시간의 데이터를 온몸으로 파악하고 있어야 한다. 산업이나 기업 규모와 관계없이 실시간의 데이터가 필요하지 않은 기업은 없다. 다만 실시간의 데이터가 있어도 실시간 대응 능력과 의지의 차이가 있을 뿐이다.

개인이 사용하는 금융거래, 내비게이션, SNS 등 거의 모든 것이 실시간이다. 전자상거래도 주문에서 배달까지 시간을 어떻게 얼마나 줄이느냐가 성공의 지름길이 되고 있다. 식당에서 주문하고 음식이 나오기까지 걸리는 시간을 줄여서 회전율을 올려야 수익이 난다. 모든 것이 빠르게 진행되고 있다. 시간의 흐름을 빠르게 느끼는 것은 뭔가에 몰입하고 있다는 것을 뜻한다.

지나간 과거에 집착하지 않고, 오는 미래를 근심하지 말고, 현재에 충실하라는 말이 있다. 현재는 실시간인 순간들의 모음이다. 현재의 생각, 결정, 행동, 반성에 따라 미래가 변한다. 성장과 퇴보, 행복과 불행이 이러한 현재에서의 실시간의 의사결정에 따라 좌우된다.

실시간으로 후회 없는 지혜로운 의사결정을 하기 위해서는 평소에 학습과 훈련을 해야 한다. 지혜로워지기 위한 학습과 훈련을 스스로 찾아서 꾸준히 해야 한다. 학습과 훈련에 필요한 자료는 우리 주변에 널려 있다. 가족, 친구, 동료, 경영자들을 케이스스터디(case study)하면 된다. 역사, 문학, 철학 속의 여러 성공 사례와 실패 사례들이 있다. 그래서 인문학을 통해 지혜를 다듬으라고 하는 것이다.

인문학에서는 동서고금의 수많은 사례가 픽션, 논픽션으로 다루어지고 있다. 이보다 더 좋은 교과서가 어디에 있는가? 평소에 인문학을 꾸준히 학습하고, 자기의 정신적 크기와 능력을 키우게 되면 어떤 의사결정을 실시간으로 해야 하는 순간에 가장 최적의 의사결정을 할 수 있게 된다.

분산에서 집중으로 (클라우드)

만약, 정전이 되면 우리는 일상생활을 유지할 수 없다. 전기는 그만큼 우리 생활, 문화, 문명의 핵심이 되었다. 컴퓨팅 파워가 클라우드로 집중이 되면 현재 분산되어 있는 가정용 PC, 기업용 서버의 데이터 저장장치가 전부 클라우드로 모이게 될 것이다. 이미 우리는 스마트폰의 데이터를 클라우드로 올리고 있다.

클라우드가 더욱더 발전하게 되면 지금 전기를 쓰기 위해 콘센트에 케이블을 꼽기만 하면 되듯이 컴퓨팅 파워도 유선, 무선으로 연결해서 쓰게 될 것이다. 굳이 각자의 PC나 서버에 윈도나 크롬, 워드나 한글을 설치하지 않아도 되고, 수시로 OS업데이트할 필요가 없다. 클라우드와 통신만 된다면 소위 깡통PC로 대용량의 컴퓨팅 파워를 쓰고, 쓴 만큼 비용을 지불하면 된다.

컴퓨팅 파워를 전기, 가스, 수도 쓰듯이 쓴 만큼 돈을 내는 방식으로 바뀌게 되면, 발전소나 수배전에 상관없이 가정에서 각종 전자, 전기 제품을 쓰듯이 컴퓨팅 파워도 사용방식이 크게 바뀔 것이다. 지금 컴퓨터 하드웨어를 만드는 회사들은 발전소 설비 만드는 제조업체처럼 클라우드 업체하고만 비즈니스를 하게 될 것이고, 가정이나 기업에서는 용도에 맞게 기능별로 작게 분화된 생활컴퓨터 기기들을 활용하게 될 것이다.

이미 각종 생활기기에 인공지능이 탑재되고 있다. 이런 인공지능을 지속적으로 업데이트하고, 좀 더 강력한 기능을 가지려면 클라우드에서 관리해주는 것이 필수적이다.

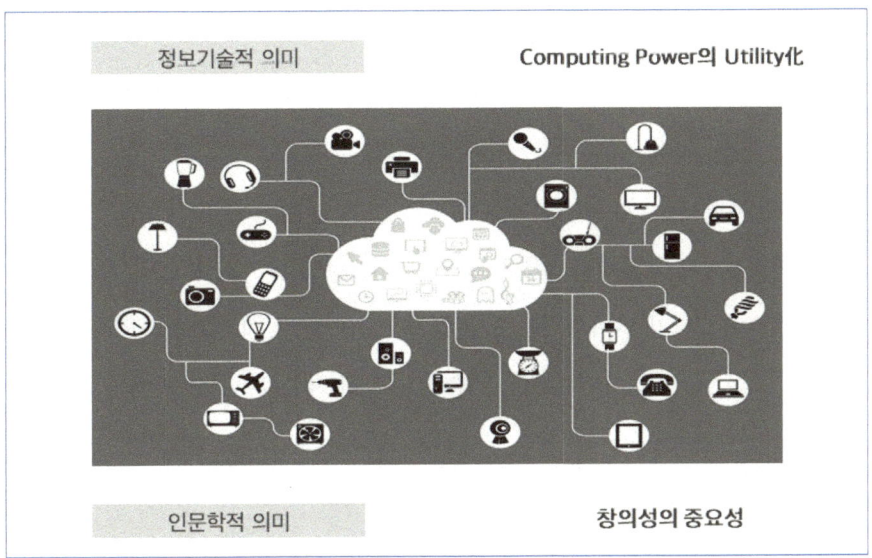

클라우드(Cloud)의 인문학적 의미

결과적으로 클라우드가 중앙집중형으로 컴퓨팅 파워를 제공하게 되면, 소위 에지컴퓨팅(Edge Computing)으로 데이터 발생 현장에서 핵심기능을 직접 수행하도록 하면 된다. 그리고 기능의 개선이나 데이터의 분석과 같은 종합적인 지원은 클라우드가 담당하게 된다. 중앙집중형과 분산형의 혼합형 하이브리드 형태의 서비스가 일반화될 것이다.

클라우드가 발전하게 되면 컴퓨터 하드웨어보다는 소프트웨어의 중요성이 커지게 될 것이다. 중앙의 강력한 컴퓨팅 파워를 필요한 때에 필요한 만큼 쓸 수 있는데 굳이 가정용 컴퓨터를 사서 장시간 놀릴 필요가 없기 때문이다. 지금도 이미 하드웨어에 대한 의존도가 많이 떨어졌다. 앞으로는 좀 더 전문화되고 세분화된 소프트웨어들의 세상이 될 것이다.

소프트웨어 시장이 커지고 참여자가 많아지면 창의성이 중요해진다. 기존 제품이 아닌, 사용자 경험과 사용자 인터페이스를 근간으로 새로운 비즈니스 기회를 찾아가는 소프트웨어의 중요성이 강조될 것이기 때문이다.

세상에 새로운 것이란 없다는 말이 있다. 우리가 발견하거나 발명한 것도 이미 세상에 존재하고 있었거나, 존재하는 것의 기능을 좀 더 발전시킨 것일 뿐이다. 새가 날아다니는 것을 보고 비행기를, 콩이 질소를 융합하는 것을 보고 질소 비료를 만들었을 뿐이다. 창의성이라는 것은 자연에 이미 존재하고 있던 법칙이나 기능을 새롭게 해석하고 융합하는 시도일 뿐이다. 그러므로 창의성을 높이기 위해서 좀 더 열린 관점으로 자연과 인간을 보고 느끼고 접촉해야 한다.

지식에서 지혜로(빅데이터)

빅데이터(Big Data)는 모여진 수많은 데이터를 이해하고 활용하고자 하는 정보기술이다. 데이터를 많이 모으려면 당연히 대용량 서버가 필요한데, 자체적으로 대용량 서버를 지속적으로 사들이기에는 부담스럽다. 그래서 클라우드를 쓰게 되었고, 클라우드에 데이터가 쌓이다 보니 이 데이터들을 어떻게 분석해서 어떻게 활용할 것인가를 고민하게 된 것이다.

빅데이터는 어떤 경영상의 활용 목적에 의해서 데이터를 모은 것이라기보다, 일단 경영상에서 발생한 모든 데이터를 먼저 모으고 그다음에 이 데이터들을 관통하는 의미를 찾는 것이다. 그러므로 빅데이터는 우리가 미처

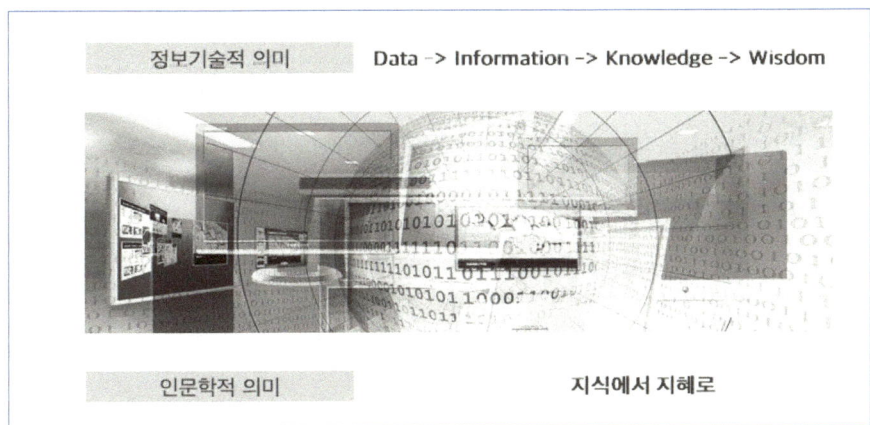

빅데이터(Big Data)의 인문학적 의미

모르던 데이터들의 숨은 의미를 찾아내는 용도라기보다 대량의 데이터들에서 최소공배수를 찾아내는 게 목적이다.

빅데이터를 제대로 분석하고 활용하기 위해서는 경영에 대한 보다 높은 시선을 갖는 것이 중요하다. 경영에 대한 거시적 관점이 없이 실무적인 접근이나 정보기술적인 접근으로는 빅데이터의 효과를 얻기가 힘들다. 경영에 대한 보다 높은 눈높이는 경영에 대한 철학적인 접근이 요구된다. 철학적인 접근은 경영의 본질과 의미, 목적과 의무와 기여를 포함한다.

깨달음을 얻은 성자들은 우리가 던지는 인생에서의 모든 문제에 막힘 없이 대답한다. 우리는 지금도 2,500년 전의 성인들의 가르침을 공부하고 있다. 세상이 크게 바뀌었음에도 이들의 말씀과 가르침은 삶의 지혜로서 현대의 우리들에게 등불이 되고 지침이 되고 있다. 그 이유는 진리와 진실은 확실하고 분명한 것이어서 시대에 따라, 지역에 따라 변하지 않기 때문이다.

빅데이터는 클라우드와 인공지능을 활용하여 여러 시도를 하겠지만, 결국에는 경영자들의 직관과 판단을 지원하는 데 활용이 될 것이다. 각 기업은 빅데이터를 위해 많은 정보기술자들을 모집하다가 이제는 비즈니스 분석 전문가들을 모으고 있다. 그 이유가 정보기술자들로는 데이터가 가지고 있는 의미를 찾아낼 수 없기 때문이다. 분석은 지능이지만, 의미를 찾는 것은 결국 지혜다.

신뢰기관의 대체(블록체인)

블록체인(Block Chain)은 '우리가 신뢰하고 있는 기관을 정말 신뢰할 수 있는가' 라는 질문에서 출발한다. 우리가 믿고 따르는 정부, 즉 국회, 사법, 행정기관, 은행, 보험, 공공기관, 등기소 등이 정말 선량한 관리자로서 공정하고 명료하게 국민을 위해 일을 처리하는가에 대한 질문을 던지는 것이다. 본래 이런 부서나 기관이 존재하는 이유는 항상 고객과 국민, 국가를 위해 일하기 때문이다. 그러나 가끔은 이런 조직들이 사실은 자기들의 기득권이나 자기 정권의 지지층만을 위하는 정책을 펴 온 것도 사실이다.

블록체인을 처음 제안하고 만든 사토시 나카모토는 중앙은행이 화폐를 찍어내는 논리적 근거에 대해 의문을 제기했다. 금본위제도처럼 화폐의 발행량이 어떤 자원과 연결되어 있는 것도 아니고, 정부의 정책에 따라 화폐량이 무작정 증가하고 있는 것에 대한 나까무라의 문제 제기였다.

코로나 이후에 각국의 정부는 경기 부양을 위해 엄청난 재정투자를 하

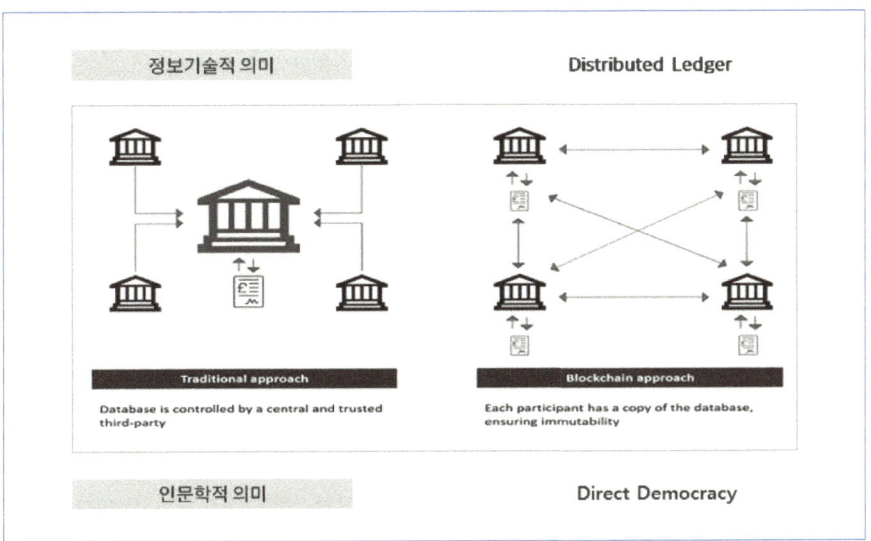

블록체인(Block Chain)의 인문학적 의미

고 있다. 이 재정투자는 단순히 국채의 발행을 통한 화폐량의 증가를 가져오고 있지만, 이는 인플레이션이라는 위험성을 내포하고 있다. 즉 지금 당장은 경기가 나빠 인플레이션이 일어나지 않겠지만, 언젠가 경기가 좋아지면 이미 시중에 풀린 엄청난 통화량은 고속으로 회전할 것이고, 화폐승수에 의해 당연히 초인플레이션을 발생시킬 것이 거의 확실하다. 최근의 비트코인이나 잡코인 가격의 급격한 상승도 정부의 과격한 통화 완화에 따른 안전자산 확보 심리에 기인한 바 크다.

블록체인은 중앙의 신뢰 조직을 더는 믿지 못하니 우리가 직접 참여해서 투명하고 공정한 상호 관계를 맺자는 것에서 출발했다. 지금까지는 거래, 금전대차, 등기, 보험, 예금, 신탁 등 모든 주체 간의 거래 기록을 신뢰

받는 기관에 두고 있었다. 그리고 필요할 때 찾아가 거래 증명 증서를 발급받아 분쟁을 해결했다.

그러나 블록체인은 중앙집중 거래원장을 거래에 참여하는 모든 주체의 컴퓨터에 분산 저장함으로써 어느 누군가가 거래 기록을 부정하거나 수정할 수 없도록 한다. 이미 모든 주체에게 거래 기록이 보내졌기 때문에 수정이 불가능하다. 국가 기관이나 공기업이 하던 신뢰 관계를 모든 참여자가 참여하면서 신뢰할 수 있도록 한 것이다. 엄청난 사회통념의 전환이다.

우리 인간이 구성하는 모든 집단, 가정, 기업, 사회, 국가는 신뢰를 기초로 한다. 서로 믿지 못하면 같이 살 수 없다. 일부 독재 정권에서는 사회적 신뢰를 상호 감시나 홍보, 선전을 통하여 국민들에게 신뢰를 세뇌하고 강요해 정권을 유지하기도 하지만, 역사적으로 그런 정권은 오래가지 못한다. 사회적인 신뢰에서 중요한 점은 공정성, 보안성, 무결성이다. 블록체인은 이 세 가지 요소를 전부 갖추고 있다.

지금 우리는 우리가 선출한 대의기관들이 선거기간에 공약한 내용과 실제로 정책을 집행하는 내용이 다른 경우를 많이 본다. 그동안 국민들은 국회의원을 뽑아서 대의 민주주의를 실행해 오고 있다. 그런데 이 블록체인을 쓰게 되면 굳이 대의원을 뽑아 위임시켜서 정치 활동을 하게 할 필요가 없다. 또 그동안 정치가들이 자의적으로 또는 의도적으로 왜곡하는, 소위 여론이라고 하는 국민들의 정치 의사를 블록체인 기반 투표로 수시로 확인하는 것이 가능하게 된다. 국민들의 평균적인 정치 수준이 중요하겠지만, 언론, 포털, SNS, 유튜브 등을 통하여 필요한 정보를 얻어서 합리적이고 상식적인 결정을 할 수 있을 것이다.

지금도 전 국민 전자투표가 불가능한 것은 아니다. 투표에 대한 비밀보장, 투표 처리 프로그램의 공정성, 인터넷과 컴퓨터 사용 능력이나 접근 기회에 대한 형평성 문제 등으로 인해 실행될 수 없었다. 그러나 블록체인을 쓰게 되면 비밀보장, 공정성, 형평성 문제들이 쉽게 해결될 수 있다. 기표소 혹은 가정, 회사에서 PC, 스마트폰의 단축 버튼만 누르면 되기 때문에 별도로 선거일을 공휴일로 지정하거나 수많은 예산과 인력을 투입하지 않아도 된다.

이동성의 향상(모빌리티, 스마트폰)

무선통신의 발달은 우리의 이동성을 크게 높였고, 이동성은 다시 여러 전자기기의 휴대성을 높였다. 전화기, 사진기, 라디오, DMB, MP3, 각종 헬스 기기들이 스마트폰의 기능으로 융합되었다. 스마트폰은 언제 어디서나 우리가 네트워크와 연결되어 있을 수 있도록 해준다. 이 네트워크는 우리 개인들을 인적(人的), 지적(知的), 경제적, 사회적으로 연결시켜 준다.

스마트폰은 정신적인 이동(移動)을, 모빌리티는 신체적인 이동을 뜻한다. 이동은 고정되어 있지 않고 새로운 환경으로의 움직임을 말한다. 항상 똑같은 환경과 똑같은 접촉으로는 똑같은 폐쇄적인 생각만을 할 수밖에 없다. 그러나 이동은 항상 새로운 환경과 새로운 접촉을 가능하게 하므로 우리의 정신과 신체의 이동 범위를 넓힐 수 있고, 그만큼 더 다양한 지적 체계를 갖출 수 있다.

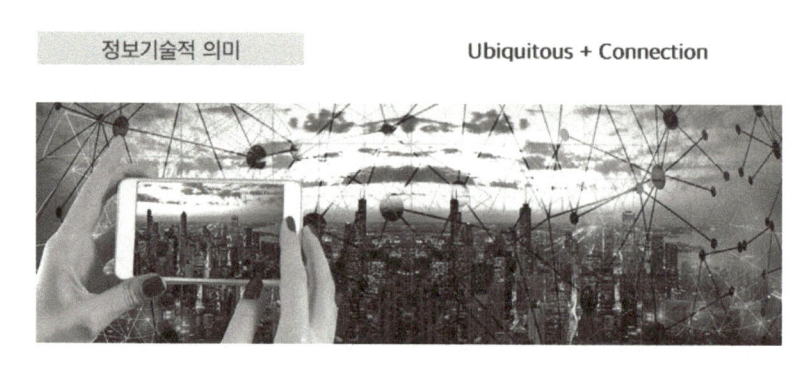

모빌리티(Mobility)의 인문학적 의미

역사적으로도 개방적이고 유연한 지적 체계를 갖춘 민족은 번영했고, 폐쇄적이고 경직된 지적 체계를 갖춘 민족은 쇠퇴했다. 그만큼 이동은 우리가 더 높고 더 넓은 지적 체계를 갖추는 데 필수적인 사회활동이다. 우리가 지적 체계를 업그레이드해야 하는 이유는 그만큼 더 높은 수준의 철학적 눈높이를 가질 수 있기 때문이다. 철학적 눈높이는 우리가 삶의 의미와 가치를 찾는 데 가장 중요한 시발점이다.

이동은 우리에게 '모든 것이 상대적이다'라는 것을 가르친다. '상대적'의 뜻은 우리의 관점과 가치관이 시간과 장소에 따라 다를 수 있다는 것이다. 이를 위해서는 우리가 관점과 가치관을 유연하고 개방적으로 유지해야 할 필요가 있다. 우리가 지금 공부하고, 경험하고, 알고 있는 모든 지식과 관계들이 오히려 우리의 관점과 가치관의 업그레이드를 제한하고, 절대적 이념에 갇히게 하는 것은 아닌지 돌아볼 필요가 있다. 지식의 한계와 지식의 실용성을 높이기 위해서는 우리가 정신적, 신체적 이동을 적극적으로 활용하여 새로운 관점, 새로운 수준, 새로운 차원의 지적 체계를 갖추도록 노력해야 한다. 이러한 노력을 통하여 지식은 지혜로 승화된다.

우리가 모든 관계에서 상대적이어야 하는 이유는 우리와 관계를 맺고 있는 모든 네트워크상의 주체들은 나름의 주체적인 관점과 가치관을 가지고 있기 때문이다. 각 주체와의 관계에서 우리가 상대적이지 않으면 우리는 모든 주체와 좋은 관계나 서로 도움되는 관계를 가질 수 없다. 그래서 점점 더 좁은 관계와 제한된 정보와 지식을 갖게 되는 것이다. 만약 상대적인 관점과 가치관을 갖게 되면 상대에 맞춰서 상대의 정보와 지식을 긍정적으로 받을 수 있고, 또 상대에게 선한 영향력을 행사할 수 있다.

우리가 관계에서 상대적인 입장을 취할 때는 중요한 기준이 있어야 한다. 이 중요한 기준이 바로 도덕이다. 도덕은 상대방 입장에서 나의 생각과 행동을 이해하는 정신적인 자세이기 때문에 지극히 상대적이다. 이동을 통하여 새로운 관계, 새로운 환경을 접하게 될 때 우리가 상대와 지켜야 할 프로토콜은 바로 도덕이다. 이제는 현실과 가상이 서로 혼재하고 있기 때문에 도덕도 이제는 '디지털 도덕'으로 업그레이드되어야 한다.

비대면의 그늘에서 많은 디지털 범죄들이 발생하고 있다. 디지털 범죄는 자칫 실제적인 범죄가 아니다라고 생각하기 쉽고, 자신의 비도덕적 행동이 알려지지 않을 것으로 착각해 비교적 쉽게 범죄를 범하게 된다. 모든 신체적 이동에는 규율이 따른다. 마찬가지로 정신적 이동에 있어서도 우리는 도덕적 규율을 따라야 한다. '도덕적 디지털 인간'이 되어야 하는 이유이다.

정보기술 구현하기

정보기술 도입과 국내 현실

우리나라의 현재 정보기술 활용 수준은 선진국에 비해서 매우 늦다. 가트너가 발표한 정보기술이 일반 국내 기업에서 일반화되기까지는 거의 10년 넘게 걸린다. 정보기술을 주력으로 하는 스타트업이나 글로벌 IT회사들의 R&D부서에서는 첨단 IT기술을 활용하여 새로운 제품과 서비스를 시장에 내놓기는 하지만, 글로벌 대기업들은 그러한 Bleeding Edge(첨단기술)를 선도적으로 도입해서 전사적으로 활용하기는 힘들다.

우리나라 기업들은 좀 사정이 다르다. 정보기술 발전 자체에 대해서는 매우 예민하고 민감하다. 그러나 실질적인 도입이나 활용은 매우 느리다. 스타트업이 아닌 바에는 기존의 큰 조직들이 새로운 기술을 무턱대고 도입할 이유도 없고, 또 그래서도 안 된다. 많은 젊은 경영자들이 조급해하는 것은 있으나 큰 조직이 리스크를 감내하기는 쉽지 않다. 위험을 피하는 것이 당연하지만, 그로 인해 획기적인 퀀텀 점프도 하지 못한다. 조직이 클수록 변화에 뒤떨어지는, 어쩌면 숙명적이다.

우리나라는 인터넷 강국이지 정보기술의 강국은 아니다. 우리나라는 좁은 국토에 주요 대도시에 인구가 몰려 있다. 그래서 통신 중계기 설치가 비교적 용이하고 효과적이어서 인터넷을 잘 쓰게 되었다. 더 좁혀 얘기하면 인터넷 속도가 빠르고 곳곳에 와이파이가 설치되어 휴대폰으로 업무를 보고 시간 보내기 좋다는 뜻이지, 이를 바탕으로 글로벌로 정보기술혁명을 주도하고 있다는 뜻은 아니다.

기업에서의 모든 기술은 부가가치를 높이는 데 기여해야 한다. 그러니 정보기술 역시 기업의 생산성과 경쟁력에 기여해야 한다. 홍보 목적의 기술 발표는 브랜드 이미지를 만드는 데 도움은 될지 몰라도 지극히 일시적이고 허망한 짓이다. 기업이 어떤 정보기술을 도입해서 제품과 서비스를 BCSF(Better, Cheaper, Simpler, Faster)하게 시장에 내놓고, 결과적으로 내부의 생산성이 올라가 시장에서의 경쟁력이 높아졌다면 그 정보기술은 분명 기업에 기여한 것이다.

신년 벽두에 각 기업이 올해 주력으로 추진하겠다고 발표한 정보기술을 보면서 경영진이나 전략부서가 정보기술의 발달과 우리나라의 현실에 대해 정확하게 이해하고 있는지 의문이 든다. 지금 우리나라 기업의 정보기술은 하드웨어는 첨단이고 소프트웨어는 후진적인 형태로, 기형적이다. 선진국에서 진행되고 있는 새로운 정보기술의 개발과 시장주도 전략을 제

쳐두고라도 이미 설치된 정보기술의 전략적 활용 측면에서 아직 멀었다.

예를 들어, 기업에서 정보기술을 전략적으로 활용한다는 뜻은 새로운 정보기술을 근간으로 한 애플리케이션 소프트웨어로 기업의 BCSF를 확보한다는 뜻이다. 정보기술이 철근이라면 소프트웨어는 콘크리트이다. 기업에서 정보기술을 축으로 건물을 높이 세울 수 있고, 애플리케이션으로 조직원과 정보기술을 콘크리트처럼 한 몸으로 만들어 준다. 애플리케이션을 조직원들이 업무에 잘 활용할 수 있어야 한다. 이런 관점에서 우리나라 기업들의 업무 애플리케이션 활용도는 최소한의 업무처리 수준이지 전략적인 활용이라고 말하기 어렵다.

4차 산업혁명 시대의 애플리케이션들은 고도의 지적 활동이 요구되고 있다. 단순한 프로세스별로 데이터의 입력이나 수정 보완이 아니라 데이터를 분석하고 해석하고 예측하고 선택할 수 있어야 한다. 예를 들어, RPA(Robotics Process Automation)같은 애플리케이션을 도입하면 단순 반복업무를 시스템이 대신해 준다. 대신 담당 직원은 보다 지적인 사무를 담당하게 된다.

빅데이터나 인공지능이 애플리케이션에 녹아들면서 애플리케이션이 직원의 생각까지 대신해 주는 것으로 알고 있지만, 천만의 말씀이다. 단순한 애플리케이션도 있지만, 예전보다 머리를 많이 쓰고 더 생각을 많이 해야 하는 애플리케이션이 업무에 도움이 될 것이다.

예를 들어 보자. 은행에서 AI(인공지능)가 추천하는 상품을 열심히 팔고 있는 은행원의 진정한 부가가치는 어디서 오는 것일까? 고객접점의 최전방(Last Mile)을 담당하는 은행원의 장래는 어떻게 될 것인가? AI가 추천하는 상품을 누가 어떻게 검증할 것인가? 우리의 AI가 가장 경쟁력 있는 최선의 AI인가? AI가 이렇게 추천하게 된 각 변수는 무엇이고, 각 변수의 가중치는 어떻게 되는가?

2, 3년 뒤에 다시 한번 보자. 아마도 AI, 빅데이터, 클라우드와 IoT를 도입하기 위한 외국산 하드웨어와 소프트웨어에 엄청난 투자를 했겠지만 이게 어떤 경영상의 혜택이 있었는지는 경영자들도 잘 모를 것이다. 외국에서 도입한 솔루션의 활용도가 떨어지기 때문이다. 마치 비싼 수입자동차를 사서 가끔 마트나 가고 대부분 그냥 주차장에 세워 두는 격이다.

경영자들도 당연히 새로운 정보기술을 잘 활용하여 생산성과 경쟁력을 올리고 싶어 할 것이다. 그러나 이게 생각처럼 잘 안 되는 이유는 정보기술의 도입을 경영전략에 의거해 효익(效益)을 보고 결정해야 하는데, 정보기술 그 자체를 먼저 도입하고 나서 경영에 무슨 도움이 될까를 찾기 때문이다. 또 하나의 중요한 이유는 조직원들의 새로운 정보기술에 대한 마인드다. 대기업의 관리직들이 점점 변화에 둔감해지고 변화를 싫어하는 경향이 있다.

정보기술을 가지고 비즈니스 기회를 찾아내고, 기업의 근간을 설계하고, 애플리케이션을 개발하고, 콘텐츠를 채우고, 관련자들이 잘 활용하고, 그래서 기업의 생산성과 경쟁력이 올라가야 한다. 다시 말해 하드웨어, 소프트웨어, 애플리케이션을 포함하는 비즈니스 솔루션들의 단순한 도입이 아닌 적극적인 활용이 매우 중요하다. 그런 의미에서 부가가치 측면에서의 생산적인 선순환이 이루어지려면 우리의 생각과 관점이 '지식'에서 '지혜'로 바뀌어야 한다. 도입하는 것은 지식이고, 활용하는 것은 지혜다.

지식과 지혜의 차이는 3차 산업혁명과 4차 산업혁명의 차이다. 데이터들을 모아서 정보화하는 것은 3차 산업혁명이다. 4차 산업혁명은 그 정보들을 분석하고 활용함으로써 스마트해지는 것, 즉 지혜롭게 되는 것이다. 지혜롭다는 뜻은 현명하다는 뜻이고, 현명하면 실수하거나 후회할 일이 없다.

경영환경이 급격히 변하고 있는 지금 기업들 입장에서 경영을 잘하는 것도 중요하지만, 경영에서 잘못하는 일을 하지 않는 것이 더 중요한 시기다. 정보기술은 신속한 정보의 수집으로 잘하는 일과 잘못하는 일을 빠르게 구분하고 판단할 수 있게 해준다.

정보기술의 트렌드를 보면서, 남이 효과를 보았다고 해서 그냥 따라 하는 것은 위험하기조차 하다. 타이거 우즈가 '좋아요'라고 외친 볼로 친다고 해서 타이거 우즈만큼 거리가 나가는 것은 아니다. 디셈보가 친 클럽으로 쳤다고 해서 디셈보 만큼 나가는 것도 아니다. 자기 실력에 맞는 정보기술을 찾고 자기 실력에 맞게 잘 쓰는 것이 당연히 중요하다.

정보기술의 수준을 높이는 방법은 직원의 수준을 높이는 것이다. 첨단 정보기술에 앞서 직원들의 의식을 첨단화시키는 것이 더 중요하다. 직원들의 수준을 첨단 정보기술로 높이려고 하는 노력은, 말이 마차를 끄는 것이 아니라 마차를 밀게 하는 것만큼 무모한 짓이다.

경영인들이 4차 산업혁명기에 나온 여러 정보기술에 대해 개념과 기능 정도는 우선 이해해야 한다. 그리고 이 정보기술과 경영과의 관계에 대해 집중적으로 공부할 필요가 있다. 어떤 정보기술을 통하여 회사의 BCSF를 올릴 수 있는지를 고민해야 한다. 이 정보기술들이 기업 경영에 어떤 효익을 주는지를 파악하는 것이다. 그래서 고객에게 어떤 가치를 제공하는 정보기술인지를 알아보는 통찰력을 갖추어야 한다. 그게 바로 경영자의 지혜다.

경영자가 직접 정보기술에 관련된 투자를 결정해야 한다. 각종 위원회나 이사회에서 결정할 경우도 많지만, 어쨌든 경영자가 판단해야 한다. 아마도 정보책임자가 정보기술에 대한 투자를 보고하게 되면 경영자 입장에서는 사실 좀 난감할 것이다. 정보기술에 대한 투자가 중요하다는 것은 잘 알겠는데, 왜 이렇게 많은 돈을 투자해야 하고, 왜 이렇게 오래 걸리고, 왜 이렇게 많은 직원이 참여해야 하는지 속으로는 많이 궁금할 것이다. 지금 정보담당 임원이 추진하는 방식이 최선인지도 확신하지 못할 것이다.

이런 때 경영자는 끊임없이 질문해야 한다. 용어, 개념, 솔루션, 업체, 목적, 프로젝트팀, 예산, 기간, 비용 대비 효과 등 항목별로 꼼꼼하게 질문해야 한다. 내용을 잘 모르면 모른다는 것을 인정하고 배우는 자세로 계속 질문해야 한다. 항목별로 'Why'를 적어도 3번 이상 지속적으로 물어봐야 한다.

모든 답변이 고객 중심과 비즈니스 효과 중심으로 설명하면 투자를 긍정적으로 볼 수 있다. 그러나 경쟁사가 이미 했다든지, 업계 최초라든지, 운영비용이 줄 것이라든지, 오래되고 낡아서 어쩔 수 없다든지 하는 답변을 하면 일단 보류하는 것이 좋다. 어쩔 수 없이 끌려가면서 마지못해 하는 정보기술에 대한 투자는 투자 효과를 보기 어렵다.

전사적 IT 프로젝트 이해하기

전사적 IT 프로젝트와 PMO의 중요성

정보기술이 서로 연결되어 발전하다 보니 어떤 정보기술을 새로 도입하든 간에 전사의 모든 시스템이 영향을 받게 되었다. 그래서 작은 부분이라도 일단 시작하면 전사적 프로젝트가 된다. 그러니 함부로 시작할 수도 없다. 전사적 프로젝트이다 보니 비용과 시간도 많이 들고, 끼치는 영향도 커서 시작 자체를 머뭇거리는 경우가 많다.

얼마 전까지만 해도 금융권에서는 차세대 프로젝트라는 이름으로 대형 정보기술 도입 프로젝트가 진행되었다. 워낙 규모가 크다 보니 준비하는 데도 2, 3년이 걸렸다. 컨설팅을 받고, 내부 결재를 받고, 이사회 승인까지 받아야 하니 오래 걸릴 수밖에 없다. 최소한 3년은 걸린다. 그러니 내부적으로 처음 기획해서 프로젝트 끝날 때까지 5, 6년이 걸린다.

프로젝트 끝날 때쯤 경영환경은 이미 바뀌어 있고 또 새로운 요구사항들이 줄을 서 있다. 그래서 우리 회사 ERP(Enterprise Resource Planning: 전사적 자원관리)는 항상 오래되고 구닥다리라는 소리를 듣게 된다. 이것은 경영진이나 정보담당 임원의 잘못이 아니다. 처음부터 시스템 아키텍처를 잘못 잡아서 이렇게 된 것이다.

우리는 전산화를 한다는 의미가 모든 업무를 전산 속에 넣어야 하는 것이라고 생각한다. 엑셀로 혼자 간단하게 할 수 있는 일도 모두 포함해서 메뉴에서 원클릭으로 바로 화면에 나와야 한다고 생각한다. 그래서 웬만한 회사 시스템을 들여다보면 너무 복잡하고 메뉴가 너무 많다. 대부분 쓰지도 않고 있는지도 모르는 메뉴들이 많다. 한번 이렇게 시스템을 구성해 놓으면 유지보수도 어렵고 업그레이드도 힘들다.

예전에 데이터를 입력하던 직원이 전산화를 하고 난 뒤에 시스템의 데이터가 맞는지 틀리는지 검증하는 일을 했다. 어떤 경우에는 3, 4년 동안 데이터상의 틀린 계산을 아무도 모르고 있었던 경우도 있다. 통신요금과 같이 계속 새 상품이 쏟아져 나오면 내부적으로도 요금이 제대로 나가고 있는지 확인하기 힘들다. 카드사의 제휴가 많아지면 포인트가 제대로 계산되고 있는지 점검하기 바쁘다.

오래된 업무 애플리케이션들에 최신 정보기술을 도입하려고 하면 기술적으로 쉽지 않다. 예전 프로그램들은 여러 명이 나눠서 개발했고 운영도 나눠서 했기 때문에 일부분의 수정과 추가가 전체 시스템에 어떤 영향을 줄지 판단하기가 쉽지 않다. 그래서 개발부서에서는 부분적으로 업그레이드하기보다는 전체를 다 바꾸는 것이 훨씬 용이하고 비용도 적게 든다. 시작은 미약했으나 나중에는 전사적 IT프로젝트가 되는 이유다.

인공지능, 클라우드, 빅데이터, 핀테크, SNS, 컴플라이언스(Compliance) 등 지속적인 프로그램의 개선이 필요하다. 이것을 부분적으로 수정하다 보면 곧 한계에 부딪힌다. 그러한 수정요구 사항을 모아서 한꺼번에 반영하려고 하니 결국 대규모의 전사적 IT프로젝트가 필요하게 된 것이다.

전산화를 하면서 예전 일을 하던 직원은 그대로 있고, 담당 업무도 바뀌지 않고, 업무 프로세스도 그대로고, 다만 PC가 모바일로, 종이서류가 태블릿 PC로 바뀌는 것만으로는 전산화의 효과는 없다. 오히려 회사 입장에서는 중복투자가 된다.

정보기술의 활용은 글로벌 회사들이 앞다퉈 도입한 성능 좋은 외산 애플리케이션을 들여오는 것에 달린 것이 아니다. 업무를 BCSF(Better, Cheaper, Simpler, Faster)하게 처리하고자 하는 직원들의 의지에 달려 있다.

차세대라는 이름의 전사적 IT프로젝트가 자주 도랑에 빠지는 이유는 PMO(Project Management Office) 기능을 너무 쉽게 보기 때문이다. PMO의 목적은 프로젝트의 기한과 예산, 품질을 관리하는 데 있다. 일반적으로 계획에서 차이가 나기 시작하는 것은 처음 요구사항 수렴이다. 아무리 ERP나 외산 패키지를 들여와도 새로운 프로세스에 대해 현업 대상으로 교육도 해야 하고, 프로세스별로 사업부의 동의도 얻어야 한다.

전사적 IT프로젝트를 시작하면서 컨설턴트들이 프레젠테이션 말미에 꼭 하는 말이 있다. CEO의 관심과 지원이 필수적이라고 하는 거다. 그렇다. 매우 중요하다. 그렇지만 대부분의 CEO들이 어떻게 도와줘야 하는지 잘 모른다. 매월 프로젝트 진행 상황을 보고받고, 현업에서 사람을 차출하거나 교육에 참가하도록 지시하는 것이 CEO가 도와주는 것이라고 생각한다.

PMO는 경영진에게 솔직해야 한다. 대부분 별문제 없이 예정대로 잘 진행된다고 보고하지만, 사실은 절대 그럴 수 없다. 내외부에서 1,000명 이상이 모여 IT개발 프로젝트를 추진하는데 예정대로 진행된다고 하면, 아마 계획단계에서 엄청 느슨하게 계획을 잡았거나 아니면 진행에 대해 구석구석 잘 모르고 있을 가능성이 크다.

만약 PMO가 정밀하게 프로젝트를 운영한다면 대형 정보개발 프로젝트의 기간과 예산을 크게 줄일 수 있다. 실제로 삼성테스코에서 16개월 프로젝트를 2개월로 줄이고, 비용은 170억에서 120억으로 줄여 본 경험이 있다. 상해에서 중국 테스코 프로젝트에서도 5개월 이상 줄이고, 비용도 100억 이상 줄였다. PMO가 얼마나 효율적이고 열정적이냐에 따라 프로젝트는 얼마든지 탄력적으로 관리될 수 있다.

전사적 IT 프로젝트 성공을 위한 8가지 조언

요즈음에는 인공지능, 빅데이터, 앱 기술자들이 상종가다. 그런데 특급이라고 왔는데 정말 특급인지 잘 모르는 경우도 많다. 그러다 보니 처음 계약은 을(乙)과 하지만, 을도 자체 인력이 없어서 또 병(丙)과 계약하고, 병은 또 정(丁)과 계약하는 일이 발생한다. 스타트업들이 높은 연봉으로 개발자들을 끌어가다 보니 일반 전산실에 개발 인력이 남아나지 않고 있다. 아무리 코로나 시대에 불경기라고 해도 개발자의 경우는 정말 구하기 어렵다.

그러면 전사적 IT 프로젝트를 어떻게 하면 성공시킬 수 있는가?

우선, 첫 번째는 CEO의 임기를 잘 볼 필요가 있다.

프로젝트 기간 중의 거버넌스(Governance)[1]의 확립이 첫 번째 관건이다. 이 문제는 CEO 스스로 잘 판단해야 한다. 만약 임기 중에 마무리를 못 하게 되면 후임자에게 업무 인수를 잘 해줘야 한다. 회장, 사장, 담당 임원이 프로젝트 중간에 바뀌면 프로젝트는 다시 시작하는 것과 마찬가지가 된다.

두 번째는 업체 선정을 잘해야 한다.

----

1) 사업 목표를 뒷받침할 수 있도록 하는 프레임워크로서, IT전략의 개발 및 추진을 관리하고 이를 통해 비즈니스와 IT를 융합시키기 위해 이사회, 경영진, IT관리자가 추진하는 조직적 기능

하드웨어, 소프트웨어, 컨설팅 등 분야를 막론하고 회사 명성만 보고 결정해서는 안 된다. 실무자들은 제일 큰 회사를 선정해야 자기들이 나중에 편하기는 하다. 하지만 시장 점유율이 제일 높은 회사가 제일 잘하는 것은 아니다.

업체의 이름을 보는 것이 아니라 실제로 누가 프로젝트에 투입될 것인지를 봐야 한다. 유사한 경험이 많은지 다른 사이트에서의 레퍼런스(Reference)가 어떤지를 봐야 한다. 막연하게 글로벌 컨설팅회사고, 이름 있는 개발회사니 잘 알아서 해 줄 거라고 생각하면 안 된다. 영업을 잘하는 것과 프로젝트를 잘하는 것은 다르다.

세 번째는 PMO 기능을 확실하게 챙겨야 한다.

PMO가 뒤에서 관리하고 보조 하는 것이 아니라 앞에서 끌고 갈 수 있어야 한다. 프로젝트 담당 임원은 프로젝트의 전체를 보고 각 프로젝트 관리 항목들의 연관 관계를 머릿속에 그릴 줄 알아야 한다.

네 번째는 현업 요구조건 수집에 너무 시간을 써서는 안 된다.

프로젝트가 끝나고 난 뒤 그 기능을 요구했는지도 모르는 경우가 많다. 현업에서 지금 핵심적이라고 주장하는 그 기능들도 2, 3년 지나면 업무 자체가 없어지는 경우도 많다. 프로젝트를 끝나기도 전에 법규가 신설되고, 규제가 바뀌고, 업무가 바뀌고, 사람도 바뀔 수 있다는 전제로 프로젝트를 추진해야 한다. 지금이 아닌 미래를 예측하고 그 기능을 개발해야 한다. 기존의 업무만을 그대로 전산화하려고 하면 이런 문제에 부딪힌다.

다섯 번째는 외부 인력관리를 잘해야 한다.

인력과 인력의 산출물을 관리하는 툴을 만들어서 정확한 작업 지시서를 내려 주고 그 결과물을 챙겨야 한다. 프로젝트 요원이 100명을 넘으면 각자가 무슨 일을 하고 있는지 한눈에 들어오지 않는다. 사무실도 다르고 일하는 시간도 각각 다르기 때문에 작업관리가 치밀하지 않으면 곳곳에서 빈틈이 생긴다.

여섯 번째는 테스트를 잘해야 한다.

테스트 데이터, 테스트 시나리오, 테스터의 교육이 잘 준비되어 있어야 한다. 테스트를 완료했다고 하고 사고 치는 경우도 많다. 테스트의 중요성은 아무리 강조해도 지나침이 없다.

일곱 번째는 현업에 대한 교육이 철저해야 한다.

운영계는 어쩔 수 없이 교육을 받겠지만, 정보계에 대해서는 그냥 내용만 한번 듣고 끝내는 경우가 많다. 차세대 시스템의 가치는 운영계보다 정보계에서 나온다. 정보계의 활용을 위해서는 현업에 대한 반복적인 교육이 필수적이다.

여덟 번째는 유지보수 계획을 잘 챙겨야 한다.

시스템은 끊임없이 업그레이드해야 한다. 아무리 매뉴얼이 잘 되어있어도 매뉴얼만 보고 업데이트하거나 수정하는 것은 거의 불가능하다. 나중에 담당했던 개발 직원을 찾아 헤매는 경우도 많이 봤다.

이 모든 문제가 실제 업무 프로세스와 직원들의 업무처리 능력과 애플리케이션이 가지고 있는 기능과의 괴리에서 출발한다. 애써 RTE(Real Time Enterprise, 실시간 기업)를 구축했어도 임직원들이 실시간 정보의 필요성을 느끼지 못하면 아무 쓸모없다. AI를 서둘러 도입하지만 어떤 비즈니스의 필요에 의해 도입하는지 모르면 AI가 몇몇 직원들의 노리갯감으로 전락한다. 정보기술 도입 목표는 첨단인데 실제 업무 프로세스가 첨단이 아닌 경우, 제대로 활용되지 않거나 과투자의 문제가 생긴다.

운영업무는 당연히 실시간으로 자세하고 정확하게 프로그래밍되어야 하지만, 모든 정보분석 업무가 굳이 실시간으로 자세하게 할 필요가 없다. 그렇게 하면 필요 이상으로 프로그램이 커지고 복잡해진다. 실제 업무 프로세스는 서로 연결되어 있지 않으면서 시스템만 초연결, 초고속, 초자동화를 추구하는 것은 낭비다.

모든 업무의 문제들을 시스템 개발로 해결하려고 하면 안 된다. 시스템은 필요한 부분을 필요한 만큼만 개발하고, 중요치 않은 부분은 무시해도 된다. 다시 말해서 시스템 개발에도 선택과 집중이 중요하다.

정보기술 제대로 운영하기

정보기술 관리체계

정보기술을 제대로 운영하기 위해서는 정보기술 관리체계(Information Technology Governance)가 확립되어야 한다. 정보기술 관리체계는 "기업 지배구조의 일부로, 조직 목표를 위해 정보기술의 올바른 사용을 촉진하고 유도하도록 의사결정 권한과 책임을 설정하는 구조와 프로세스, 그리고 그 목표를 달성하고 성과를 관리하기 위한 메커니즘"이라고 정의된다. 효과적인 정보기술 관리체계를 구현하기 위해서는 목표를 설정하는 일이 매우 중요하다. 기본적으로 정보기술 관리체계는 기업의 경제적 생존력(Economic Viability of a Company)을 위한 필수 요소로, 비즈니스 효과성과 정보기술 효율성을 개선하는 것이 목적이다.

비즈니스 목표 달성에 부합하는 정보기술 가치 실현을 위해서는 정보기술 담당 임원(CIO)뿐만 아니라 사업 담당 임원을 포함한 최고 경영층까지 적극적으로 참여해야 한다. 정보기술을 통한 비즈니스 가치를 지속적으로 구현하고 극대화하기 위해서는 정보기술 부분은 사업전략을 적극적으로 지원해야 한다. 정보기술 부문은 규제준수를 바탕으로 비즈니스와 연계하여 정보기술 계획-구축-운영-성과 관리의 전체적 라이프사이클 관점에서 운영되어야 한다.

정보기술 관리체계가 중요하게 된 이유는 비즈니스 부문과 정보기술 부문의 간격 때문이다. 정보기술의 운영이나 활용이 잘 안 되는 이유는 정보기술의 개발자와 비즈니스 부문의 운영자가 서로 다르기 때문이다. 비즈니스 부문과 정보기술 부문의 대화 부족과 상호 이해 부족이 그 근본 원인이다. 이런 간극을 서로 이어주려는 경영자의 노력이 바로 정보기술 관리체계이다. 그러나 대기업에 비해 스타트업의 경우에는 정보기술 관리체계 문제가 발생하지 않는다. 업무부터 시작하고 개발이 뒤따라 가는 것이 아니라 개발을 먼저 하고 업무가 뒤따라 가는 방식 때문이다. 비즈니스 부문과 IT 부문이 처음부터 혼성으로 편성되는 것이다.

정보기술에 대한 투자가 다른 모든 투자에 선행하고, 정보기술을 기초로 업무 프로세스가 설계되기 때문이다. 스타트업 대부분은 프로그램 개발자가 비즈니스 프로세스를 직접 그려내므로 따로 회의를 많이 할 필요가 없고, 개발 요청서가 오고 갈 필요 없다. 그래서 정보시스템 관리 및 유지보수 문제가 많은 대기업 입장에서 스타트업의 경영에 관해 연구하고 배울 필요가 있다.

스타트업 경영의 특징

애플, 아마존, 알리바바, 페이스북, 구글, 네이버, 카카오, 쿠팡, 배달의 민족으로 이어지는 새로운 강자들의 경영 방식은 우리에게 익숙한 재벌이나 대기업의 경영 방식과 크게 다르다.

시장가치와 조직의 규모가 어마어마하게 커져도 회장 비서실이 계열사를 감사한다는 얘기도 없다. 계열사 사장들을 돌려막기하는 것도 없고, 노조원들이 회사 로비에 앉아서 노래 부르는 것도 볼 수 없다. 더더군다나 조직적이고 체계적인 경영 구조를 만들기 위한 노력도 안 보인다. 신제품 발표는 항상 최고경영자가 한다. 이렇듯 잘 나가는 스타트업의 경영은 우리가 익숙하게 봐 왔던 대기업의 경영 방식과는 확연하게 차이가 있다.

첫째는 사장을 포함한 대부분의 직원이 IT전문가여야 하고, 스스로 프로그래밍을 할 수 있어야 한다.

현업에서 IT부서에 시스템 수정요청을 하는 게 아니라 현업 담당자들이 직접 운용하고 있는 시스템을 고칠 수 있어야 한다. IT부서는 회사의 기본 아키텍처(Architecture)와 개발방법론의 표준, 품질관리, 정보보안과 같은 기본적인 일만 한다. 현업이 IT부서에 수정이나 개발을 요청하는 방식은 시간이 오래 걸리고 재작업이 많아서 비효율적이다. IT전문가가 현업을 공부해서 현업 일을 직접 하는 것이 훨씬 효율적이다. 회사의 전 부문이 IT부서화되는 것이다.

둘째는 경쟁이 아닌 새로운 시장을 발굴해서 First Comer로서의 독점적 지위를 확보한다.

애플, 아마존, 페이팔, 알리바바, 네이버, 카카오, 쿠팡, 배달의 민족을 보자. 이들은 기존의 제품과 기존의 경쟁자와 확실하게 차별화해서 새로운 시장을 만들었다. 그리고 이들은 승자독식(Winner Takes All)으로 이제는 경쟁 없이 독점적 지위를 누리고 있다. 고착된 시장 점유율을 지키려고 하는 우리나라 대기업들 입장에서는 이해가 안 되는 부분이다. 주위에서 '저게 뭐지?', '잘 될까?', '쉽지 않을걸?' 하는 동안에 빠르게 시장을 선점하고 장악하는 비즈니스를 해야 한다. 큰 기업이 아니라 빠른 기업이 살아남는다.

셋째는 이익보다는 매출, 매출보다는 회원의 규모를 더 중시한다.

지금 성공한 업체들의 초기 실적을 보면 적어도 4, 5년 동안은 적자가 눈덩이처럼 커진다. 비즈니스 모델이 일단 회원의 규모를 늘리고 그 네트워크 위에 상품과 서비스를 올리기 때문에 초기 적자는 피할 수 없다. 언제까지 적자를 감당할 거냐고 물으면 성공할 때까지라고 말한다. 디지털 경제에서는 규모의 경제를 목표로 하므로 잘 정제된 비즈니스 모델보다 초기에 폭발적인 성장이 가능한 비즈니스 모델을 선택하고, 초기에 물량을 쏟아부어야 한다. 비가 올 때까지 지내는 '인디안 기우제' 지내듯이 성공할 때까지 투자를 지속한다.

넷째는 회사 놀이를 지양하고 아메바처럼 작은 팀으로 조직한다.

회사를 여러 개의 작은 팀으로 만든다. 수직적 계층 구조의 조직이 아니라 수평적 협업 조직을 만든다. 대기업에서는 경영진들이 담당 영역을 정하기 시작하면 바로 영역 싸움부터 시작한다. 피자 두 판이면 팀 회식이 가능한 규모로 조직을 구성해야 한다.

팀끼리 독립적으로 운영되기 때문에 서로 회의할 필요도 없다. 작은 팀

일수록 실행의 열정과 목표에 대한 집념이 강하다. 팀의 규모가 작으면 옳은 결정보다는 빠른 결정을 할 수 있다. 많은 사람이 모여서 논의하고 결정한다고 상대적으로 옳은 결정을 내릴까? 원만한 결정은 하겠지만 그게 꼭 옳은 결정이라는 보장이 없다. 수많은 회의를 거쳐 결정하게 되면 잘못된 결정이라는 것을 알아도 수정하기 어렵다.

그러나 작은 팀은 결정을 하고 잘못됐다는 것을 인지하면 바로 방향을 바꿀 수 있다. 그래서 경영환경이 빠르게 바뀔수록 조직의 규모를 작게 가져가야 성공할 수 있다. 팀을 작게 만들면 노는 사람이 숨을 곳이 없다. 따로 관리하고 감시할 필요가 없다. 금방 표시가 나고 스스로 느끼기 때문이다. 여기에 다시 피자 두 판의 법칙이 적용된다.[2]

다섯째는 회사 차원의 사업계획과 전략을 만들지 않는다. 각 소집단의 자체 목표만 있을 뿐이다.

그러나 디지털 경제에서 신경영을 하는 회사 사장들을 만나보면 사업계획과 회사 차원의 전략이 없다. 그냥 고객의 불편함을 해결하고 고객을 감동시키는 것이 전략이다. 사업계획을 발표하는 것이 아니라 사업의 결과로 말할 뿐이다. 경영자도 자기 회사가 어디로, 어떻게 발전해 나갈지 잘 모른다. 소규모의 팀 중에 누가 성공하고, 누가 망할지는 아무도 모른다. 그저 앞만 보고 치고 나가다 보면 대박 나는 팀이 나온다.

요즈음처럼 글로벌 경영 환경이 매일, 매월 급격하게 바뀌는데 일 년짜

---

2) 두 판의 피자 법칙: 조직이 OT를 할 때 피자 두 판이면 충분한 인원수를 가져가라는 법칙. 보통 8명 미만을 기준으로 한다.

리 계획이 무슨 의미가 있을까? 즉흥적인 대응과 매 순간 최선을 다하면 된다. 오히려 계획을 세우는 회사들은 잘해야 연간 50% 성장을 하지만, 계획을 안 세우니 150% 성장했다는 곳도 있다. 사업계획 자체가 성장의 한계치가 될 수 있으므로 계획이 없는 것이 더 큰 성장을 가져올 수도 있다.

계획이 없으면 잘했는지 잘못했는지 어떻게 평가할까? 사장을 포함한 모든 조직원이 최선을 다했다고 가정하면, 회사의 결과가 좋으면 다 잘한 것이고 결과가 나쁘면 다 잘못한 것이다. 굳이 개인별로 따로 평가할 필요가 없다. 스스로 역부족을 느끼고 떠나기도 하고, 치열한 경쟁을 즐기기 위해 합류하기도 한다. 잡지도, 부르지도 않는다. 스스로들 알아서 할 뿐이다.

여섯째는 M&A로 성장한다.

이들의 DNA는 폭발적 성장이다. 만약 그렇지 않으면 이들은 무너진다. 대기업처럼 안정적인 성장만을 바라는 순간, 대기업병에 빠져 관리도 안되고 분해되어 버릴 수 있다. 그래서 빠른 시간에 기업을 성장시키기 위해 밖에서 사서 붙이는 방법을 찾는다. 돈은 투자를 받거나 상장해서 모으고, 그 자금으로 자기들처럼 폭발적으로 성장하는 또 다른 스타트업을 사오는 것이다.

대기업이 스타트업을 따라 하기는 힘들다. 갑자기 커진 스타트업도 대기업병에 걸릴 수 있다. 서로 애써 흉내를 낼 필요는 없다. 그러나 정보기술이 경영의 핵심으로 부상한 지금 정보기술을 통하여 성공하고 있는 스타트업의 경영은 연구해볼 만하다. 이들의 성공비결은 중간에 여러 고비에 마주치기도 하지만, 유연한 자세를 가지고 성공할 때까지 지치지 않고 노력한다는 점이다.

정보기술만 놓고 볼 때 스타트업은 정보기술을 바탕으로 비즈니스를 만들어가고, 기존의 기업들은 비즈니스를 바탕으로 정보기술을 도입한다. 그래서 스타트업은 시스템과 업무의 괴리가 없이 일체화되어 정보기술의 효과를 극대화할 수 있는 반면, 기존 기업들은 시스템과 업무가 서로 일체화되어 있지 않아 정보기술이 최대의 효과를 내기가 어렵다.

03

정보기술이 경영에 어떤 변화를 가져왔는가?

시가총액 순위로 본
우리나라 기업의 현주소

2021년 1월 19일 기준 세계 시가총액 순위 10개 회사는 애플(Apple), 사우디 아람코(Saudi Aramco), 마이크로소프트(Microsoft), 아마존(Amazon), 텐센트(Tencent), 테슬라(Tesla), 페이스북(Facebook), 알리바바(Alibaba), TSMC, 알파벳(Alphabet)이다. 삼성전자는 11위, SK하이닉스는 169위, LG화학은 300위다. 시가총액 20위권을 보면, 미국기업 13개, 중국기업 3개, 사우디, 대만, 한국, 스위스 기업이 각 1개씩 들어 있다.

시가총액 순위 10개 회사 중 사우디 아람코를 제외하고는 전부 IT 관련 기업이다. 예전에는 주로 금융사와 에너지기업이 대부분이었는데, 이렇게 세상이 바뀐 것이다. 4차 산업혁명을 맞이해서 시가총액이 급증한 기업들의 앞글자를 따서 여러 신조어가 생겨났다. 언론에서 그때그때 필요에 의해 기업들을 분류하고 이름을 붙인다.

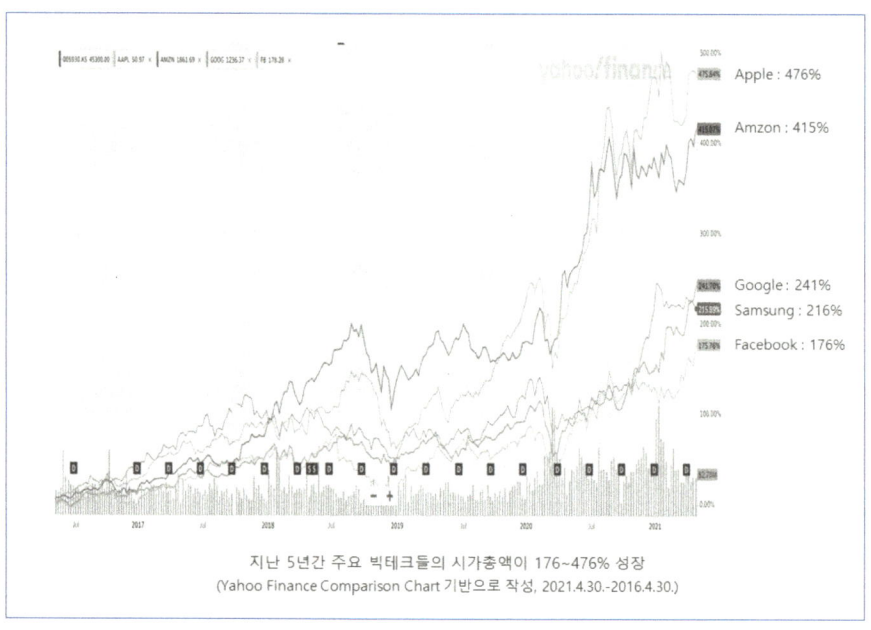

빅테크 기업의 폭풍 성장

FAANG: Facebook, Apple, Amazon, Netflix, Google

TAANG: Tesla, Apple, Amazon, Netflix, Google

BAT: Baidu, Alibaba, Tencent

WNSSS: Weibo, NVIDIA, Square, Service now, Shopify

AMAAF: Apple, Microsoft, Alphabet, Amazon, Facebook

GAFA: Google, Apple, Facebook, Amazon

MAGA: Microsoft, Amazon, Google, Apple

MANG: Microsoft, Amazon, Netflix, Google

이 용어들은 주식시장에서 잘 나가는 기업들을 지칭하고 있다. 회사 이름의 첫 글자를 따서 다양하게 이름을 붙이고 있지만, 다들 근본 속성은 같은 회사이다. 정보기술을 근간으로 빠르게 성장하고 있는 회사들이다.

이들 기업이 왜 전통의 금융사나 에너지기업, 제조업보다 더 주식시장에서 투자자들에게 인정받고 있는가? 한마디로 성장성이 좋기 때문이다. 주목할 것은 이들의 성장성이 정보기술을 통하여 비즈니스 기회를 남보다 일찍 포착했고, 적극적으로 사업화했다는 점이다.

기업을 분석할 때 대게 3가지 측면을 본다. 수익성, 안정성, 성장성이다. 수익성은 영업이익률, 총자산이익률, 매출원가율, 안정성은 유동비율, 부채비율, 자기자본비율, 성장성은 총자산증가율, 매출액증가율, 영업이익증가율을 본다.

빅테크 기업들은 자산이 별로 없기 때문에 주로 매출액 증가율로 성장성을 따지는데, 빅테크 기업들의 매출액 증가율이 기존의 전통 기업들보다 월등하게 앞서고 있다. 특히 이들은 자체 모기업의 성장보다도 풍부한 자금력으로 지속적인 M&A로 덩치를 키우고 있다. 이것이 성장성의 중요한 부분을 차지하고 있다.

4차 산업혁명 시기에 기업들이 크든 작든 M&A로 성장하려는 이유는 빠른 시간에 경제적인 비용으로 고객과 시장, 직원을 얻기 위함이다. 대게 M&A를 하는 기업들끼리는 시장과 고객이 겹치므로, 성장에 필요로 하는 기술을 빨리 확보하기 위함이다.

기업들이 끊임없이 M&A로 성장하려는 이유를 세부적으로 보면 다음과 같다.

첫째는 정보기술의 발전으로 경영환경의 변화속도가 빨라져서 예전처럼 자체 R&D를 통해 순차적으로 제품을 시장에 내놓을 시간적 여유가 없어졌다. 빨리 움직여야 하기 때문이다.

둘째는 기존 대 기업의 R&D부서에서는 아이디어가 있어도 대기업 특유의 관료주의 때문에 아이디어가 실용화되는 데 시간이 걸리고 관리 비용도 많이 든다. 이제는 직접 만드는 것보다 밖에서 사는 것이 훨씬 빠르고 경제적이다.

셋째는 내부 직원의 육성이 힘들다. 대학 졸업한 신입사원을 수년간 교육시켜서 제 역할을 하게 할 시간적인 여유가 없다. M&A는 전문인력을 빠른 시간에 확보하는 방법이다.

넷째는 M&A의 주된 대상이 되는 스타트업도 반짝이는 아이디어로 사업을 시작하지만, 어느 정도 크고 난 뒤에는 경영하는 데에 여러 관리의 한계가 오기 마련이다. 이미 기업을 경영해 보고 사업체를 관리해 본 경영자에게 회사를 넘기는 것이 젊은 사업가에게도 이득이 된다. 이들은 DNA상 성공보다는 도전 자체에 의미를 두기 때문이다.

빅테크 기업이 지향하는 것은 플랫폼(Platform) 사업이다. 플랫폼 사업은 다수의 공급자와 다수의 수요자를 연결시켜 준다. 이전에도 이런 비즈니스 모델이 있었지만 주로 공급자 위주였고, 수요자와 공급자가 서로 정보를 공유하지 못했다. 그러나 새로운 디지털 플랫폼은 수요자 중심으로 공급자의 평판, 다른 수요자의 후기, 공급자들끼리의 가격과 서비스 비교 등 공급자와 수요자 간의 정보 공유를 통해 정보의 격차를 줄여 준다는 점이 다르다.

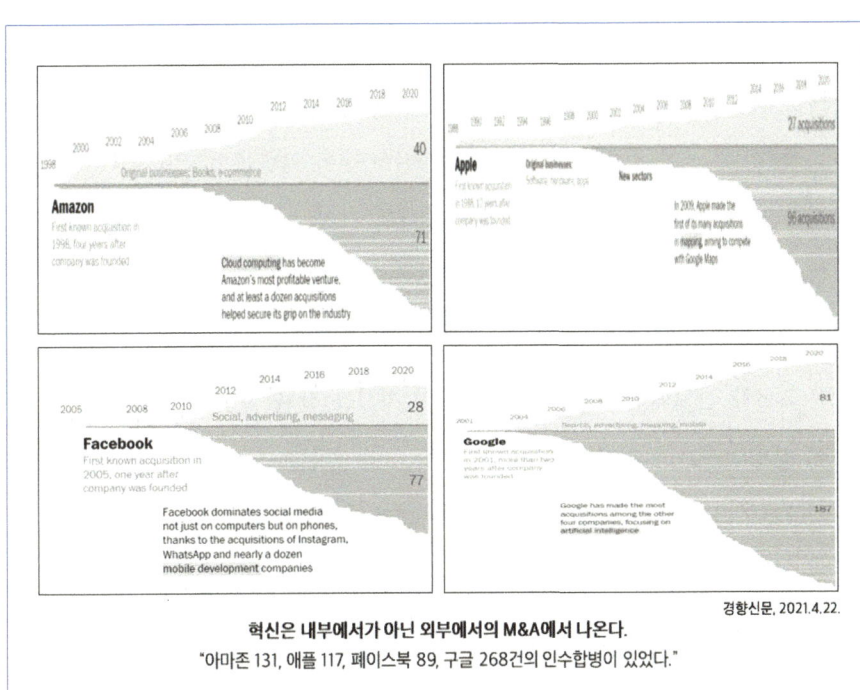

혁신은 내부에서가 아닌 외부에서의 M&A에서 나온다.
"아마존 131, 애플 117, 페이스북 89, 구글 268건의 인수합병이 있었다."

경향신문, 2021.4.22.

빅테크 기업의 M&A

어느 기업이나 빠르게 성장하고 싶어 한다. 그러나 오직 일부 기업만 빠른 성장률을 유지할 수 있다. 성장률이 빠른 기업이란 결국 고객과 시장의 변화에 민감하게 반응하는 기업이다. 그러기 위해서는 고객과 시장에 대한 다양한 정보를 모으고, 이를 분석해서 틈새시장이든, 새로운 시장이든 선점하는 것이 중요하다.

다양한 정보를 모으고 이를 분석하고 예측하고 선택하는 이 과정에 정보기술이 절대적인 역할을 한다. AICBM(AI, IoT, Cloud, Block Chain, Mobility) 없이는 이런 다량의 데이터를 모아서 저장하고 분석하고 판단하고 예측할 수 없다. 지금 시가총액이 높고 빠르게 성장하는 기업들은 출발점은 모두 다르지만, 결과적으로 AICBM을 적극적으로 활용한다는 공통점이 있다.

또 하나 주목할 것은 빅테크의 경영자들이다. 이들은 당연히 미래지향적이면서도 탄탄한 정보기술에 대한 이해와 지식을 가지고 있다. 매출 1조 원이 넘는 유니콘 기업들도 거의 IT전문가들이 경영을 책임지고 있다.

예전의 대기업 경영자들은 주로 MBA 출신이었다. MBA 출신 경영자들은 2, 3차 산업혁명기에는 전공 분야의 지식을 잘 활용할 수 있었지만 4차 산업혁명기의 정보기술에는 약하다. 4차 산업혁명기에는 정보기술을 전공하거나 인문학 계열의 경영자들이 더 주목받고 있다. 실물의 세계보다는 가상세계에서의 비즈니스를 경영해야 하는 시점에는 지식이 많은 경영자보다 지혜가 많은 경영자가 더 적합하다.

우리나라에서 새롭게 떠오르는 스타트업이나 플랫폼 기업의 경영자들도 대부분 정보기술을 전공했다. 이들 중 대부분은 왕년에 스스로 프로그램 코딩도 했던 사람들이다. 그러니 4차 산업혁명기의 경영자는 정보기술을 잘 이해하고 정보기술을 적극적으로 활용할 수 있는 능력이 기본 덕목이다.

경영자와 정보기술

경영자는 정보기술을 잘 알아야 한다

지금 잘 나가고 있다는 구글, 애플, MS, 페이스북, 아마존, 우버, 에어비앤비를 들여다 보면, 각 회사의 창업자나 최고경영자가 모두 정보기술 전문가다. 어디선가 최고경영자 조찬강의를 듣고, 자문 교수들과 식사하면서 조언을 듣고, 실무 임원을 불러서 우리도 해야 하지 않느냐고 채근하는 예전 회장님 수준의 경영자가 아니다. 새로운 추세를 이끄는 사람들은 업계에서 일에 미쳤다는 말을 듣는 사람들이고, 개인적으로도 편집광적인 집요함을 가진 사람들이다.

경영자가 회사의 업무특성과 조직문화에 대해 정통하지 못하면 상식적이고 통상적인 경영밖에 못 한다. 이런 경우 임기는 무사히 마치겠지만, 회사의 문화를 바꾸거나 강력한 리더십을 발휘하지는 못한다. 또 경영자가 업무를 자세하게 알지 못하고 주요 임원들의 보고에 의지하면 뜻하지 않는 사고들이 터진다. 실무에서 어떤 일이 일어나고 있는지 자세히 모르기 때문이다.

경영자란 회사를 성장시키고, 임직원을 성장시키고, 경영목표를 달성하기 위해 전력투구를 해야 한다. 그런 경영자가 경영목표를 달성하려면 정보기술을 잘 알아야 한다는 의미다. 당연한 얘기지만, 경영자가 정보기술을 안다는 것은 경영에서의 정보기술의 중요성을 이해하고, 정보기술을 활용해 비즈니스 기회를 찾는 것이다. 정보기술을 활용하여 고객을 감동시키고, 정보기술을 통하여 효율적으로 경영목표를 달성해야 한다는 뜻이다.

정보기술 벤더나 컨설팅 쪽에서 나오는 경영상의 화두는 방향만 제시할 뿐이지 구체적인 실행은 결국 경영자 스스로가 해야 한다. 마치 선생님은 가르치고, 공부는 학생이 해야 하는 것과 같다. 시험도 학생이 보는 거지 선생님이 보는 것이 아니지 않은가? 정보기술을 어떻게 경영상의 전략적 무기로 활용하느냐 하는 질문은 경영자가 경영목표를 달성하기 위해 어떤 경영상의 수단을 활용할 것인지와 일맥상통하는 질문이다.

요즈음의 경영은 정보기술이 필수다. 크든 작든, 첨단 산업이든 재래 산업이든, 신생 기업이든 전통 기업이든 정보기술 없는 경영을 상상하기 어렵다. 정보기술이 중요하다고 하면 어떤 사람들은 아마존이나 페이스북, 네이버 같은 회사 자체가 정보기술 기반으로 설립된 회사만 생각하지만, 심지어는 동네 당구장이나 치킨집조차도 정보기술이 지원되지 않으면 존립 자체가 어렵다. 삼성전자나 현대자동차에서부터 동네 부동산, 택배 노동자까지 모든 분야에서 정보기술은 핵심 중요 업무이다.

마치 우리 몸에 혈액이 순환하듯이 회사 내에서 정보가 정보기술을 기반으로 흐르고 있지 않은가? 혈액 순환이 멈추면 그건 죽은 것이다. 회사가 건강하다는 의미는 정보가 필요한 부분에 적시에 공급되고 있다는 것이다. 이렇게 정보의 순환이 이루어지도록 기반을 갖추는 것이 정보기술의 역할이다.

경영자는 임기 중에 원 없이 일하고, 임기가 끝나면 한 없이 떠나야 한다. 지혜로운 경영자는 회사 내에서 가장 많은 정보를 지식화하고, 이것을 다시 지혜화할 줄 아는 사람이다. 나아가 직원들이 스스로 일을 스마트(Smart)하게 할 수 있도록 환경도 만들어 주고 학습의 기회를 제공해 주어야 한다. 무엇보다도 경영자 스스로가 솔선수범해야 하고, 지혜롭다는 것이 어떤 것인지 직접 보여 줄 수 있어야 한다. 그래서 지혜로운 경영자, 스마트 경영자는 정보기술을 잘 알아야 한다.

회사의 성장은 고객의 구매동기 파악에서부터 상품과 서비스의 전달에 이르기까지 일관되고 효율적인 업무 프로세스가 있어야 가능하다. 경영자가 정보기술을 공부하기 시작하면 업무 프로세스가 보이기 시작하고, 프로세스가 보이면 어디를 고쳐야 하는지가 보인다. 그러다 보면 전체적으로 최적의 프로세스를 구축하게 되고, 다시 이것을 정보시스템으로 정착시키면 된다. 이를 통해 최고의 경쟁력을 갖게 된다. 그래서 경영자는 정보기술을 공부해야 한다.

'경영자가 뭐 이런 업무 프로세스까지 끼어드느냐'라고 할 수 있지만, 정말 그래야 한다. 자수성가한 경영자들은 이런 부분에 정통하기 때문에 굳이 따로 알려고 할 필요는 없다. 그러나 낙하산이거나 다른 산업이나 기업에서 온 경영자들은 필히 세부적인 업무 프로세스를 공부해야 한다. 자체에서 승진한 경영자도 자기가 근무하지 않은 다른 부서의 업무에 대해서는 잘 모른다. 그러나 경영자는 조직 내의 모든 업무를 알고 있어야 한다. 이때 정보기술이 중요한 역할을 한다.

경영자는 스스로 정보기술을 활용해야 한다

인공지능, 모바일, 소셜 미디어, 데이터 마이닝, 가상현실, 블로그, 블록체인 등등 이러한 정보기술들이 회사에 대해서 최고의 기회가 될 수도 있고, 최악의 재앙도 될 수 있다. 이러한 기술들이 회사에 주는 영향이 크기 때문에 최고 경영자들이 스스로 결정을 못하고 아래 전문가들에게 위임해 버리는 경향도 있다. 그러나 최고 경영자가 잘 몰라서 위임해 버리는 일들이 잘 추진되기는 어렵다.

정보기술에 관한 결정은 회사의 명운이 걸린 문제라는 것을 알아야 한다. 자기가 좋아하는 과목만 공부하는 학생이 전교 1등을 하기 어려운 것처럼 귀찮고 짜증 나는 과목도 꾹 참고 공부를 해야 한다. 최고 경영자가 외부 교육 과정에 다니는 것도 방법이지만, 자체적으로 CIO(정보담당임원)를 통해서 공부하는 방법을 추천한다. CIO도 정기적으로 사장이나 임원들에게 정보기술 교육을 하면 스스로 공부를 할 것이다. 이러한 노력이 다른 임원들과의 대화 기회가 되어 자연스럽게 정보기술과 현업이 서로 유기적으로 협력하게 되는 기회가 될 것이다.

우선 경영자는 스스로의 업무 효율을 올리는 각종 정보기술을 잘 활용할 줄 알아야 한다. 스스로 생산성을 올리는 것을 모범으로 보이면서 다른 임원들에게도 더 효율적으로 일하도록 요구해야 한다. 임원들이 나이가 들고 오래 근무하다 보면 업무나 대인관계에는 훤하나 타성에 젖어 있는 경우도 많다. 적극적이고 창의적으로 일하는 사람은 임원이 되기 전 퇴사하는 경우도 많다. 그러다 보니 남아 있는 임원들은 새로운 도전을 피하면서 한해 한해를 연명하는 모습도 보인다.

간단하고 가벼운 정보기술을 활용하다 보면, 고객서비스, 직원과의 소통, 신제품 출시 가능성 등 정보기술을 활용한 여러 가지 새로운 기회들이 보이기 시작한다. 경영자 눈에 보이지 않아도 임원들이 설명하면 바로 이해가 되고, 소위 감이 온다. 그래서 바로 결정할 수 있다.

혹시 다른 업무로 정신없이 바쁜데 정보기술을 배운답시고 CIO와 많은 시간을 보낼 수 없다고 생각하는 경영자가 있다면 잘못된 생각이다. 성공한 기업들의 핵심전략을 외면하고 실패한 기업들의 전략을 따라 하고 있다고 봐야 한다. 지금은 기업 경영에서 정보기술에 관한 연구와 검토, 실행은 항상 경영자의 최상위 업무 순위에 있어야 한다.

경영자는 컴퓨팅적 사고를 할 줄 알아야 한다

'컴퓨팅적 사고력(Computing Thinking)'은 지넷 윙(Jeannette M. Wing, MS연구소 부사장)이 연구 개발한 방법론으로, 컴퓨터 과학의 이론, 기술, 도구를 활용해 현실의 복잡한 문제를 해결하는 사고방식을 말한다. 컴퓨팅 원리를 활용해 문제를 분석하고 요소 간 관계를 재정립해 문제를 재구성하고, 알고리즘을 만들어 문제를 해결할 수 있는 특별한 시각을 제공하는 사고방식이다.

연세대 정갑영 전 총장은 "학생들의 창의적 사고능력 및 문제해결 능력을 배양하는데 컴퓨팅적 사고 교육이 큰 도움이 된다"고 했다. 마이크로소프트(MS) 연구소 이미란 상무는 "최근 융합형 인재 육성을 위해 컴퓨팅적 사고력을 기르기 위한 교육 과정이 주목받고 있다. 컴퓨팅적 사고 교육과 활용에 관한 연구를 통해, 그 결과물을 교육 과정에 적용하여 체계적인 컴퓨팅적 사고 교육을 실시하고 있다"고 했다.

컴퓨팅 사고능력은 7가지 단계로 진행된다.

① 자료 수집 : 적절한 자료를 수집, 분석, 이해하고, 적절하게 도식화
② 분해 : 문제를 잘게 나눠서 작고 다룰 수 있는 부분으로 나눔.
③ 패턴 인식 : 데이터 안에 있는 패턴과 규칙을 찾음.
④ 패턴 만들기 : 패턴과 같은 일반적인 규칙을 만드는 추상화 작업
⑤ 알고리즘 만들기 : 문제 해결을 위한 일련의 절차화된 순서를 만듦.
⑥ 알고리즘의 테스트 및 검증 : 컴퓨터를 활용하여 알고리즘을 시뮬레이션해서 검증함.

⑦ 병렬화 : 공통의 목표를 도달하기 위해 과업들을 동시에 실행하도록 자원을 조직함.

정보기술을 전공하지 않은 경영자 입장에서는 좀 복잡해 보일 수 있다. 그러나 컴퓨팅 사고력이라고 하는 것은 우선 간단하게 IPO(Input-Process-Output)를 이해하고, 경영의 문제들을 어떻게 IPO에 대입시켜서 해결책을 찾느냐 하는 것이다.

정보기술의 발달로 인공지능, 빅데이터, 온라인 교육, 전자상거래, 원격회의, 게임, 자율주행차 분야에 투자가 몰리다 보니 개발자들 모시기 열풍이 불고 있다. 높은 연봉, 장기 고용, 훌륭한 복지를 제공하면서 개발자들을 모셔가다 보니 학생이든 직장인이든 컴퓨터 코딩(Computer Coding)을 배우고 있다. 요즘은 초등학교부터 코딩을 학교에서 가르치고 있다.

코딩은 어떤 명령을 컴퓨터가 읽을 수 있는 형태의 언어인 코드로 입력하는 것을 말한다. 컴퓨터를 작동하기 위해서는 프로그램이 있어야 하고, 기계가 이해할 수 있는 언어로 명령해야 한다. 이때 쓰이는 언어가 컴퓨터 언어인 코드이다. 코딩은 바로 이 코드를 이용해 인간의 명령을 컴퓨터가 이해할 수 있게 프로그램을 만드는 과정이다.

코딩은 컴퓨터와 대화할 수 있는 언어다. 외국어를 배워서 세계를 만나듯이 코딩을 통해서 컴퓨터를 도구로써 쓸 수 있다. 인공지능, 빅데이터, IoT도 코딩을 한 소프트웨어가 들어가야 생명력을 가진다. 정보기술이 정보기술로서 가치를 갖기 위해서는 하드웨어 성능을 최대로 발휘할 수 있는 소프트웨어가 있어야 하고, 이 소프트웨어는 프로그래밍 코드가 있어야 돌아간다.

알고리즘(Algorithm)은 프로그램들을 모아 놓은 프로그램 뭉치다. 알고리즘은 논리(Logic)와 통제(Control)로 구성되어 있다. 프로그램 코딩에서 가장 중요한 것이 논리다. 구현하고자 하는 프로그램의 전체적인 순서를 정하는 것이 논리다. IPO를 논리적으로 정리한 것이 프로그래밍이다.

코딩을 배운다는 것, 프로그래밍을 한다는 것, 개발자가 된다는 것에서 가장 기초적이면서도 중요한 것이 바로 이 논리(論理)이다. 논리는 문제를 보고 이치에 맞는 해결책을 이끌어내는 과정을 말한다. 이치는 도리(道理) 또는 법칙(法則)이다. 그래서 개발자는 구현하고자 하는 일의 순서를 논리적으로 생각하고 설명하는 문제해결 능력을 갖춰야 한다. 이러한 논리적 능력을 길러 주는 것이 바로 컴퓨팅적 사고다. 그래서 코딩을 배우기 전에 컴퓨팅적 사고를 먼저 배워야 한다.

복잡한 일을 분석해서 작은 단위로 만들고 작은 단위들의 논리적 순서를 정리한다. 이를 다시 논리적으로 재조합하는 훈련을 하는 것이 바로 컴퓨팅적 사고다. 이러한 컴퓨팅적 사고에 대한 훈련 없이 처음부터 코딩만을 집중적으로 배우는 것은 아무 의미가 없다. 오히려 정형화된 코딩 뭉치들은 이미 시중에 오픈소스로 나와 있다. 코딩의 필요성을 줄여 주는 로우 코드(Low Code)와 노 코드(No Code) 기법도 개발되어 굳이 기계적인 코딩을 애써 배울 필요가 없다. 오히려 문제를 정의하고 이를 분석해서 해결책을 찾아내는 직관 능력을 갖추는 것이 훨씬 중요하다.

경영상의 문제들을 좀 더 논리적으로 접근해가고 합리적인 해결책을 찾아내는 사고의 흐름을 통칭해서 '컴퓨터 사고력(Computational Thinking)'이라고 한다. 말을 어렵게 해서 그렇지 지금 중학교 학생들이 소프트웨어 수업 시간에 배우고 있는 정규과목이다.

경영자는 CIO에게 자주 질문해야 한다

지금 경영상의 문제는 알고 있던 것이 아니라 잘 모르는 문제나 경험하지 못한 문제들이 대부분이다. 이런 새로운 문제에 대해 예전처럼 회의하고, 워크숍하고, 컨설팅을 받고 해서 해결책을 찾기에는 현안의 문제들이 너무 급박하고 절박하다. 이럴 때일수록 경영자들이 전면에 나서서 지혜롭게 해결책을 제시하고 자신감 넘치게 앞장서야 한다.

진정한 리더란 위험을 피하지 않는다. 오히려 위험을 즐긴다. 그러기 위해서는 많이 알아야 한다. 알면 즐길 수 있지만 모르면 두렵기 때문이다. 많이 알기 위해서는 많이 배워야 한다. 배우는 방법 중 가장 효율적인 것이 질문하는 것이다.

경영자가 뭔가 물어봐서 대답할 때와 내가 준비해서 보고할 때는 업무를 파악하는 깊이가 다르다. 갑자기 경영자가 전화하거나 불러서 물어보는 내용에 대해서는 체계적으로 파악하고 있지 못하는 경우도 많다. 경영자의 전화나 호출이 잦을수록 업무의 세세한 부분까지 파악하려고 노력하게 된다.

CIO가 잘 만든 파워포인트 자료를 들고 있으면 5분 안에 졸리기 시작할 게다. 경영자가 이런데 하물며 다른 임원들은 오죽하겠는가? 바쁜데 불러 놓고 시간 낭비한다고 여기저기서 불만이 터져 나오게 된다. 기본적으로 회사의 정보기술은 업무를 횡적으로 연결하기 때문에 임원들도 자기와 관련 있는 부분만 알려고 하지 전사적 관점에서 정보기술을 파악하고 있지 못하다. 그런 것은 당연히 CIO의 소관이라고 생각한다.

CIO가 정보기술과 업무를 같이 봐 줄 수 있으면 좋으련만 그런 CIO를 찾기가 쉽지 않다. 그러니 경영자가 CIO에 대해서는 업무 사이드를 물어보고 다른 임원들에게는 정보기술을 물어보는 것도 효과적이다. 어느 정도 알아야 물어본다고? 궁금한 것이 있으면 그냥 물어보면 된다. 다만 마케팅에 물어보던 것을 모른 척하고 CIO에게 물어보거나, 정보기술 투자에 관한 것을 CFO에게 물어보는 식이다. 정보기술 프로젝트의 진행 상황을 현업 임원들에게 물어보면 자연스럽게 현업 임원들의 참여를 유도할 수도 있다.

경영자는 임원들에 대해 부끄러워하거나 주저하지 말고 계속 물어봐야 한다. 유별나지만 새벽 3시에 임원 집으로 전화를 걸어서 물어보는 경영자도 있고, 비행기에서 위성전화로 물어보는 경영자도 있다. 경영자가 정보기술 교육만 받으려 하기보다 궁금한 것을 자주 그리고 직접 물어보는 방식으로 정보기술을 파악하는 것이 가장 좋은 방법이다.

경영혁신과 정보기술

IPO(Input-Process-Output) 이해하기

경영에서 자신의 생산성과 부가가치를 늘리기 위해서는 IPO를 이해하는 것이 중요하다. IPO는 간단하다. 뿌린 대로 거두는 것이고, 더 많이 얻기 위해서는 투입물(Input)을 늘리거나 프로세스(Process)를 업그레이드하면 된다. 정보기술의 기본인 컴퓨터도 똑같은 방법을 쓴다. 이 IPO는 자연의 법칙이기 때문이다.

생산성이나 부가가치를 올려야 한다고 하면, 산업사회의 제조업에서 하던 생산성 향상 운동이나 품질 관리를 떠올릴 수 있다. 그래서 비대면과 전자상거래로 크게 나뉘는 코로나 이후의 세상에 생산성 제고라는 주제가 진부해 보일 것이다.

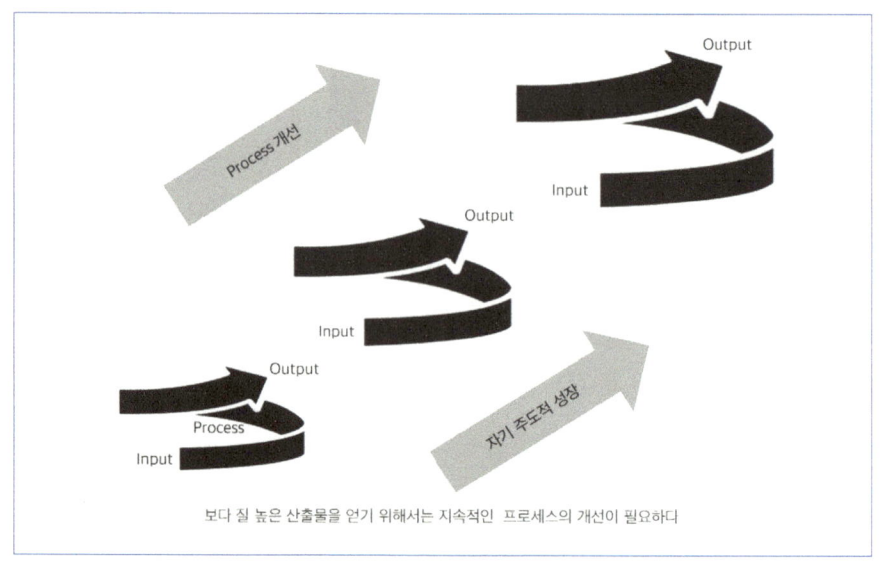

IPO 공식의 이해

그러나 대면 또는 비대면이든, 온라인 또는 오프라인이든, IPO(Input-Process-Output)는 우리의 시간과 공간을 지배하는 기본 원리이다. 산출물(Output)이 투입물(Input)보다 적으면 마이너스의 생산성이고, 마이너스의 부가가치다. 산출물이 투입물보다 크면 플러스의 생산성이고, 플러스의 부가가치다.

IPO의 공식에서 자신의 투입물이 동일하다고 해도 프로세스의 효율은 시간이 지나면서 점차 낮아진다. 프로세스 자체가 진화하지 않으면 산출물의 경쟁력이 예전처럼 동일할 수가 없다. 이 프로세스의 진화에 정보기술이 결정적인 영향력을 미친다.

이 IPO의 공식에서 투입물을 늘리면 산출물의 양이 늘어난다. 제조업에서 생산성을 올리는 방법으로 주로 사용되었다. 그러나 공급이 과잉인 시대에서는 투입물을 늘리는 전략으로는 경쟁에서 이기기 힘들다.

우리나라에서 52시간제를 시행해서 투입물을 줄이면 당연히 산출물이 준다. 이제까지 프로세스를 업그레이드하는 것은 교육이었다. 학교에서 교육받고, 입사해서도 교육받고, 승진해서도 교육받고, 경영자가 되어서도 조찬모임을 찾아다니면서 교육받는다. 교육은 교육하는 사람과 교육받는 사람의 수준과 자세에 따라 결과의 차이가 크다.

그동안 기업들은 직원들 교육에 엄청난 노력을 들였다. 그러나 사내 교육의 효과에 대해서는 회의적이지 않을 수 없다. 새로운 정보기술을 교육할 만한 내부 강사를 찾기 어렵고, 온라인 강의도 이해나 집중하기가 쉽지 않다. 외부로 보내 교육을 받기도 하는데, 이 또한 비용대비 효과가 확실치 않다. 그래서 요즈음에는 아예 경력사원을 뽑는 추세다. 신입사원을 뽑아서 교육시키는 것이 상대적으로 비효율적이기 때문이다.

교육이 도움을 주기 위해서는 교육 내용과 강사의 역량이 중요하다. 학교 다닐 때 좋아하는 선생님의 과목 성적이 좋은 이유다. 선생님이나 강사도 교육을 받은 것을 가르친다. 만약 선생님이 받은 교육 내용이 현실을 따라가지 못하거나, 학생들의 기대치에 미치지 못하면 프로세스가 업그레이드되기보다는 오히려 다운그레이드(downgrade)된다.

코로나 시대에 개인이 생산성을 올리고 조직에서의 부가가치를 높이기 위해서는 IPO를 이해하는 것이 정말 중요하다. 그동안 여기저기서 무수히 들었고, 누구나 다 아는 공식이다. 그러나 막상 투입물은 조금 하고 막연하게 산출물이 더 나오기를 기대한다든지, 프로세스를 업그레이드하지 않고 산출물이 더 나오기를 기대하는 경우가 많다.

우리 속담에도 "하늘은 스스로 돕는 사람을 돕는다", "콩 심은 데 콩 나고, 팥 심은 데 팥 난다", "감나무 밑에서 입만 벌리고 있다" 등의 노력하지 않고 얻으려고만 하는 것을 경계하는 속담들이 많다. 노력하지 않고 결과를 얻으려고 하는 것은 비도덕적이고 비윤리적이다. 그리고 더 중요한 것은 그런 결과는 절대로 일어나지 않는다.

회사가 시장 경쟁에서 밀리고 있다거나, 자신이 회사 내 조직에서 힘든 상황에 처해 있다면 자신의 투입물 양과 프로세스의 효율성을 다시 점검해 봐야 한다. 그리고 좀 시간은 걸리겠지만 학습이든, 교육 참가든 산출물을 늘리기 위한 투입물과 프로세스의 업그레이드에 모든 노력을 경주해야만 지금의 힘든 상황을 벗어날 수 있다.

데이터 경영 이해하기

지금은 데이터 경영시대라고 한다. 데이터가 나무, 석탄, 석유에 이어 산업의 쌀로 불린다. 왜 데이터가 석탄, 석유보다 더 산업에 중요하게 되었는가? 이는 불확실성의 시대에 어디로 가야 하는지, 어떻게 대비해야 하는지를 알기 위해서 과거의 데이터를 돌아보고, 이를 지식화해서 현재의 문제를 찾아내고 지혜롭게 해결책을 얻고자 하는 필요 때문이다.

지금 현재는 과거로부터 온 것이고, 미래는 현재의 연장선에 있다. 전혀 생각하지 못했던 일들이 벌어지기도 하는데, 이는 본래 있었던 일의 중요성과 잠재력을 무시해서 생긴 일일 가능성이 크다. 모든 일에는 사전에 크고 작은 징후가 있다. 그런 징후를 읽기 위해 결국 데이터를 모으고 분석하는 것이다. 지금 당장은 무시할 수준의 징후가 곧 핵심적인 중요한 징후가 될지, 안될지를 판단하려면 관련 데이터를 모아서 전체적인 맥락을 추정하는 수밖에 없다.

어떤 분야나 주제에 대해 많이 아는 것은 지식이 많다고 할 수 있다. 그러나 지식이 많다고 해서 꼭 지혜가 많다고 볼 수 없다. 지혜는 지식의 파편 속에서 어떤 원리나 맥락을 찾아낼 줄 아는 능력을 말한다.

지식에서 지혜로 넘어가기 위해서는 넘어야 할 계곡이 있다. 대답하는 사람에서 질문하는 사람으로의 변신이다. 존경하는 철학자 최진석 교수는 "대답하는 사람은 지식이 많은 사람이고, 질문하는 사람은 지혜가 높은 사람"이라고 설명한다. 이미 있는 해답을 알고 기억하고 있다가 대답하는 사람은 거기까지가 한계일 뿐이다.

지식은 나의 밖으로 내뿜어지지만, 지혜는 내 안으로 스며든다. 지식은 설명하려 하지만, 지혜는 경청한다. 지식은 이끌려고 하지만, 지혜는 도와주려고 한다. 지식은 상대가 틀린 것을 지적하지만, 지혜는 상대가 틀린 것을 스스로 알게 만든다.

지식은 과거이고, 지혜는 미래이다. 지식은 산처럼 높아 가지만, 지혜는 바다처럼 더 깊어만 간다. 지식은 얻는 데 시간이 오래 걸리지만, 지혜는 순간에도 깨달을 수 있다. 지식은 한 부분에 대해 집중해서 모이지만, 지혜는 모든 부분에 적용될 수 있다. 이렇듯 많은 정보가 모여서 지식이 되고, 모인 지식을 바탕으로 지혜가 생기지만, 각 단계별로 넘어야 할 경계는 뚜렷하다.

우리는 내가 지금 알고 있는 것이 정보 수준인지, 지식 수준인지, 지혜의 단계로 올라갔는지를 스스로 자문해 봐야 한다. 만약 내가 아는 것들이 여기저기서 파편적으로 모은 정보의 수준이라면, 하루빨리 모아진 정보를 구조화하고 체계화해서 지식으로 업그레이드시켜야 한다. 만약 내가 아는 것들이 지식의 수준이라면, 이 지식들의 문맥과 근저를 공부함으로써 보다 근본적인 핵심을 깨닫고 지혜의 경지로 올라가야 한다.

정보에서 지식으로 넘어가는 중요한 엔진은 호기심과 열정이다. 호기심으로 관심 있는 영역을 찾고, 열정으로 그 부분에서 심도 있는 연구를 해야 한다. 지식에서 지혜로 넘어가는 중요한 엔진은 통찰과 숙고(熟考)다. 통찰을 통하여 지식의 근저에 흐르는 본질을 찾아내고, 그 본질을 숙고함으로써 껍데기들을 발라내고 핵심을 깨달아야 한다.

이제까지 우리가 정보기술, DX(Digital Transformation, 디지털 전환)를 통하여 추구해 온 궁극적인 목표는 지혜를 얻고자 한 것이다. 지혜를 얻어서 올바르게 판단하고, 올바른 방향으로 투자하고, 올바르게 생산하고, 올바르게 소비하고, 올바르게 생활하는 것이 정보기술의 궁극적인 목표다.

기업들이 정보기술을 통하여 BCSF(Better, Cheaper, Simpler, Faster)를 추구해 오다가 이제는 ESG(Environment, Social, Governance)로 방향을 전환하고 있다. 이 단계가 지나면 궁극적으로 도덕과 윤리를 지향하게 될 것이다. 지금도 윤리 경영, 도덕 경영이 경영의 근저를 이루고는 있으나, 경영의 전면에 내세우는 기업은 아직 그리 많지 않다.

시장의 요구나 고객의 소리에 대답하는 기업은 추종하는 기업(Follower)

이고, 시장이나 고객에게 질문하는 기업은 시장과 고객을 창출하고 리드하는 기업(Leader)이다.

지금 많은 젊은이들이 검색 도구들을 활용하여 온갖 정보와 지식을 탐색하고 있고, SNS를 통하여 수많은 지식의 홍수 속에서 살고 있다. 잠시의 정신적인 공백이나 여유도 없이 쉼없이 뭔가를 찾고, 보고, 읽고, 사고, 찍고, 메시지를 주고받고 있다. 이미 초등학생부터 성인까지 깨어 있는 동안 스마트폰에서 잠시도 손과 눈을 떼지 못한다. 이렇게 여백의 시간에 잠시 얻어지는 것은 정보이지 지식이 아니다. 정보가 정리되어 구조화되고 체계화되어야 지식이다.

인터넷상에서 떠도는 정보의 양을 생각하면 자기가 알고 기억하고 접한 정보의 양은 극히 미미하다. 그러한 정보를 쉼없이 찾아다니는 것은, 경기 중에 축구선수가 정신없이 볼을 따라다니지만 한 번도 차지 못하는 것과 같다. 바쁘긴 바쁘지만, 실속 없이 바쁜 것이다.

경영에서 지혜는 항상 중요했다. 그러나 코로나 시대 이후에 사회환경이 급격하게 변하고 있고 변화의 방향에 대해 어느 누구도 자신 있게 말하지 못하는 상황에서 경영자의 지혜는 더욱 중요해졌다. 이제는 그냥 대과(大過) 없이 임기 중에 일하는 것을 목표로 하는 시대가 아니다. 이제는 대과를 저질러야 하는데, 지혜 없이 대과를 저지르면 너무나 위태롭고 위험해질 수 있다.

정보기술 경영은 선택과 집중이다 (20:80의 원리)

20:80의 원리에서 가장 많이 인용되는 것이 상품의 20%에서 매출의 80%가, 이익의 80%가 상품의 20%에서 나온다는 것이다. 실제로 분석해 보면 비교적 정확하게 맞아 떨어진다.

매킨지 컨설팅의 강혜진 파트너는 코로나 이후의 산업 재편성을 "변화에 제대로 적응하는 상위 20%의 기업이 경제적 이익의 95%를 가져가는 형태로 승자 독식의 비즈니스 구조가 심화하고 있다."고 설명하고 있다. 정보기술은 초연결사회를 만들고 넓어진 시장에서의 정보기술의 우월성을 무기로 시장을 독점하다시피 넓혀갈 수 있기 때문이다. 앞으로도 20:80의 원리는 10.5:90, 95로 더 비율이 올라갈 가능성이 있다. 어느 분야에서든 소수에 대한 쏠림이 일반화되고 있다.

경영자가 되면 갑자기 관심 영역과 행동 반경이 넓어진다. 임원을 할 때는 자기 부서의 운영만 책임지면 된다. 하지만 경영자는 회사 경영 전반을 책임지기 때문에 회사가 곧 나고, 내가 곧 회사를 대표하게 된다. 이때 자칫 잘못하면 1년 내내 많이 바쁘고 열심히 하는 데도 연말 되어 되돌아보면 실적은 별로 없는 때도 있다. 특히 초보 경영자의 경우 잘해 보겠다는, 잘해 보이겠다는 욕심이 앞서서 과욕을 부리는 경우가 있다.

이런 위험에 빠지지 않기 위해서는 20:80의 원리를 잘 이해하고, 이 원리를 업무의 우선순위 설정에 적용하는 것이 좋다. 내 경영 목표의 80%를 달성하기 위한 20%의 원인 행위를 정의하고, 여기에 집중하면 결과적으로 자기 성과의 80%는 쉽게 달성할 수 있다. 모든 성과 목표 중 가중치 높은

20%에 집중하면 된다.

우리가 선택과 집중을 하는 이유는 경영을 단순하게 하고자 함이다. 단순화된 경영은 힘이 있다. 고객에게도 분명한 브랜드 이미지를 줄 수 있고, 조직 내부에서도 직원들을 한 방향으로 정렬시킬 수 있다. 대부분의 실패한 회사들이 분명하지 않은 브랜드 이미지를 가지고 어정쩡한 포지셔닝으로 일관되지 않은 전략을 실행하기 때문이다.

흔히들 포트폴리오 또는 리스크 관리라는 이름으로 다양성을 추구하지만, 다양화 된 시장과 고객은 복잡한 경영지원 시스템을 필요로 한다. 복잡한 경영지원 시스템은 힘이 없다. 겉으로 보기에는 모든 비즈니스 기회를 다 챙기면서 언젠가 폭발적인 성장을 하는 잠재적 시장에 발을 걸치고 있는 것으로 보일 수 있다.

그러나 대부분 시장이 개화하기도 전에 스스로 자멸하고 만다. 시장, 고객, 상품과 서비스가 다양화되면 될수록 거의 제곱의 크기로 복잡해지기 시작한다. 내부 지원 시스템의 구성 요소인 직원, 조직, 정보기술, 배송도 마찬가지로 제곱의 규모로 복잡해진다.

경영을 하다 보면 각종 문제에 봉착하게 된다. 어떤 문제는 쉽고, 어떤 문제는 무척 어려워 보이는 것도 있다. 그런 때를 만나면 다시 20:80의 원리를 동원하면 문제해결의 실마리를 찾기 쉽다.

아무리 어려운 문제라도 문제의 주된 원인행위가 뭔가를 정의해 보면 그에 따른 해결책이 나온다. 복잡한 문제일수록 서로 얽혀 있고 각 부서가 다 관련이 있어 보이기 때문에 문제 해결책이 복잡해 보인다. 복잡한 문제를 단순화시키는데 20:80의 원리가 매우 유용하다.

"단순한 일을 복잡하게 하는 것은 단순한 일이나, 복잡한 일을 단순하게 하는 것은 복잡한 일이다"라는 경영속담이 있다. 복잡하고 얽혀 있는 문제들 가운데 문제의 핵심을 집어내는 지혜를 강조한 말이다. 문제의 올바른 제기는 그 속에 이미 절반의 해답이 있다는 말도 있다. 단순한 문제를 복잡하게 이해하고 파악하기 때문에 해답을 찾지 못하고 결정도 못 한다. 복잡해 보이고 여러 변수가 얽혀 있어 보이는 문제 속에 가장 중요한 변수와 인과관계를 찾아내는 힘이 바로 20:80의 원리이다. 이러한 문제해결 능력을 높이기 위해 우리는 공부하고 학습하고 훈련하는 것이다.[1]

이 20:80의 원리는 기업에서 정보시스템을 구축하고 운영하는 데도 잘 활용할 수 있다. 20%의 프로그램으로 전체 업무 프로세스의 80%를 전산화할 수 있고, 서버의 20%가 80%의 업무를 처리하며, 전산실 직원의 20%가 전체 시스템의 80%를 운영한다. 마찬가지로 20%의 개발인력이 80%의 개발업무를 감당하고, 고객 데이터의 20%를 가지고 마케팅의 80%를 분석해서 맥락을 알 수 있다. 그러니 정보기술 경영에서도 선택과 집중이 아주 중요하다.

....
1) Albert Einstein "Any Intelligent fool can make things bigger and more complex ... it takes a touch of genius ... and a lot of courage ... to move in the opposite direction"

정보기술의 개념을 넘어서 응용으로

제4차 산업혁명은 정보기술을 중심으로 광범위하게 일어나고 있다. 그래서 임원들은 정보기술의 개념을 이해하기에도 바쁘다. 그러나 개념만 아는 것으로는 실행에 들어가지 못한다. 오히려 개념만 알게 되면 실행 상의 문제점만 찾아낼 가능성이 크다. 사람 이름을 안다고 그 사람을 다 아는 것이 아닌 것처럼 개념을 안다고 그것을 확실히 안다고 할 수 없다.

이제까지 우리는 팔로워(Follower) 입장을 취해도 됐다. 적극적으로 벤치마킹을 하고, 쫓아가 보고 배워서 지금의 성장을 이룩했다. 남의 성공사례를 뒤쫓아가면 사실 리스크는 크지 않다. 이들이 다 시행착오를 거쳤기 때문이다. 그러나 이제는 팔로워전략으로는 글로벌 일등 기업이 되기 어렵다. 국가적으로도 선진국 대열에 끼어들기 어렵다. 팔로워전략에서 리더(Leader)전략으로 가기 위해서는 남의 지식을 베끼는 것을 넘어 나만의 지식을 스스로 생산해 내야 한다.

그동안 우리가 새로운 정보기술들을 적극적으로 활용하지 못한 배경에는 개념 공부만 하고 속까지 파고드는 응용 공부를 하지 않았기 때문이다. 이제부터는 단순한 개념 파악을 넘어서서 기술의 역사와 사상, 철학을 연구해야 한다. 그러면 새로운 정보기술을 어떻게 내 업무, 내 회사에 적용할 것인지를 찾아낼 수 있다. 새로운 정보기술이 대들보에 매달린 굴비가 아닌 식탁 위에 오른 반찬이 되고 우리 몸에 영양분이 되어야 한다.

제4차 산업혁명이 이미 개화를 시작했다. 개념을 이해하는 수준을 넘어 실행 단계까지 가는 집요한 학습을 해야 한다. 그래야 어떻게 실행할 것인지를 알게 되고, 그래야 실질적인 연구가 되고, 그래야 새로운 기술을 통한 경쟁력을 확보할 수 있다. 경영자가 이렇게 새로운 정보기술을 학습하고 연구하기 시작하면 자연스럽게 조직 곳곳에서 정보기술을 활용하는 아이디어들이 쏟아져 나올 것이다.

개선도 혁신만큼 중요하다: BCSF

기업이 혁신을 할 때 중요 항목으로서 BCSF(Better, Cheaper, Simpler, Faster)를 꼽는다. 기존의 상품과 서비스를 더 좋고, 더 싸고, 더 단순하고, 더 빠르게 제공할 수 있는지를 체크하는 것이다. 이는 고객 입장에서 기존 상품이나 서비스를 더 좋고, 더 싸고, 더 단순하고, 더 빠르게 상품과 서비스를 제공받을 수 있으면 고객만족이 높아지기 때문이다.

거의 모든 기업이 BCSF를 기업 운영의 중요한 목표로 삼고 있었다. 문제는 BCSF가 4차 산업혁명 시대에는 맞지 않는다고 생각하는 점이다. 정보기술의 발전속도가 빠르다 보니 경영실적 개선이 BCSF가 아닌 빅점프(Big Jump) 또는 빅리프(Big Leap) 방식의 급격한 혁신이 필요하다고 믿는다. 맞는 말이기는 하나 중요한 점은 개선의 경험이 없는 기업은 결코 개혁을 할 수 없다는 것이다.

기업 경영이 BCSF로 다져진 상태에서 빅점프나 BHAG(Big Hairy Audacious Goal)가 가능하다. BCSF를 경험하지 못하고 BCSF의 성공체험이 없는 기업은 빅점프를 하기가 어렵다. BCSF를 추진함에 있어서 기존의 문제점이 아닌 새로운 관점으로 문제를 찾는 것이 중요하다. 기존의 상품과 서비스를 BCSF하는 것에서 벗어나 완전히 새로운 관점에서(주로 고객 관점이겠지만) BCSF할 것을 찾다 보면 자연스럽게 BHAG를 할 수 있다.[2]

우리가 BCSF를 볼 때 이것들이 비교급인 것에 주목할 필요가 있다. 비교급이라는 뜻은 전보다 또는 경쟁자보다 더 좋아지고, 더 싸지고, 더 단순해지고, 더 빨라져야 한다는 뜻이다. 더 좋은 제품과 서비스를 더 좋은 가격에 더 빨리 시장과 고객에게 내놓겠다는 기업의 목표가 잘못된 것은 아니다.

경영자들이, 특히 새로운 경영자들은 개선보다는 개혁을 좋아한다. 전임자와 다르고, 새로운 리더십을 보여 주고, 더 확실한 경영실적을 내고 싶어 한다. 경영자들의 임기는 대게 3년 정도다. 첫해에는 조직을 크게 흔들면서 인원을 대폭 줄인다. 대게는 명예퇴직이 활용된다. 많은 경비가 들어간다. 여기에 소위 빅베스(Big Bath)를 해서 쌓여 있던 부실을 털고 가기 때문에 당연히 경영실적이 전보다 더 나빠진다. 둘째 해에는 인건비와 부실채권이 많이 줄었기 때문에 경영실적이 다소 개선이 된다. 셋째 해에는 경영실적이 크게 나아진다. 전년, 전전년의 기저 효과가 있기 때문에 경영실적이 크게 개선된 것처럼 보인다. 그러면 다시 한번 연임을 노려볼 만해진다.

....

[2] A Harvard Business Review article discussed the impact of Henry Ford's nearly singular focus on "faster, better, cheaper." It talked about his disruptive innovation - the moving assembly-line process for the manufacturing of automobiles. This allowed Ford to produce and sell the Model T at a significantly lower price than his competition, enabling the creation of a new, rapidly growing market. -The Curse of "Faster, Better, Cheaper" (By Doug Tedder, August 7, 2018 in ITSM)

금융기관, 공기업, 일부 대기업의 경영자들이 대부분 이러한 경영패턴을 쫓아 왔다.

이러한 패턴이 잘못된 것은 아니다. 하지만 더는 유효하게 반복되기 힘들다. 노조도 있고, 실업 문제에 대한 사회적 우려가 큰 시점이어서 인력 감축이 자유롭지 못하기 때문이다. 또 노조와 합의를 본다고 해도 비용대비 효과가 예전처럼 그리 크지 않을 것이다. 비용을 줄이면서 매출이나 점유율이 줄지 않고 늘어야 하는데, 코로나 이후는 매출이나 점유율을 늘리기가 쉽지 않다. 그래서 예전처럼 비용을 줄여도 경영실적을 크게 개선하기 어려운 상황이 됐다.

지금은 경영실적을 크게 개선하기 위해서는 개혁을 해야 한다. 무모할 정도로 대담한 BCSF 정도가 아니라 BHAG(Big Hairy Audacious Goal)[3]를 목표로 해야 한다. BHAG를 전사적 목표로 하고, 그 구체적인 실행목표로서 BCSF로 보완을 한다면 코로나 이후의 새로운 뉴노멀을 헤쳐나가는 게 가능할 것이다.

4차 산업혁명을 맞이하면서 가장 주목을 받는 기업은 애플, 구글, 페이스북, 아마존이다. 이들을 보면 세상에 없던 상품이나 서비스를 창출했다기보다 기존에 있던 상품이나 서비스를 고객의 입장에서 재해석하고 재조

....

3) BHAG : 미국의 대표적인 경영평론가인 제임스 콜린스와 제리 포라스가 1994년 펴낸 《비전을 가진 기업들의 성공적인 습관》이란 책에서 처음 사용한 용어로, 크고(Big) 대담하며(Hairy) 도전적인(Audacious) 목표(Goal)의 머리글자를 말한다. BHAG는 한치 앞을 내다보기 힘든 글로벌시대에 기업들이 경쟁력을 가지려면 때로는 무모해 보일 정도의 공격적인 경영이 기업을 성공으로 이끌 수 있다는 의미를 내포한다.([네이버 지식백과] 매일경제, 매경닷컴)

합시켰다.

아이폰은 핸드폰과 MP3, 카메라를 감성적으로 결합시킨 제품이다. 구글은 검색 엔진의 효율화를 통하여 유튜브, 이메일, 클라우드 서비스로 발전해 나갔다. 페이스북은 많은 SNS 중에서 친구 찾기, 좋아요와 같은 기능으로 가입자 수를 늘렸으며, 아마존은 온라인 서점으로 시작해서 전자상거래 클라우드 서비스로 영역을 넓혔다. 고객 입장에서 단순하고 편리해진 서비스를 만들고 부단히 진화해 나간 거지, 아예 없던 서비스를 만들어 내지는 않았다.

4차 산업혁명 시대를 맞이해서 많은 경영자들이 어느 방향으로 조직을 이끌어 가야 할지 노심초사하고 있다. 아마도 그 방향은 디지털 전환(Digital Transformation)이 주를 이루겠지만, 무언가 새롭고 특별한 주제를 잡아서 뛰어 보고 싶은 경영자도 있을 것이다. 그러나 기업이 BCSF를 꾸준히 추진해 온 실적이 있고 경험도 내부적으로 축적되어 있다면 빅점프(Big Jump)가 가능하겠지만, 그렇지 않다면 공염불이 될 가능성이 크다.

경영혁신은 IT 시스템으로 완결된다

많은 회사가 지속적으로 혁신을 시도한다. 그러나 성공한 회사는 드물다. 혁신에 성공한 회사도 조금 시간이 지나면 과거의 성공에 집착해 다시금 정체와 퇴보의 길을 간다. 어쩌면 혁신은 강물을 거슬러 올라가는 연어처럼 끊임없이 도전하고 노력해야 하는 기업의 숙명과도 같다.

우리의 경영환경은 빠르게 변하고 있다. 변화의 속도는 우리가 생각하는 속도보다 항상 빠르다. 잠깐 한눈팔면 바로 뒤진다. 환경이 빠르게 변하기 때문에 우리도 그 변화에 맞춰 변해야 생존하고 번영한다. 강한 자가 살아남는 것이 아니라 빠른 자가 살아남는다고 하지 않는가?

지금의 경영환경이 지향하는 바는 명확하다. 디지털이다. 디지털 파괴(Digital Disruption)를 통하여 각 산업이 유동화(liquidation)되고 있다. 지금 모든 산업에서 파괴적 혁신이 진행되고 있다. 공공, 금융, 의료, 교육, 제조, 물류, 유통 모든 분야에서 정보기술을 바탕으로 하는 융합이라는 이름으로 새로운 상품, 서비스, 시장, 고객이 창출되고 있다.

분명한 것은 지금의 모든 혁신은 디지털 파괴를 기반으로 하고 있다. 융합이라는 것도 서로 다른 산업을 IT로 엮어야 가능하다. IT를 통한 디지털 혁신의 필요성을 느끼지 못하면 경쟁에서 이길 수 없다. 당연히 혁신의 시작점과 속도도 매우 중요하다.

깨어 있는 회사들은 어떻게든 혁신을 통해 변하려고 하고 있다. 대게는 회장님이나 최고경영자가 전면에 서서 혁신의 필연성을 주창한다. 그리고 전략 컨설팅을 받고, IT 계열사들을 불러 새로운 시스템을 만들고, 임직원들을 교육시킨다. 그동안 홍보팀에서는 부지런히 회장님이 혁신의 필요성을 임직원에게 직접 설명하는 사진을 언론에 내보내기도 한다.

그러나 그동안 시도된 많은 혁신이 용두사미로 끝난 이유가 뭘까? 혁신을 임직원의 정신재무장쯤으로 보기 때문이다. 변하지 않으면 안 된다고 임직원을 위협했지만, 막상 어디로 어떻게 변해야 하는지 명확하게 보여 주지 못하고 우왕좌왕하다가 더 큰 일이 터진다. 그러면 사장이 바뀌고, 모든 게 흐지부지하게 되는 것이다. 혁신은 시작도 중요하지만, 마무리가 더 중요하다.

그럼 혁신은 무엇으로 완결되는가? 혁신을 처음 기획하고 계획하고 추진했을 때의 목표를 달성하기 위해서는 어떻게 해야 하는가? 그것은 새로운 비즈니스 프로세스가 정착되어 잘 운용되도록 하는 것이다. 혁신을 통해 예전의 프로세스의 비합리적이고 비효율적인 부분들을 합리적, 고효율로 바꾼 새로운 비즈니스 프로세스가 기존의 프로세스 자리에 새롭게 잘 장착되도록 해야 한다.

새로운 프로세스를 지원하기 위해서는 새로운 IT 시스템이 잘 개발되고 운영되어야 한다. 새로운 IT 시스템이 제대로 지원하지 못하는 새로운 비즈니스 프로세스는 사상누각(沙上樓閣)이다. 새로운 비즈니스 프로세스로 정착되지 못한 혁신은 혁신이 아니다. 말과 구호만 무성하고 실제로는 변한 게 없는 혁신일 뿐이다.

혁신은 단순히 매출을 늘리거나 비용을 절감하려는 수익극대화 작업이 아니다. 기존의 상품, 서비스, 시장, 고객이 아닌 새로운 상품, 서비스, 시장, 고객을 창출해 내기 위한 새로운 차원의 파괴적 도전이다. 그냥 말로만 하는 뼈를 깎는 아픔도 아니요, 마른 수건 짜기도 아니다. 전혀 다른 회사로의 변신을 도모하는 것이기 때문에 그만큼 위험도 따른다. 우리가 수시로 하는 존속적 혁신이 아닌 파괴적 혁신을 해야 한다. 파괴적 혁신도 회사의 기본 문화로, 최고경영자의 철학으로 자리 잡아야 한다.

혁신은 새로운 IT 시스템의 정착으로 완결된다. 혁신을 임직원들의 정신재무장 정도로 생각하고, 혁신을 지금 하던 일을 더 열심히 하자는 다짐

정도로 생각하면 안 된다. 그러면 임직원들이 혁신을 마지못해 따라가기만 한다.

굳이 자꾸 변해야 한다고 윽박지를 필요 없다. 벤처나 중소기업이 아니면 대기업 임직원의 의식을 개조한다는 것은 불가능하다. 의식개혁 대신에 시스템을 바꾸면 된다. 그들이 매일 사용했던 익숙한 시스템을 전혀 새롭게 바꿔 버리면 된다.

코로나로 재택근무가 일상화되고 있다. 직원들을 재택근무하라고 하면서 집에서 열심히 하고 있는지 감시하는 프로그램을 찾는 것은 올바른 경영이 아니다. 직원들이 집에서 열심히 하는지 걱정이 되고, 이를 관리할 IT 시스템을 찾는다면 지금 회사 경영이 잘못되고 있다고 봐야 한다. 진정한 혁신은 사무실에서보다 재택근무가 더 생산성을 내도록 하는 IT 시스템을 운영하는 것이다.

혁신은 우리가 여러 차례 경험한 것처럼 '시작은 쉽고 완결이 어려운 것'이 결코 아니다. 오히려 '시작은 어렵고 완결이 쉬운 것'이다. IT를 매개(leverage)로 하면 그렇게 된다. 새로운 혁신적인 프로세스를 시스템으로 만들어 모든 직원과 협력업체가 효율적으로 쓰면 된다.

정보보안

정보보안의 중요성

정보의 중요성을 인식하고 정보시스템 구축에 주력하다 보면 정보보안의 중요성을 잠시 망각하게 된다. 그러나 정보보안이야말로 정보시스템 개발이나 구축만큼 중요하다. 정보보안이 전제되지 않는 정보시스템은 차라리 처음부터 개발하지 말아야 한다. 정보기술이 발전할수록 창과 방패처럼 정보시스템을 뚫고 들어 오려는 세력과 지키려고 하는 세력이 서로 팽팽한 긴장감을 갖게 된다.

정보보안에 대한 인식이 없는 경우는 마치 축구에서 자기 골대를 비워 놓고 전원이 공격에만 나서는 것과 같다. 만약 골키퍼가 슈팅을 완벽하게 막아내기만 한다면 시합을 비기기는 해도 지지는 않는다. 어느 운동이든 전설적인 코치들은 처음에 수비 능력을 키우는 데 주력하고 나중에 공격 능력을 키운다. 골프도 잘 치는 것이 중요하지만 실수하지 않는 것이 더 중요하다. 바둑에서도 내 바둑이 살고 난 뒤에 상대방 적진에 뛰어 들어가야 한다. 이게 소위 '아생 연후에 타살(我生 然後에 他殺)'이다. 정보보안도 이와 같다. 정보보안이 완벽하게 유지될 때 정보기술의 전략적 활용이 의미가 있기 때문이다.

AICBM을 통하여 데이터는 폭발적으로 증가하고 있다. 데이터 증가 속도가 워낙 빠르다 보니 데이터의 발생, 보관, 활용, 폐기의 사이클 관리가 쉽지 않다. 데이터는 특성상 모여야 시너지가 나고 활용이 가능해지는데, 막상 데이터가 많아지면 관리가 어려워진다. 관리되지 않는 데이터는 이미 정보로서의 가치가 없다고 봐야 한다.

정보 유출은 정보보안의 여러 단계 중에서 약한 고리에서 일어난다. 그러므로 단지 자기 회사의 내부망만 철저하게 관리한다고 해서 해결되는 문제가 아니다. 정보보안은 보다 폭넓은 관점으로 전체적인 데이터의 공급망 사슬을 들여다봐야 한다. 정보보안은 수비 위주이기 때문에 잘해야 본전이라는 생각을 한다. 그래서 특히 고속성장을 하거나 잘 나가는 기업에서 정보보안 문제가 터질 가능성이 매우 크다. 공격적인 경영에 온 힘을 쓰다 보면 아무래도 수비적인 업무가 소홀해지기 때문이다.

바로 이때 경영자의 폭넓은 시야와 균형 잡힌 경영전략이 중요하다. 어느 기업에서도 위험관리(Risk Management)는 수익관리 못지않게 중요한 업무이다. 정보기술 분야에 있어서 위험관리는 정보시스템의 안정적인 운용과 정보보안이다. 그러니 경영자가 직접 챙겨야 한다. 경영자가 실적이 한두 분기 나쁘다고 잘리지는 않겠지만, 정보보안 문제가 발생하면 당장에 잘린다. 그만큼 정보보안은 경영자의 중요한 체크리스트가 되어야 한다.

기업의 정보 유출을 막아라

지금 이 시각에도 기업에서 정보가 유출되고 있다. 내부 직원이나 퇴직 사우가 정보를 유출하기도 하고, 외부 불순 세력들이 기업정보를 탈취하고 있다. 개인 입장에서도 자기의 개인정보가 허가 없이 인터넷상에 떠돌고 있다. 이렇게 유출된 정보들은 어느 시점에 개인과 기업에 손해를 끼치게 된다. 기업에서 정보 유출이나 정보보호를 말할 때 정보는 가치 있는 데이터를 말한다. 법적으로 기업이 책임져야 하는 그런 정보만이 아니라, 나 아닌 누군가가 경제적으로 이득을 볼 수 있는 정보를 말한다. 이러한 정보는 여러 데이터를 종합해서 경제적 가치를 만드는 수도 있기 때문에 종합적으로 판단해야 한다.

정보에는 여러 종류가 있다. 개인정보, 재무정보, 경쟁정보, 개발정보, 인사정보, 제품정보, 물류정보, 제품정보, 제조정보, 로비정보, 홍보정보 등 많다. 이렇듯 기업활동의 단계별로 정보라는 단어를 붙이면 전부 중요한 정보가 되고, 그래서 관리하고 방어해야 할 귀중한 자산이 된다.

개인정보에 관한 법률이 강화되면서 정보보안이라고 하면 많은 경영자가 개인정보 보호에만 신경을 쓰는데, 실제로는 경영정보의 유출이 더 심각하다.

개인정보가 유출되면 여러 법적 조치가 뒤따른다. 경제적, 법률적 책임을 질 뿐만 아니라 브랜드에 심대한 타격을 받게 된다. 그렇지만 경영정보, 예를 들어 M&A정보, R&D정보, 방산업체에서의 기술정보, 계약서, 인사정보 등의 유출도 개인정보 못지않게 심각한 결과를 가져온다. 그래서 경영자는 정보가 가지고 있는 양면성, 즉 활용과 보호에 대해 동시에 신경을 써야 한다.

정보 유출은 정보의 흐름 상에서 약한 고리로 빠져나간다. 약한 고리란 정보를 관리하는 부서나 기업의 정보보안 의식이 약한 부분을 말한다. 정보를 생산한 사람들은 정보의 가치를 안다. 그 정보를 만들기 위해 얼마나 많은 자원을 사용했는지를 알기 때문이다. 그러나 정보를 단순히 넘겨받은 부서나 사람은 그 정보의 경제적 가치를 정확히 알지 못한다. 그래서 관리가 소홀해지고, 심지어는 정보가 유출되었는 데도 그 사실조차 모르는 경우도 있다.

지금은 초연결시대다. 연결이란 정보가 막힘 없이 흐르고 있다는 뜻이다. 흐르지 않는 정보는 비교적 방어가 쉽다. 그러나 공급망을 타고 흐르는 정보를 관리하는 것은 쉽지 않다. 조직 내에서 정보가 빠르게 흐르고 공유되어야 하지만, 이 정보가 관련 없거나 책임지지 못하는 사람에게 빠져나가지 않도록 관리를 해야만 한다.

정보를 유출하는 사람들은 도둑이 명품을 알아보듯이 그 경제적 가치를 귀신같이 안다. 그래서 스스로 들고 나가서 팔아먹는 경우도 있고, 돈에 매수되어 팔아넘기기도 한다. 언젠가 팔기 위해서 미리 복사본을 만들기도 하고, 프로그램을 만들 때 백도어를 만들어 두기도 한다. 정보의 가치는 아는 사람만 알아본다.

사이버 전쟁에 대비하라

앞으로의 전쟁은 어떤 형태가 될까? 핵잠수함에서 핵미사일을 쏘고, B52 폭격기가 핵폭탄을 투하하고, 로봇 복장을 한 병사들이 돌격하고, 깊숙한 벙커에서 컴퓨터 게임 하듯이 워게임을 하는 형태일까? 아마도 한쪽이 재래식 무기만 가지고 있으면 재래식으로 붙겠지만, 한쪽이 핵을 가지고 있으면 예전의 전쟁 형태를 띠긴 어려울 것이다. 핵전쟁은 공멸이기 때문이다.

대한민국이 인프라 측면에서 인터넷 강국이라는 것은 의심할 여지가 없다. 이를 기반으로 하는 국가 행정망, 육상 교통, 항공 관제, 전력 공급, 금융, 통신, 물류, 의료 등 수많은 애플리케이션이 돌아가고 있다. 만약 이러한 사회적 안정과 생활 밀착형 시스템들이 적국의 공격으로 파괴되거나 마비되면 사회적 혼란은 거의 전쟁이 일어난 거나 마찬가지가 될 수 있다.

사이버 전쟁이 국방에 관련된 비밀기관들끼리 하는 것으로 알지만, 이는 초연결 시대에서의 네트워크 붕괴에 대해 너무 안이하게 생각하는 것이다. 어쩌면 사이버 전쟁은 평화 시에도 암암리에 일어나고 있다. 적국이 필요로 하는 정보가 꼭 국가 극비문서나 요인의 개인정보가 아니기 때문이다.

사이버 공격은 오히려 금융, 전력, 통신, 수송과 같은 사회 인프라에 집중될 수 있다. 그러니 기업 입장에서 정보보안은 그냥 자기 기업의 개인정보나 경영정보를 지키는 수준을 넘어서서 국가 기간 체제를 지키는 보다 고차원적이고 종합적인 정보방어 체계를 갖추어야 한다.

전기, 수도, 통신이 끊기게 되면 모든 생활이 버티기 어려울 것이다. 특히 대도시 지역에 전 국민의 반절이 몰려 살고 있다. 집중된 도시의 사회 인프라가 멈췄을 때 국민들이 겪어야 할 혼란과 고통은 실로 엄청날 것이다. 그러니 평소에 사회 인프라와 관련된 모든 기업도 만약의 경우를 대비한 대책을 수립하고 훈련해 두어야 한다.

아마도 암호화폐 거래소의 해킹은 국가 차원에서 지원을 받는 해커들이나 가능할 것이다. 거래소도 나름대로 해킹에 대비해서 여러 안전대책을 수립해서 운영하고 있지만, 적국의 해커들은 이미 국방부 장관의 스마트폰을 해킹하는 실력이다. 암호화폐의 가격이 오르고 코로나로 돈줄이 말라가면서 거래소가 좋은 공격대상이 될 것이다. 어느 날 갑자기 거래소의 공식사이트가 변조되거나 디도스, 랜섬웨어의 공격을 받아 시스템이 먹통되는 날이 올 수도 있다.

특히 방위산업체의 경우 각종 첨단무기에 관한 기밀정보를 잘 관리해야 한다. 부품을 만드는 일부 영세업자나 보안 의식이 흐릿한 경영자들이 있어서 국가적으로 많이 취약한 부문이다. 무기의 제조뿐만 아니라 첨단무기의 운용에서도 해킹에 의한 작동 불능이나 오작동 위험도 있다. 정보는 머물지 않고 흐른다. 흐르는 가운데 약한 부분에서 흘러나간다. 방산업체의 공급망 중 정보보안에 약한 부분이 없도록 잘 대비해야 한다.

적국은 대한민국을 흔들고 방해하고 혼란시키기 위해 모든 수단과 방법을 동원하고 있다. 이제까지의 대한민국에 대한 적대적 기조와 지속적인 사이버 테러들을 종합해 보면, 적국이 다음 전쟁 수단으로 준비하고 있는 것이 사이버 전쟁이라는 것은 명백하다. 적어도 전쟁을 일으킨다면 전쟁 직전에 사이버전을 가장 먼저 시작할 가능성이 크다.

국가 차원의 정보보안 대책이 있겠지만, 기업에서도 기본 인프라가 중단되거나 파괴되었을 때의 대처를 준비해 두어야 한다. 중요 데이터 백업을 전국적으로 분산 저장하거나, 일부는 정기적으로 해외 클라우드에 저장하는 것도 한 방법이다. 민간 기업에서 그런 것까지 신경 써야 하냐고 생각하기에는 우리가 직면하고 있는 안보 현실이 생각보다 절실하기 때문이다.

04

정보기술은 인간에게 어떤 변화를 가져올 것인가?

디지털 전환(DX)

디지털 전환(DX)이란?

　최근에 뜨고 있는 화두 중의 하나인 디지털 전환(DX, Digital Transformation)과 관련하여 글로벌 기업과 기관, 전문가들은 다양한 정의를 내리고 있다.

　레드햇(Red Hat)은 "DX는 기업이 보다 혁신적인 방식으로 더 나은 고객 서비스를 제공하고 가치를 창출하기 위해 변화하는 방식"이라고 말한다. 또 "새로운 기술과 새로운 애플리케이션을 기존 인프라에 통합하여 운영 방식을 근본적으로 변화시키는 것"이라고 했다.

　AT Kearney는 "모바일, 클라우드, 빅데이터, 인공지능, 사물인터넷 등 디지털 신기술로 촉발되는 경영환경 상의 변화에 선제적으로 대응하고, 현재 비즈니스의 경쟁력을 획기적으로 높이거나 새로운 비즈니스를 통한 신규 성장을 추구하는 기업활동"이라고 정의했다.

또 IBM은 "기업이 디지털과 물리적 요소들을 통합하여 비즈니스 모델을 변화(transform)시키고, 모든 산업(entire industry)에 새로운 방향(new directions)을 정립하는 것"이라고 했다.

이상원 교수(경희대 언론정보학과)는 "DX는 개인과 조직 및 사회 전체에 디지털화가 초래한 총제적인 영향으로 파악할 수 있으며, 개인적인 수준에서는 주로 디지털 기술의 사용을 통한 변화를 촉진하며, 조직적 측면에서는 조직(또는 기업) 성과를 위해 디지털 역량을 활용하는 기업(또는 조직) 전략으로 이해되며, 사회적 측면에서는 디지털화의 다양한 긍정적 또는 부정적 영향을 포함하는 개념으로 파악할 수 있다"고 했다.[1]

다양한 정의를 종합해 보면 "DX는 기업이 보다 혁신적인 방식으로 더 나은 고객서비스를 제공하고, 가치를 창출하기 위해 디지털과 물리적 요소들을 통합하여 비즈니스 모델과 비즈니스 프로세스, 그리고 임직원의 인식을 변화시키는 것"이라고 정의할 수 있다.

DX는 하드웨어·소프트웨어·프로세스의 개선, 변화관리(Change Management), 고객경험(User Experience), 직원 생산성 향상, 애자일(Agile)경영 등 코로나 이후의 새로운 시대에 부합하는 경영을 위해 모든 경영 요소들을 업그레이드하는 것이다.

DX의 정의에 함축된 핵심 요소를 다시 정리해 보면, ① 보다 나은 고객

---

1) 이상원 경희대학교 언론정보학과 교수, 디지털 트랜스포메이션 사회와 새 정부의 산업정책 방향, 언론정보연구 54권 4호, 2017년, 35~66. (https://snuicr.jams.or.kr 서울대학교 언론정보연구소)

서비스, ② 새로운 비즈니스 모델, ③ 새로운 비즈니스 프로세스, ④ 임직원의 인식의 변화 등으로 요약할 수 있다.

DX 추진 배경

DX는 최근 기업들의 가장 핫한 이슈로 등장하고 있다. 모든 재벌회사의 회장님들, 금융기관이나 공기업의 경영자들, 통신, 유통, 항공, 제조 등 거의 모든 기업의 경영자들이 DX를 외치고 있다. 왜들 그럴까? 새로운 정보기술 관련 기업들의 약진 때문이다.

4차 산업혁명 얘기가 나올 때마다 항상 인용되는 것이 테슬라의 시장가치가 GM보다, 에어비앤비가 힐튼보다, 아마존이 월마트보다, 구글이 IBM 보다 높다는 것이다. 기존의 대기업들보다 새로운 정보기술 관련 업체들의 발전 속도가 훨씬 빠르고 시장과 고객의 평가도 높다. 그러다 보니 기존 대기업들 입장에서는 당연히 위기의식을 느끼고 뭔가 변신을 해야 한다는 강박 관념을 갖게 된다.

이러한 변화의 지향점이 기존 아날로그 베이스의 회사들이 새로운 디지털 정보기술 회사로 변신하자는 것이고, 이런 변화의 과정을 DX(디지털 전환)라고 부른다.

이미 우리나라도 저성장의 시대에 접어들었다. 이제 잘해야 1,2%의 경제성장에 만족해야 한다. 더군다나 경제가 지속적으로 성장하기 위해서는 인구증가율이 뒷받침을 해줘야 하는데, 우리나라는 OECD 국가 중에 가장 낮은 출산율을 기록하고 있다. 낮은 출산율은 국내 시장의 정체를 가져온다. 정체된 국내 시장은 기업에게 고도의 효율화를 요구한다. 효율화하지 않으면 국내 시장에서의 경쟁력이 떨어지게 되고, 결과적으로 수익률이 악화될 수밖에 없다.

효율화란 무엇인가? 산출물(Output)을 투입물(Input)로 나눈 비율이다. 비율이 높을수록 효율이 높은 것이다. 효율화를 하기 위해서 어떻게 해야 하는가? 제일 좋은 것은 새로운 상품이나 시장을 개발해서 시장을 선점하면 경쟁이 없기에 효율이 높아질 수 있다. 또 하나는 산출물을 늘리거나 투입물을 줄이는 방법이다. 대부분의 기업이 후자를 지향한다. 특히 정부가 인허가를 해 주는 사업을 하거나, 새로운 시장이나 상품 개발이 쉽지 않은 경우에는 전자를 하기 힘들다.

산출물을 늘리거나 투입물을 줄이기 위해서는 어떻게 해야 하는가? 결국 'Do More With Less'를 해야 한다. 모든 업무 프로세스를 리엔지니어링하고 효율에 도움이 되지 않는 요소들을 제거하는 것이다. 모든 투입 요소의 부가가치를 꼼꼼히 따져서 뺄 건 빼고, 더할 것은 더해야 한다.

물론 이 투입 요소에 직원, 팀, 부서의 부가가치 분석이 우선해야 한다. 업무 프로세스 리엔지니어링도 업무의 각 단위를 꼼꼼히 분석해서 단위당 생산성을 측정하고 평가해서 부가가치가 낮은 프로세스는 리엔지니어링을 해야 한다. 전사적으로 업무 프로세스를 리엔지니어링하고 부가가치를 올리는 것, 이것이 바로 DX다.

각 업무의 단위당 생산성을 측정하고 평가하는 것이 쉽지 않다. 많은 DX프로젝트가 용두사미가 되는 중요한 이유 중의 하나이다. 그래서 기존 프로세스를 리엔지니어링하는 것보다 기존 프로세스에 새로운 작은 프로세스를 첨가하는 쪽으로 DX의 방향을 잡는다. 예를 들어, 모바일 환경에서의 생산성을 올리기 위하여 고객과의 접점(UI: User Interface, 사용자 인터페이스) 부문이나 직원들이 쓰는 애플리케이션의 UI 부문만 바꾸는 경우가 많다. 단기간에 변화를 보여 주기에는 화면 바꾸는 일만큼 빠른 것이 없기 때문이다.

각 기업에서 많은 DX프로젝트들이 실행되지만 그다지 효과가 큰 프로젝트가 눈에 띄지 않는 이유는 작은 일부분을 리엔지니어링하거나, UI의 개량에 주력하거나, 기존 프로세스에 패키지를 수정하여 적용하기 때문이다.

정보기술 프로젝트를 넘어서 DX는 전략이고 철학이다. 업에 대한 인문학적 성찰과 본질에 대한 이해, 그리고 지속적인 탐구를 통해서 '왜 이 사업을 하는가'에 대한 신념과 이 사업을 하는 데 필요한 이해 당사자들과의 상생을 도모해야 한다. 그리고 경영의 도덕성을 정립하고, 어떻게 이 신념과 사상과 철학을 조직원들에게 전파할 것인가를 고민해야 한다.

DX는 정보기술 프로젝트가 아니다. 더 적극적으로 얘기해서 주변에서 유행하고 있는 몇 가지 정보기술을 기존 업무에 덧붙이는 것은 더더욱 아니다. 인공지능, 클라우드, 빅데이터가 뜬다고 해서 경쟁사가 도입하기 전에 빨리 도입해야 한다고 초조해할 필요는 없다. 명품 판매점 앞에서 새 상품을 사기 위해 문도 열기 전에 줄을 서서 기다리고 있는 매니아들과 전혀 다를 바 없다.

최고경영자들이 조직원들에게 던지는 화두 정도로 DX를 활용한다면, 이런 DX가 조직의 프로세스를 통째로 흔들고 재정립해서 새로운 가치를 창출하지 못할 것이다. 이렇게 되면 DX 역시 또다시 그동안 전임자들이 추진하던 경영개선 캠페인에 불과할 것이고, 기업의 변신이나 재창업 수준으로는 나가지 못할 것이다.

DX의 추진 방법

DX에서 주의해야 할 점은 DX가 기술주도(Technology Driven)가 되면 안 된다는 것이다. 비록 정보기술의 비약적인 발전으로 DX가 가능해지긴 했지만, 너무 정보기술에 의존하다 보면 왜 DX를 해야 하는지에 대해 혼란을 겪게 된다. 주객이 전도되는 격이다. 항상 기업에서의 혁신이나 변화는 최종 목적이 고객 서비스 또는 고객에 대한 가치 제공이라는 대명제를 잊어서는 안 된다.

그런데 문제는 모든 경영자가 DX를 외치지만 정작 이들 스스로도 DX를 어떻게 해야 하는지, 누가 담당해야 하는지, 어느 정보기술을 채택해야 하는지, 심지어는 자기가 DX에 대해 얼마나 개입해야 하는지를 잘 모른다.

대부분의 경영자가 정보기술에 대해 그저 개념만 알고 있을 뿐이고, 실제로 정보기술을 직접 다뤄 본 사람이 적기 때문이다. 소위 What은 알아도 How는 모른다. 그래서 DX를 추진하면서 제일 애를 먹는 것이 DX해 본 사람을 찾는 것인데, 주위에 그런 사람이 있을 리 만무하다.

최고경영자가 직원들에게 DX를 하라고 지시하는 것은 사실 의미도 없고 DX에 대해 잘 모른다는 것을 스스로 발설하는 것이다. DX는 업무를 재정의하고 효율화하는 여러 방법 중의 하나일 뿐이다. 어느 방향으로 DX를 하자고 해야지 그냥 DX를 하자고 하는 것은 마치 우리가 변화해야 한다고 얘기하는 것과 같다. 조직원들이 방향성에 대해 구체적인 내용이 없는 공허한, 그럴듯한 구호에 감동 받고 이해하고 실행할 것이라고 생각하는 것은 지나친 기대일 뿐이다.

DX는 이제까지 잘해 오던 전통적인 기업들이 지금 잘하고 있는 젊은 기업을 따라잡기 위한 것이다. 그러니 지금도 충분히 잘하고 있는 프로세스를 다시 리엔지니어링하라고 하니 곳곳에서 불만이 터져 나올 것이다. 그래서 변화나 혁신이 힘든 것이다. 지금도 잘하고 있는 기업에서의 DX는 사실 매우 힘든 일임에 틀림없다. 그래서 전체적으로 변화관리가 중요하다.

소리 나지 않고 혁신할 방법은 없다. 그 소리가 무서워 타협을 하면 당분간은 조용할지 모르지만, 결과적으로 조직은 속이 텅 비고 껍데기만 남은 화석이 된다. 외부에서 조금만 충격이 가해지면 바로 무너져 내린다. 지금 글로벌 빅테크들의 무서운 질주를 보라. 보통의 경영자들이 꿈도 못 꾸는 우주개발에 뛰어들고 있지 않은가? 조직원들과 같이 가늘고 길게 가면 서로 좋아 보인다. 그러나 자본주의 사회에서 그런 조직이 오래 살아남을 방법은 없다. 살든지 죽든지 둘 중의 하나다.

기업 망하고 변할 것인가, 아니면 망하기 전에 변할 것인가를 전 조직원들이 이해하도록 지속적으로 교육하고 학습할 필요가 있다. 몇 년만 지나면 정년 퇴임하고, 이번에 연임만 하면 더 바랄 게 없다고 생각하는 사람들이 변화를 앞장서서 끌어갈 리 없다. 그래서 장래가 창창한, 앞으로도 오래 근무해야 하는 젊은 사람들이 변화를 앞장서도록 해야 실질적인 진도가 나갈 수 있다.

DX는 어떤 목표라기보다는 끝없는 여정이다. 기업이 생존하고 성장하기 위해서 DX를 하는 것이다. 변화와 혁신을 멈추는 순간에 자전거 넘어지듯이 기업도 휘청거리게 된다. 지금까지 잘 나가던 많은 회사가 변화와 혁신을 게을리 한 죄로 역사의 뒤안길로 사라졌다. 당연히 직원들도 뿔뿔이 흩어졌다. 이런 슬픈 상황을 막기 위해 환경에 맞게 변하고 혁신해야 하는 것이다.

DX에서 경영자가 챙겨야 하는 것이 또 있다. 각종 규제 준수(Compliance)다. 코로나를 계기로 각종 규제가 추가되었다. 불평등을 해소한다는 법률, 안전사고에 관한 법률, 개인정보 보호에 대한 새로운 규제 등이다. ESG는 규제는 아니지만 ESG경영을 하기 위해서는 내부적으로 정비해야 할 여러 분야가 있다. DX를 할 때 이러한 컴플라이언스(Compliance)에 대해 잘 챙겨봐야 한다.

결론적으로 DX는 생존의 문제이다. 지금 잘 나가는 빅테크 기업들은 별도로 DX를 하자고 하지 않는다는 점을 잘 생각해 봐야 한다. 이들은 태생적으로 정보기술에 비즈니스 프로세스를 입혔기 때문에 따로 굳이 바꿔야 할 기존의 아날로그 타입의 프로세스가 없다.

경영자들이 DX에서 겪는 혼란은 DX가 경영자 스스로가 선두에서 직접 담당해야 하는 업무라는 것을 모를 때 생기는 것이다. 애플, 아마존, 페이스북, 넷플릭스, 테슬라와 같은 기업이 되고, 나아가 이들을 이기고 싶다면서 이들 경영자의 경력과 경험에 대해서는 눈을 감아 버리기 때문이다.

4차 산업혁명을 선도하고 있는 기업의 경영자들은 항상 기업의 최전선에 선다. 경영자의 말 한마디 한마디가 그 기업의 정체성을 그대로 나타낸다. 이들 스스로가 혁신 전도사고 그 산업의 혁신을 주도하고 있는 사람이다. 업계에서 평판 좋은 사람을 스카우트해서 그 사람에게 혁신을 맡기고 있지 않다.

DX를 이끌고 있는 경영자 자신이 혁신이 뭐고, 어떻게 해야 하고, 어디로 가야 하는지 확실하게 안다. 이들은 경영자이기보다는 혁신가, 모험가, 몽상가에 속한다. 전통적인 경영자들과 DNA 자체가 다른 것이다. 이들은 절대 개념적인 얘기를 현란한 수사를 써서 하지 않는다. 당연히 직원이 적어준 원고나 홍보물을 읽어 내리지 않는다. 순수하게 자기 자신의 생각이고, 사상이고, 철학인 것이다.

예전에 잘 나가던 회사들은 바꿔야 할 프로세스들이 많다. DX 추진도 사실 복잡한 프로세스다. 인력도 마땅치 않을 것이다. 그러나 불확실성 속에서 인간의 위대한 지성이 빛을 발하는 법이다. 생존을 위해서 하는 것이 DX다. 생존을 넘어 새로운 차원의 신경영을 하기 위해서 DX가 필요하다. 그러니 경영자들은 DX를 보다 더 절박한 심정으로 진두지휘해야 한다.

DX의 미래

모든 기업이 4차 산업시대를 맞이해서 전면에 내세우는 것이 DX다. DX의 최종 목적지는 결국 지혜로워지는 것이다. 지혜롭다는 것은 후회할 일을 하지 않는다는 의미다. 후회는 잘못된 결정에서 비롯된다. 당시에는 올바른 결정이라고 생각했지만, 지나고 보면 잘못된 결정을 하고 후회하게 된다. 지혜로워질수록 점차 후회할 일이 줄어든다.

그러기 위해서 IoT를 통해서 데이터를 생산하고, 5G로 데이터를 모으고, 클라우드에 데이터를 쌓고, AI로 데이터를 분석하는 것이다. 이 모든 정보기술이 DX라는 방향으로 정렬하면서 추구하는 최종 목적지는 '스마트(Smart)해지는 것', '지혜로워지는 것'이다.

예전 사람들도 미래가 궁금했다. 중요한 결정을 할 때면 더욱 조심스러웠다. 국가나 민족이나 가정의 미래가 걸린 문제에서 어떤 선택을 해야 하면 더욱 그랬다. 그래서 신전에 가서 신탁을 찾았고, 기도를 통하여 신에게 물어보기도 하고, 온갖 종류의 점도 치고, 예언서를 찾아 읽기도 했다.

지금 우리는 어떤 중요한 결정을 해야 할 때 어떻게 하는가? 우리가 문학과 역사와 철학을 배우는 이유가 뭔가? 결국 인간이 그렸던 무늬, 즉 인문학을 통하여 과거의 사례를 준용해 오늘의 문제를 이해하고, 인간의 본성과 이성을 통하여 선택을 하려는 것이다.

우리가 어려운 문제들을 풀 때 처음에는 많이 틀린다. 틀렸던 문제를 자꾸 풀다 보면 언젠가는 맞기 시작하고, 그러다 보면 어려운 문제들이 점점 쉬워지고 틀리는 경우도 적어진다. 우리가 학창시절부터 하던 공부와 경영은 뭐가 다른가? 시험성적이 올라가는 것과 경영실적이 좋아지는 것은 근본적인 이치가 같다.

'지혜로워지는 것'은 자기가 지혜롭지 못하다는 것을 깨닫는 것이다. '아는 것'은 '모르는 것을 아는 것'이다. 그래서 뭔가를 알면 알수록 아는 것보다는 모르는 것이 더 많아지게 된다. 그래서 공부를 많이 한 사람일수록 더욱 겸손해진다. 이미 2,500년 전에 소크라테스가 사람들을 향하여 이미 "유일한 선은 앎이요, 유일한 악은 무지이다", "무지를 아는 것이 곧 앎의 시작이다"라고 설파하지 않았는가? 감히 뭔가를 잘 안다고 하는 것이 얼마나 어리석은 것인지를 깨닫는 것이 지혜다. 그래서 '지혜로운 자'는 '깨달은 자'다.

DX의 미래는 우리 모두가 더욱 더 지혜로워지는 것이고, 지혜롭다는 뜻은 어떤 단계나 목표가 아니라 끊임없이 진실을 추구하는 여정이다. 이 여정에 정보기술이 나침반으로, 지팡이로, 우산으로 쓰이게 될 뿐이다.

정보기술과 일자리

일자리와 '1만 시간의 법칙'

코로나 이후의 각종 통계를 보면, 청년실업자 수가 증가하고 있고, 비자발적 실업자 수가 증가하고 있다. 굳이 통계를 들여다보지 않아도 어느 정도 예측할 수 있는 결과다. 제조업 중 고용창출 지수가 높지 않은 반도체나 2차 전지를 제외하고는 전체적으로 국내외 수요 부족으로 고용이 늘지 않았다. 특히 서비스업이 직격탄을 맞아서 고용이 줄었다. 코로나로 인한 모임 금지, 영업 제한, 이동 제한들의 영향으로 서비스 분야 중 자영업자가 심한 타격을 받은 것은 주지의 사실이다.

일자리 문제를 해결하기 위하여 정부는 공무원 수를 늘리고 공기업을 위시해서 대기업들에게 채용을 독려하고 있다. 물론 창업도 장려하고 있고, 각종 보조금도 지급하고 있다. 그러나 이러한 정부 주도의 실업 해소 노력은 직장인들이 바라는 양질의 일자리 문제를 해결해 주지 못한다.

　실업, 취직, 일자리에 대한 젊은이들의 인식이 변하지 않고는 이 문제는 근본적으로 해결될 수 없다. 경제가 성장한다는 것은 결국에 일자리를 늘리는 것이다. 일자리가 있어야 안정적으로 가정을 이루고, 가정이 안정되어야 출산율도 올라간다. 인구가 늘어야 소비도 늘고, 소비가 늘어야 생산도 는다. 생산이 늘어야 투자도 늘고, 투자가 늘어야 다시 일자리가 더 많이 생기기 때문이다.

　취업이 안 되는 이유는 뭔가? 채용하려는 회사가 원하는 인재가 아니기 때문이다. 실업자가 된 이유는 무엇인가? 월급을 주려는 직장에서 필요로 하는 사람이 아니기 때문이다. 지금도 대학을 졸업하고 여러 군데 취직해서 골라 가는 학생들도 있다. 지금도 헤드헌터사를 통해서 스카우트되는 직장인도 많다. 창업을 한 뒤 투자를 유치해서 밤낮으로 일하는 젊은이들도 많다.

　이들과 나의 차이가 무엇인가? 정말 나는 능력도 있고, 열정도 있고, 준비된 신입사원이고, 준비된 직장인인데, 단지 시기가 나빠서, 운이 없어서 지금 어려움을 겪고 있는 걸까?

　우리 인생은 연속적이다. 어느 날 갑자기 뭐가 되고 안되고 하는 일은 없다. 성공한 사람들이 갑자기 부자도 되고, 영웅도 되고, 스타도 된 것 같지만, 전부터 꾸준히 노력을 해오고 있었기 때문이다. 아무 준비도 안 했는데 어느 날 갑자기 세상에 화려하게 나타나는 경우는 동화나 영화 속에서나 가능하다. 말콤 글래드웰의 '1만 시간의 법칙'이 있다.

어떤 분야의 전문가가 되기 위해서는 최소한 1만 시간 정도의 훈련이 필요하다는 법칙이다. 1만 시간은 매일 3시간씩 훈련할 경우 약 10년, 하루 10시간씩 투자할 경우 3년이 걸린다.[2]

아이돌조차도 7, 8년씩 연습생 생활을 하고, 운동 스타들도 어렸을 때부터 자기 종목에 1만 시간 이상을 쏟아부은 사람들이다. 소질이 있고 적성이 맞으면 스타가 되지만, 그렇지 않다고 하더라도 적어도 밥은 먹고 산다. 직장인들도 마찬가지다. 같이 입사해도 누구는 승진도 빠르고 누구는 한직으로 돈다. 누구는 다른 부서에서 또는 다른 회사에서 서로 데리고 가려 하고, 누구는 서로 꺼린다. 이 차이가 무엇인가?

만약 취업을 준비하고 있거나, 현재 실업 상태거나, 직장은 있어도 많이 화가 나 있는 상태라고 한다면 자기 자신을 한번 돌아볼 필요가 있다. 내가 팀장이라면, 내가 임원이라면, 내가 회장이라면, 과연 나 같은 사람이 회사에 꼭 필요할지, 나를 일 잘하는 직원으로 생각할지 생각해 봐야 한다.

지금 재벌회사 회장들이 3, 4대 자식 세대로 내려가면서 40대 임원들이 약진하고 있다. 이제 60대 사장을 찾아보기 힘들다. 한쪽에서는 정년을 더 늘려 달라고 하지만, 임원들은 더 젊어지고 있다. 앞으로 자기보다 더 나이

....

[2] '1만 시간의 법칙'은 1993년 미국 콜로라도 대학교의 심리학자 앤더스 에릭슨(K. Anders Ericsson)이 발표한 논문에서 처음 등장한 개념이다. 그는 세계적인 바이올린 연주자와 아마추어 연주자 간 실력 차이는 대부분 연주 시간에서 비롯된 것이며, 우수한 집단은 연습 시간이 1만 시간 이상이었다고 주장했다. 이 논문은 다른 수많은 논문과 저서에 인용될 정도로 심리학계에 큰 영향을 미쳤다. 특히 말콤 글래드웰(Malcolm Gladwell)이 저서 《아웃라이어(Outliers)》에서 에릭슨의 연구를 인용하며 '1만 시간의 법칙'이라는 용어를 사용함으로써 대중에게 널리 알려졌다.
([네이버 지식백과] 시사상식사전, pmg 지식엔진연구소)

어린 상사를 모시고 일할 가능성이 점점 더 커진다는 의미다. 적어도 나이를 먹고 오래 근무했었어도 젊은 척해야 이들과 함께 어울리고 일할 수 있다.

젊다는 것이 뭔가? 우선 정신이 젊어야 하겠고, 체력도 강해야 한다. 정신이 젊으려면 지적 호기심을 놓지 말아야 한다. 지속적으로 공부하고 학습해야 지적 호기심도 유지된다. 당연히 자기관리를 철저히 해서 몸과 마음을 항상 최상의 상태가 되도록 유지해야 한다. 신체와 정신의 완벽한 건강함에서 보다 완벽한 의사결정이 가능하다. 그러한 의사결정에 성공할 때까지 강인한 체력이 지속적으로 뒷받침이 되어야 한다.

정보기술의 눈부신 발전은 경영에서 속도가 가장 중요한 요소가 되었다. 경영의 속도는 빠른 의사결정에서 나오는데, 젊은 사람이 나이든 사람보다 뉴노멀에서의 결정이 빠르다. 나이든 사람들은 경험상 신중할 수밖에 없는 반면, 젊은 사람은 과감한 결정을 할 수 있다. 나이든 사람은 실패를 두려워하지만 젊은 사람은 실패를 두려워하지 않는다. 실패는 성공을 위한 또 하나의 피할 수 없는 경험으로 생각하기 때문이다.

코로나로 힘들어진 세상이긴 하지만, 그럼에도 불구하고 1만 시간 이상을 투입하면 거기에서 이 불편한 상황을 돌파할 기회와 힘이 생긴다. 물론 노량진에서 컵밥을 먹으면서 학원 강의를 듣고, 학교 도서관에서 밤늦게까지 공부를 하고, 주말에도 회사 일을 하고 있겠지만, 다시 한번 자기 분야에서 집중적이고 지속적으로 1만 시간을 쓰고 있는지 챙겨봐야 한다.

인생이 고액(苦厄)이고 힘든 것이기는 하지만, 한편으로는 매우 공정하고 공평하다고 생각한다. 뜻이 있는 곳에 길이 있고, 뿌린 대로 거두고, 하늘은 스스로 돕는 자를 돕고, 콩 심은 데 콩 나고, 공짜 점심은 없다. 어쩌면 지금 힘든 시기를 보내고 있다고 한다면, 그 씨앗은 최소한 지난 3년 전부터 뿌려졌다고 생각해야 한다. 1만 시간을 채우려면 하루 10시간씩 3년을 해야 하기 때문이다.

뭔가를 얻기 위해서는 자기 생각보다 훨씬 더 많은 노력을 해야 한다는 말이 한편으로는 가혹하기도 하고, 불만스럽게 들리겠지만 어쩌겠는가? 우리 인생이란 IPO(Input-Process-Output)에서 한 치의 오차가 없다. 꼭 일자리만 그러는 것도 아니다. 건강 유지, 자식 교육, 가정생활, 부부관계, 취미생활, 친구관계, 재산 형성, 신앙생활, 행복 등과 같은 우리 인생에서 필수적인 요소들에도 모두 1만 시간의 법칙이 작동한다. 아는 만큼 보인다고 하듯, 투입한 만큼 거둘 수 있다.

이제 일자리를 논할 때, 나를 어떻게 갈고 닦아 그들이 나를 선택하게 할 것인가를 먼저 생각하자. 좀 시간은 걸리고 힘은 들겠지만, 원하는 직장이나 직업을 구하는 좋은 소식이 있을 것이다. 다행히 직장을 구했다면, 다시 1만 시간의 법칙을 다짐하면서 또 다른 목표를 향하여 하루 10시간씩 3년을 투입하자. 취업이 끝이 아니기 때문이다.

우리가 잘 아는 테슬라와 스페이스X 회사는 세계 최고의 대학에서 제일 성적이 좋은 졸업생들이 주 90시간씩 일을 하고 있다. 하루 16시간씩 주 5일 근무다. 그야말로 잠만 자고 일하는 직장이다. 그런 대도 일하겠다는 젊은이들이 줄을 서 있다. 이런 게 제대로 일하는 거고 제대로 된 직장이다.

최근 들어 프로그램 개발자들이 최고의 성수기를 구가하고 있다. 그래서 여기저기서 코딩을 배우고, 심지어는 CEO들도 코딩을 배워야 한다고 주장한다. 일단 코딩만 할 줄 알면 마치 공무원시험에 합격한 것처럼 평생 잘 먹고 잘 살 것처럼 생각한다. 지금 억대를 주고 모셔간다고 하는 개발자는 이미 코딩에 1만 시간을 썼던 기술자들이다. 코딩을 이제 막 배운 사람을 억대로 주고 데려가지는 않는다. 코딩도 새로운 코딩 언어가 지속적으로 시장에 나오고 있어서 계속 코딩을 학습해 나가야 한다. 학습이 습관이 되고 생활화되어 있지 않으면 이 바닥에서도 생존하기 힘들다.

70, 80년대에는 영어, 일어가 직장인들에게 중요한 능력이었고 무기였다. 선진 문물이 미국과 일본을 통해서 들어오다 보니 영어, 일어를 잘하는 사람은 다른 사람들보다 더 빠르게 정보를 얻을 수 있었기 때문이다. 지금은 소프트웨어가 중요한 시기가 되었다. 소프트웨어는 예전에 외국어가 그랬던 것처럼 이제 뉴노말의 새로운 세계를 만나는 도구가 되었다. 예전의 직장 선배들이 새벽에 어학원을 다녔던 것처럼 이제는 소프트웨어 학원을 다녀야 한다.

프로골퍼 최경주 프로에게 하루에 몇 시간이나 골프를 연습하냐고 물었더니, 그냥 해 뜨면 시작해서 해 지면 끝내기 때문에 몇 시간인지 모르겠다고 했다. 그런데 옆집 사는 프로골퍼 비제이 싱(Vijay Singh)은 자기보다 한 시간 먼저 시작해서 한 시간 뒤에 끝내더라고 했다. 현대의 정주영 회장은 줄 이은 조찬회의 때문에 하루에 조찬을 세 번을 먹은 경우도 있었다고 한다. 대우의 김우중 회장도 시간을 아끼기 위해 출근용 차 속에서 국밥으로 조찬을 해결했다고 한다.

NBA의 코비 브라이언(Kobe Bean Bryant)은 다른 동료 선수들보다 항상 한 시간 먼저 나와서 연습을 하였고, 손흥민 선수는 학생 때 하루에 500개의 슛 연습을 하였다. 권투선수 조 프레이저(Joe Frazier)는 어둠 속에서 혼자한 연습은 밝은 조명 아래서 드러나게 되어있다고 말했다. 지금 LPGA를 휩쓸고 있는 한국의 여자 선수들은 대게 10살 때 골프를 시작해서 25세 전후에 꽃을 피운다. 나이는 어리지만 적어도 10년에서 15년 동안, 그야말로 밥만 먹고 운동한 결과로 세계를 재패하고 있다.

쿠팡은 설립 초기에 임원 회의를 일요일 오후 3시에 했다. 임원들이 바빠서 일주일 중 제일 한가한 시간을 조사했더니 일요일 오후 3시였고, 할 수 없이 그 시간에 임원회의를 하게 됐다고 한다. 이외에도 창업자 중심으로 자기 일에 무서울 정도로 몰입한 일화는 많다. 결국, 그런 정도의 몰입과 열정이 있어야 무엇이든 성공이 가능한 것이다.

어쩌면 일부 젊은이들은 피와 땀과 눈물을 애써 외면하면서 자신의 인생관은 인생에서의 성공이 아니라 자신이 하고 싶은 일을 하면서 조용히 자신만의 삶을 사는 것이라고 할 수 있다. 그 인생관이 잘못된 것은 아니다. 그러나 문제는 평생을 자신이 하고 싶은 일을 하면서 조용히 살려면 그 일에 대해 엄청난 시간을 쓰고, 노력해야 가능하다는 것이다. 하고 싶은 일만 하고 살려면, 먼저 하기 싫은 일을 해야만 그렇게 될 수 있다는 역설이다.

누가 시켜서가 아니라 본인이 열정을 가지고 몰입을 하는 일, 거기에서 우리 인생의 가치도 나오고 의미도 나온다. MZ세대는 충분한 여가와 취미, 일의 성취감, 커리어 성장 등 다양한 가치를 성공 기준으로 둔다. 전쟁을 겪지 않고 비교적 유복한 환경에서 성장했기 때문에 다양한 가치를 가지는 것은 당연하다. 문제는 그 세분화된 다양한 가치를 추구한다는 뜻이 노력 자체를 적게 해도 된다는 뜻은 아니다.

정보기술과 인재 채용

어떤 일이 꼬였을 때 보면 시작이 잘못된 경우가 많다. 선출직을 처음 뽑을 때 대충 뽑아 놓고 나중에 후회들 한다. 일단 선출되면 다시 되돌리기 어렵다. 그래서 처음 뽑을 때 꼼꼼하게 보고 잘 뽑아야 한다. 회사에서 사람을 뽑는 것도 마찬가지다. 회사 나름대로 직원의 수준에 대한 기대치가 있어서 어떤 회사든 지원자 중에 제일 좋은 직원을 뽑고 싶어 한다. 그러나 실제로 정말 좋은 직원을 뽑았냐고 봤을 때, 그렇다고 대답하기 힘들다.

면접에서는 인상 좋고 말 잘하고 자신감 있는 것이 매우 중요하다. 문제는 이런 짧은 면접에서 뽑힌 직원이 정말 회사에서 원하는 인재냐고 봤을 때, 사실 많은 의문이 든다. 짧은 면접을 보완하기 위하여 집단 토론, PT, 워크숍도 하지만, 결국에는 여기에서도 스펙이 좋고, 인상 좋고, 말 잘하고, 자신감 넘치는 지원자가 뽑힐 가능성이 크다. 달리 딱히 기업에 맞는 인재상이라는 것도 없다. 그저 자기 눈에 괜찮아 보이는 지원자를 뽑을 뿐이다.

이제 코로나로 대면 면접을 보는 것도 힘들게 되었다. 그래서 요즈음은 온라인으로 적성검사를 치르고, 인공지능으로 면접을 본다. 인공지능 면접이란 주어진 시간 안에 인공지능이 면접 대상자의 표정과 목소리, 언어 등을 실시간으로 분석하여 종합적인 평가를 하는 새로운 형태의 면접 기법을 말한다. 웹캠과 마이크가 내장된 컴퓨터를 이용해 면접이 이루어지면 자기소개, 성향 파악 질문, 상황 대처 질문, 전략 게임, 심층 질문 등으로 면접이 구성된다.

기업들이 인공지능을 쓰는 이유는 수많은 지원자의 모든 서류를 직원이 직접 읽어 볼 수 없기 때문이다. 취업이 어렵고, 학력이나 지역을 기재하지 않는 블라인드 채용을 하다 보니 지원 자체를 막을 방법이 없다. 그래서 신입사원 경쟁률이 100대 1은 쉽게 넘는다. 대학을 졸업한 지원자들의 자기소개서나 이력서를 최대한 다르게 쓸려고 노력하지만, 학교에 다닌 것 말고는 특별한 경력이 없기 때문에 기본적으로는 다 비슷하다. 수천 장의 자기소개서를 인사부 직원이 기한 내에 읽고 처리하기는 이제 불가능하다. 금융권이나 공기업에서는 헤드헌터사에 아예 외주를 주지만, 과연 헤드헌터사도 자격 있는 직원이 제대로 읽고 평가하는지 의문이다.

인공지능이나 빅데이터는 평균 이상인 직원을 채용하는 데 도움이 될 수 있어도 특출난 인재를 채용하는 데는 도움이 안 된다. 지원자 수가 많고, 채용 공정성을 지나치게 따지다 보면 인공지능이 인재를 뽑는 용도라기보다는 지원자의 대부분을 우선 걸러내는 용도로 쓰이고 있다. 현재의 채용제도를 그대로 두고 직원을 뽑으려 하니 정보기술을 동원하긴 하지만 기업이 원하는 정말 잠재력 있고 도전적인 젊은이들을 뽑기는 힘들다.

서양에서는 교수나 전 직장의 상관이나 동료의 추천이 매우 중요하다. 실제로 겪어 본 사람의 평가가 비교적 정확하기 때문이다. 우리나라에서는 이런 사회의 저명인사 추천을 채용비리로 보기 때문에 적용하기는 힘들지만, 정말 인재를 원한다면 상품을 살 때 사용자 평가를 중시하듯이 인재도 써 본 사람의 평가를 참조하는 것이 바람직하다. 다만 추천을 권력자가 비도덕적으로 쓰기 때문에 문제인 것이다. 보다 공개적으로 추천 제도를 활용하면 오히려 그게 더 공정할 수도 있다.

지금 빅테크 기업들은 경력사원을 선호한다. 대졸 신입직원을 뽑아 봐야 바로 업무에 투입하기 어렵다. 최소한 2, 3년은 교육을 시켜야 하는데 내부에 교육을 시킬 사람도 없고, 기업이 예전처럼 차분히 사람을 키울 여력이 없기 때문이다. 경력사원을 선호하는 이유는 경력사원의 능력이 어느 정도 직장생활을 통해 검증되어 있어서 채용에 따른 위험 부담이 훨씬 적어지기 때문이다.

정말 채용을 자유롭게 잘하려면 퇴사라는 퇴로가 열려 있어야 한다. 지금 많은 회사에서 나이든 직원들을 이러지도 저러지도 못하고 있다. 해고도 어렵고 생산성을 올리기도 어렵다. 이런 직원들은 진급할 생각도 아예 없고, 마냥 정년퇴직까지 회사를 다녀야 한다는 강박관념을 가지고 시간만 보내고 있다. 스스로 나가지도 않고, 새로운 일을 찾아서 도전하지도 않는다. 월급과 복리후생은 해가 갈수록 올라간다. 생산성과는 직접적인 관계가 없다. 직원들이 부담되기 시작하면 기업의 미래가 어두울 수밖에 없다. 채용과 퇴사는 동전의 양면이다.

미국 월가에서 20조 원 자산을 관리하는 회사에 다니는 30대의 젊은이를 안다. 입사하기 전에 한 달에 걸쳐서 7번 넘게 면접시험을 봤다. 입사한 지 2년 동안 아주 고된 훈련을 받았다. 지금도 보고서를 쓰면 파트너들이 꼼꼼하게 챙겨보고 잘못된 점을 지적하고, 분기별로 개인 코칭을 하고 개선 노력을 피드백해야 한다. 입사 후 5년 동안은 파트너가 한 달에 한 번 불러서 점심을 먹으며 쪽지시험을 본다고 한다. 책상에서 점심, 저녁을 먹어 가면서 하루에 16시간씩 일한다. 나름 좋은 학벌을 가지고 열심히 하는데도 힘에 부쳐 한다.

모든 산업에서 신입직원을 그렇게 뽑고 이처럼 훈련시킬 수 없다고 하겠지만, 산업의 종류나 신입사원의 수가 문제는 아니다. 회사의 인재에 대한 집념의 문제다. 이렇게 좋은 사람을 뽑고, 지속적으로 훈련시키고, 도전해서 성취감을 맛보게 해야 한다. 이렇게 하지 않으면 10년, 20년 뒤에 직원이 자산이 아니라 부채가 된다.

MZ세대 젊은이들 중 능력 있는 직원은 한 회사에 평생 다닐 거로 생각하지 않을 것이다. 새로운 직장에서 새롭게 도전을 즐기면서 일을 하고 싶을 것이다. 어쩌면 이런 직원들이 진정한 인재고 생산성도 높을 수 있다. 한 직장에서 편하게 오래 다니고 싶다는 사람은 일단 디지털 인재가 아니다. 철저한 자기관리와 지속적인 도전, 꾸준한 능력 개발로 경력을 쌓아 가는 사람이 디지털 시대의 인재이고, 기업도 이런 젊은이를 처음부터 뽑아야 한다.

젊은이들이 공무원시험에 몰리는 것에 대해 우려의 목소리가 크다. 청운의 꿈을 꾸고 국가의 발전에 기여하겠다는 젊은이들은 오히려 격려를 해 줘야 한다. 문제는 도전적이고 창의적이고 열정적이어야 할 젊은이들이 일단 시험만 되면 정년퇴직까지 안정적이다는 평범함을 추구하고 있다는 것이다. 디지털 시대에 평범하고 평균적이고 일반적인 것은 가치를 인정받지 못한다. 진정한 인재는 평범함을 부정하고 탁월함을 추구하는 사람이다.

산업마다 인사관리의 특성이 있겠지만, 인재의 중요성은 어느 산업이나 동일하다. 많이 뽑고 알아서 나갈 사람은 나가고, 버틴 일부 직원만 골라서 키우는 것은 디지털 시대의 인사관리로는 맞지 않는다. 이제는 전문가의 시대다. 단순반복적인 행정업무는 로봇이 한다. 다량의 데이터를 분석하는 것은 인공지능과 빅데이터가 한다. 특별한 것에 대한 편집증적인 집착을 가져야만 전문가가 될 수 있다.

인공지능과 일자리

정보기술이 여러 방면으로 개발되고 발전하면서 인간들의 생산성을 크게 높여 주고 있다. 정보기술을 활용할 줄 아는 사람의 생산성은 높아지고, 그렇지 못한 사람의 생산성은 상대적으로 낮아지고 있다. 그래서 생산성 높은 사람이 생산성 낮은 사람의 일을, 생산성 높은 기업이 결과적으로 낮은 기업을 M&A하고 있다.

정보기술의 꽃이라고 하는 인공지능은 우리가 전통적으로 가지고 있던 일자리의 개념을 흔들어 놓고 있다. 정보기술과 일자리의 논의는 항상 인공지능에 의해 일자리가 없어진다는 것과, 인공지능에 의해 또 다른 일자리가 생겨날 것이라고 귀결되고 있다. 그런데 일자리 수로만 보면 생겨날 직업보다 없어지는 숫자가 더 많다.

인공지능이 퀴즈, 바둑, 게임에서 인간을 이기고, 포털 뉴스의 알고리즘을 개발하고, 콜센터에서 채팅을 하고 있다. RPA(Robotics Process Automation)로 사무직들의 일을 대체하고, 자율주행차로 기사들을 대체하고, 병원에서 의사들의 진단을 도와주고 있다. 이러한 인공지능의 역할이 점차 증대되면서 그 일을 하던 인간들의 일자리가 점차 위협을 받고 있다.

IBM의 최고경영자 지니 로메티(Ginni Rometty)는 다보스포럼에서 "4차 산업혁명 시대를 움직이는 주역은 새로운 교육방식으로 양성된 '뉴칼라(New Collar) 계급'이라며, 뉴칼라 인재의 중요성을 거듭 강조했다. 뉴칼라란 새로운 것을 창조하고 연구 개발하는 능력이 뛰어난 계급이다. 이제 '화이트칼라', '블루칼라'라는 구분이 의미가 없게 되었다.

인공지능이 이제 단순 반복업무뿐만 아니라 일부 전문직 분야까지 진출하고 있다. 2018년 한 해에 SCI(Science Citation Index, 과학논문인용지수) 논문은 전 세계적으로 252만 편이 발표되었다. 이는 1분에 4.8건의 논문이 발표되고 있다는 뜻이다. IBM의 인공지능인 왓슨은 선진 의료기관의 자체 제작 문헌과 290종의 의학저널, 200종의 교과서, 1,200만 쪽의 전문자료를 분석해서 의사에게 치료방법을 제시하고 있다.

인공지능이 단순 반복의 업무를 대신하거나 인간의 생산성을 올리는 일을 도와주는 수준에서 벗어나 이제는 인공지능이 없으면 시간이 더 오래 걸리거나 비용이 더 드는 일들이 많아졌다. 지금 우리 시대의 전문가라고 하는 변리사, 변호사, 회계사, 의사, 판사, 건축가, 기자들의 일에서 인공지능이 중요한 역할을 하고 있다. 심지어는 인간 고유의 영역인 예술 분야에서조차 인공지능을 활용하고 있다. 그런 의미에서 지금의 어떤 일자리도 미래에는 어떤 형태가 될지 예측하기 힘들다.

정도의 차이는 있지만 어떤 직업도 인공지능에 의한 일자리 대체를 예상하고, 자신의 일자리가 언제쯤 위협받을지 미리 판단하고 미리 준비해야 한다 이를 위해 각 개인이 개발해야 할 역량은 통합적 판단, 분석력과 의사결정 소통 능력이다. 데이터 과학자나 화이트 해커, 소프트웨어 개발자들이 이 부류에 속한다.

사회적 차원에서 중요한 건 각 개인이 어떤 직업과 역량을 갖추느냐 하는 문제가 아니라 사회 전반적으로 인간의 역할이나 인간 일의 가치를 어떻게 평가하느냐 하는 문제다. 이에 따라 노동 평가 체제도 단순히 경제적 부가가치를 높이는 일에 대해서만 가치를 부여하고 임금을 지급하는 데서 벗어나야 한다. 사회적 대가를 지급할 인간의 일이나 역할을 다양하게 규정하고 그에 따라 적절한 대가를 지급하는 체제로 전환될 필요가 있다.

인공지능 기술은 출산율 저하와 고령화 현상에 따른 생산가능인구 감소 문제를 해결하는 데 도움이 될 것이다. 또한 향후 현대인의 일상은 물론 산업 분야 곳곳에 깊숙이 침투해 현재 인간이 수행하는 일의 상당수를 대체할 전망이다.

새로운 일자리를 창출하기 위한 기존 인력 재교육, 근로시간 감축과 고용구조 변화를 고려한 노동시장 재편, 인공지능으로 대체될 수 없는 노동 가치 제고 노력 등이 어울러진다면 인류 삶의 질은 한층 높아질 것이다.[3]

준비가 안된 기존 노동자, 자영업자들이 인공지능으로 일자리를 잃고 곧바로 실업자가 되는 것을 막기 위해서 사회시스템 구축이 필요하다. 새로운 직업으로 전환하도록 새로운 교육 모델을 만들고 공공부문과 민간부문이 함께 진행하는 국가 일자리시스템을 만드는 것이 필요하다. 즉 교육을 통해 노동자들이 AI 시대 새로운 일자리에 적응하도록 돕는 것이 정

....

3) 삼성전자 조성배, "인공지능이 바꿀 일자리 판도, 어떻게 대처해야 할까?"

부와 기업이 해야 할 일이다.[4]

인공지능과 일자리의 유불리를 따지는 것은 어쩌면 의미 없는 논쟁일 수 있다. 어차피 사회환경도 변하고, 산업도 변하고, 기업도 변한다. 모든 것이 멈추지 않고 지속적으로 변하고 있다는 관점에서 어차피 겪어야 할 변화에 따른 혼란에 대한 대응일 뿐이다. 인간의 일자리를 빼앗는다고 해서 인공지능의 개발을 막고 정보기술의 발전을 멈출 수 없다. 당연히 멈춰지지도 않는다.

인공지능과 일자리의 문제는 우리 스스로가 어떻게 변화에 적응해 가느냐의 문제다. 인공지능이 우리에게 변화를 강요하는 것으로 생각하면 안 된다. 인공지능이 변화를 촉발시킨 것은 맞지만, 다른 모든 정보기술도 결과적으로 인간의 일자리를 한편으로는 돕고, 또 한편으로는 빼앗아 갈 것이다.

그러니 국가, 사회가 시스템적으로 우리의 일자리를 보호하고, 사회적 탈락자들을 구제하는 것을 기다리거나 기대하면 안 된다. 단기간에는 좀 도움은 되겠지만 궁극적인 해결책은 아니다. 우리 개인이 변화를 당하기보다 변화를 스스로 만들어나가겠다고 생각하는 것이 훨씬 합리적이다. 그렇게 되면 보다 긍정적인 해결책을 만들 수 있을 것이다.

....

4) 김건우, "인공지능에 의한 일자리 위험진단", LG경제연구원

정보기술과 양질의 일자리

취업난, 고용불안, 가계소비 부채 증가, 장년층의 일자리 문제 등을 해결하기 위하여 '양질의 일자리'를 많이 창출해야 한다고 말한다. 아마도 양질의 일자리란 고용 불안도 없고, 월급도 먹고 살 만큼 주고, 직원들 복리후생도 좋고, 근무 스트레스도 적당하고, 그래서 정년퇴직할 때까지 다닐 수 있는, 그런 일자리를 말하는 것 같다. 직원들 입장에서는 양질의 일자리가 제공된다면 마다할 이유가 없다. 그러나 양질의 일자리라는 말은 정치인들의 단골 립서비스일 뿐이다.

공무원과 일부 전문직을 제외하고는 모든 직장인이 기본적으로 실직의 공포가 가슴에 내재해 있다. 고위 공무원들조차도 후배가 자기 위로 진급하면 알아서 퇴직해서 공기업으로 옮긴다. 고용 관계에서는 모든 근로자가 당당한 척하지만, 속으로는 항상 불안해하는 것이 기본적인 속성이다. 노조가 있다고 해도 노조 스스로 명예퇴직 프로그램에 합의를 해주고 있지 않는가. 어느 회사든 모든 근로자를 양질의 일자리라는 이름으로 무조건 오랫동안 고용할 방법은 없다.

양질의 일자리는 '양질의 직원'을 전제로 한다. 직원이 양질이 아닌데 회사가 양질의 일자리를 제공할 방법이 없다. 그래서 양질의 일자리를 제공해야 한다는 명제는 근로자들이 회사 입장에서 양질의 직원이 되고자 상호 노력할 때 가능하다.

양질의 직원이 되기 위해서는 한마디로 월급값을 하면 된다. 받는 월급만큼 또는 그보다 많이 부가가치를 창출해서 회사의 수익에 기여하면 된다. 회사와 근로자는 서로 계약관계이다. 듣기 좋게 한 가족이라고 하지만, 사실 따지고 보면 근로계약서 외에는 서로 공통분모가 없다. 회사를 한번 옮기면 옮기기 전 회사에 짬깐 들리는 것조차 불편해지게 된다.

중년이 넘은 오래된 직원들이 이 회사에 내 청춘을 바쳤다고 얘기하지만, 고용자 입장에서는 젊었을 때는 열심히 일했지만 지금은 체력이 달려서 그렇게 못한다는 소리로 들릴 뿐이다. 많은 직원이 이 회사에 오래 다녔고, 그동안 회사에서 하라는 대로 일했으니 이제는 회사가 나를 책임져야 한다고 주장한다. 공무원 연금 개혁 때도 나온 얘기지만, 공무원 생활하면서 민간 기업에 비해 월급이 적었으니 퇴직 이후에라도 연금으로 보상해줘야 한다는 얘기들을 한다.

회사와 나는 단지 냉혹한 고용관계일 뿐이다. 내가 가치가 있다고 생각하면 월급을 주고 고용하지만, 내가 잠시라도 빈틈을 보이면 회사는 어떤 명목을 붙여서라도 퇴출시키려고 한다는 것을 확실하게 이해해야 한다.

개인도 그렇지만 회사도 내일 또는 내년에 어떻게 될지 아무도 모른다. 특히 코로나 이후에 불확실한 경영 환경하에서는 오직 오늘만 있을 뿐이다. 대학 졸업자들이 대기업, 글로벌 인터넷 기업에 취업하려고 애쓰고 있지만, 이 또한 잘하는 선택인지 아무도 모른다. 또 회사가 잘 나간다고 해서 나도 덩달아 잘 나갈 거로 생각해서도 안 된다. 남들이 부러워하는 직장에서 많은 직원이 언제 사표를 낼지 고민하고 있다. 원하는 직장에 입사했다고 해서 자기가 하고 싶은 일을 하는 것도 아니다. 또 자기가 오래 근무하고 싶다고 해서 오래 근무할 수 있는 것은 더욱이 아니다.

결론은 직장에서의 모든 선택은 결국 자기 자신에 달린 것이다. 인사는 상사가 하는 것이 아니라 자기 자신이 하는 것이다. 회사에 막연하게 기대거나 요구만 해서는 안 된다. 회사는 법인이지 개인이 아니다. 설령 오너(owner)가 있다고 해도 오너가 개인들과 끈끈한 관계를 맺을 가능성은 거의 없다. 그런 관점에서 보면 회사는 오너의 것도 아니고 사장의 것도 아니고, 그냥 개인들이 모여서 비전이나 경영목표를 위해 일하고, 망하면 바로 헤어지는 조직일 뿐이다.

양질의 일자리라는 말 자체가 잘못된 것이다. 회사원들이 양질의 직원이 되기 위해 노력하면 노력한 만큼 회사에서 그저 월급 주고 고용해 줄 뿐이다. 회사가 직원을 위해 일자리를 제공해 주지 않는다. 회사는 회사를 위해서 직원들을 고용하고 있을 뿐이다. 그러니 양질의 일자리를 제공한다는 말 대신에 우리 스스로 양질의 직원이 되자는 말로 바꿔야 한다.

높은 연봉에, 전망 좋은 산뜻한 사무실에서, 헬스클럽도 있고, 낮잠 자는 시설도 있고, 탁아소도 있고, 재택근무도 하니, 이게 바로 양질의 일자리라고 생각할 것이다. 과연 그럴까? 이런 환경을 만들고 유지하는 데 얼마나 비용이 많이 들어 가는지 알고 있는가? 이런 환경에서 일하는 직원은 그렇지 않은 곳에서 근무하는 직원의 2배, 3배의 부가가치를 내야 한다. 그렇지 않으면 회사가 그 직원을 끝까지 유지할 방법이 없다. 이솝의 '도시 쥐와 시골 쥐'의 우화와 똑같다.

결국 모든 일자리에서의 대우와 환경은 자신이 하기 나름이다. 더 정확하게 얘기 해서 자신을 어떻게 만드느냐에 달려 있다. 코로나로 비대면과 재택근무가 되면서 더욱 성과에 대한 투명성이 높아졌다. 성과는 없지만 열심히 일했다는 동정론이 발붙일 틈이 없게 되었다.

자기 스스로 양질의 직원이 되어야 양질의 일자리를 가질 수 있다. 하늘은 스스로 돕는 자를 돕는다는 것 역시 또 하나의 자연법칙이다.

정보기술과 생산성

대기업들의 수익성은 악화하고 있는데 근무 인력들이 고령화되면서 연공서열 때문에 인건비는 꾸준히 오르고 있다. 수익을 올리는 방안도 난망하고 인건비를 직접적으로 줄이는 방안도 난망하다. 마지막 남은 방법이 생산성을 올리는 방법뿐이다.

그래도 생산성을 올려서 기업들의 수익성 저하 문제를 해결할 수만 있다면 사실 천만다행이다. 암환자 병동에서는 수술을 받으러 실려 나가는 사람이 제일 부러운 사람이라고 한다. 그래도 수술이라는 희망이라도 있기 때문이다. 생산성을 올리면 인건비 문제가 해결되고 수익성도 개선된다는 것을 모르는 경영자는 없다.

하지만 이 부분에 주력하고 있는 경영자도 많지 않다. 왜냐하면 생산성을 올리는 문제는 마치 암환자에게 생활 습관을 바꾸고 면역력을 올려서 건강을 회복하라고 하는 것이다. 이는 말기 암환자나 통증이 심한 사람에게는 안 맞다. 하지만 다른 대안이 없으면 지금이라도 습관을 바꿔야 한다.

특히 대기업 직원들의 학벌을 보면 정말 대단하다. 대학이든 고등학교든 모두 학교에서 공부를 잘해 추천받아 채용된 사람들이다. 상대적으로 고용이 안정된 국책은행이나 금융공기업의 경우는 직원들 학벌이 정말 좋다. 생산성을 올려서 인건비 문제, 수익성 문제를 해결하자고 하는 것은 바로 이들의 자질이 뛰어나기 때문이다. 이렇게 똑똑하고 성적이 좋았던 직원들이 대기업에 입사하고 난 뒤 20, 30년이 지난 지금, 한 분야에서 일가를 이룬 프로페셔널(professional)이 된 것이 아니라 대표적인 제너럴리스트(generalist)가 된 것이다.

경영자들은 바로 이 대목에 관심을 가지고 해결책을 내놓아야 한다. 왜 똑똑한 사람들이 조직에 들어와서 그 나름대로 열심히 일했는데도 그저 그렇고 그런 사람이 되어 노후에 대한 고민으로 밤잠을 설치게 된 걸까? 이들이 예전 학창시절에 그랬던 것처럼 스스로 열심히 공부해서 동기생들보다 성적이 좋은 것에 뿌듯함을 맛보게 해줄 수는 없는 것인가?

만약 학창시절의 성공체험이 있는 이들에게 내적 동기만 부여할 수 있다면, 그리고 스스로 자기계발을 위한 노력을 하도록 조직이 도와줄 수만 있다면 이들이 단지 나이 들었다는 이유만으로 거리에서 찬바람을 맞을 일은 없을 것이다.

이들을 단순 사무직으로 만들어서 부가가치가 낮은 업무만 시킨다든지, 순환보직이라는 이름으로 이들을 평범한 행정 요원으로 만든다든지, 열심히 하나 대충하나 월급도 같고 진급도 같게 한다든지, 잘하려고 한 일을 규정대로 안 했다고 징계를 해서 다시는 색다른 생각을 못하게 한다든지, 창의성을 발휘하면 위험한 인물 취급한다든지 등 이렇게 하면 이들이 생산성을 올리기 위해 무슨 노력을 하겠는가?

전체적인 분위기와 문화가 자동화된 연탄공장같이 되어있는데 어떻게 개인이 튀려는 노력을 할 수 있겠는가? 그래서 경영자들이 제도적으로 직원들 각자가 자기계발을 통해 자기의 부가가치를 높이려는 노력을 하도록 만들어 줘야 한다. 모든 인사제도는 다 장단점이 있다. 제도만 가지고 문제를 풀 수는 없다. 조직의 노력만으로 직원들의 생산성 문제를 해결할 수는 없다.

인사제도도 본인의 자발적인 노력과 지속적인 헌신을 기반으로 꽃피울 수 있다. 경영자들은 생산성 문제를 직시하고 장기적인 관점의 대책을 수립해서 지속적으로 실행해 나가야 한다. 직원들은 일과 삶의 균형이니, 소확행이니, 저녁 있는 삶이니 하는 소리보다 자기 자신과 미래를 위해 남들보다 더 피나는 자기계발 노력을 해야 한다. 그렇지 않으면 뒷자리에 앉아서 투명인간 취급을 받는 선배들의 모습이 바로 자신의 미래 모습이라는 것을 알아야 한다.

직원들의 생산성을 올리는 데 정보기술은 필수적이다. 상향의지가 있는 직원들이 정보기술을 익히고, 활용하고, 자신의 경쟁 무기가 되도록 경영자는 학습기회를 마련해 줘야 한다. 사실 일반 대졸자들이 정보기술을 입사 전에 배우고 입사 후에도 지속적으로 업데이트하기에는 현실적으로 쉽지 않다. 정보기술도 하루가 다르게 발전하고 있다. 결국에는 끊임없이 학습하는 것 이외에는 방법이 없다. 경영자가 직원들에게 학습의 중요성과 학습에 대한 내적 동기를 불러일으켜야 한다.

학습을 통한 정보기술을 업데이트하지 않은 직원들은 그들 스스로는 자기가 뭘 잘못했는지 모르고 있을 것이다. 회사 일을 열심히 하기만 하면 장래가 보장되는 것으로 알 것이다. 그러니 회사한테 자기 책임지라고 큰 소리치는 것 아니겠는가? 그러나 그 외침을 듣고 해결해 줄 사람은 없다. 결국 자기 스스로가 자기관리에 소홀했던 업보를 고스란히 받아들이는 수밖에 없다.

고령화되어 가는 사회에서 내부적으로 고령화가 문제가 되는 것은 고임금에 비해 생산성이 낮기 때문이다. 임금 수준에 걸맞은 부가가치를 창출할 수 있다면 나이 든 것이 개인적이나 사회적으로 오히려 축복이 될 수 있다. 그러니 한 살이라도 젊을 때 부지런히 자기관리하고 정보기술에 대한 학습을 통해 자기 자신의 경쟁력을 높여 놓아야 한다. 스스로의 부가가치를 높이려는 직원에 대해 경영자는 물심양면으로 지원해 줘야 한다.

정보기술과 학습

2016년 3월에 있었던 알파고와 이세돌 9단의 바둑대결 덕분에 인공지능이 널리 알려지게 되었다. 그렇지만 인공지능이라는 말이 처음 세상에 나온 것은 지금으로부터 65년 전이다. 1956년 다트머스대학의 존 매카시(John McCarthy) 교수가 "인공지능은 인간의 지능으로 할 수 있는 사고, 학습, 행동, 자기계발 등을 컴퓨터가 할 수 있도록 연구하는 것"이라고 정의했다.

알파고 이전 이미 오래전부터 컴퓨터가 특정 영역에서 인간을 이기고 있었다. IBM의 왓슨이라는 인공지능은 퀴즈 프로그램에서, 딥블루는 체스

대결에서 인간을 이겼다. 바둑이 경우의 수가 많다는 점 때문에 인간과의 대결에서 승리한 것이 인상적이기는 하지만, 사실 인간을 이기는 것은 시간문제였다. 앞으로 어떤 특정 종목이든 간에 인간과의 대결에서 컴퓨터가 이기는 것은 당연해질 것이다. 심지어는 문학, 음악, 미술과 같은 분야에서도 인간을 능가할 수 있다.

그동안 컴퓨터의 가장 큰 약점은 고양이와 강아지를 구별하지 못한다는 것이었다. 사람은 인지가 깨우쳐지는 3살만 넘으면 고양이와 강아지를 자연스럽게 구별하지만, 컴퓨터는 구별하지 못한다. 다시 말해서 일정한 규칙을 따르는 수치 계산은 천문학적 속도로 할 수 있지만, 패턴을 구별하는 것은 정해진 규칙을 기반으로 하는 것이 아니라 감각적인 인식의 문제이기 때문이다. 그러나 최근 과학자들은 컴퓨터의 최대 약점이던 이 문제도 강화학습(Deep Learning)을 통해서 해결했다

사실 인공지능이라고 말하지만, 구체적으로는 딥러닝(Deep Learning)이다. 딥러닝은 지속적으로 학습해서 전보다 더 정확하게 인식하고 생각하게 하는 것이다. 우리 인간도 가정에서, 학교에서, 사회에서 매일매일 배워간다. 어떤 사람은 배워서 계속 진보하는 사람이 있고, 어떤 사람은 배워도 그대로인 사람이 있을 뿐이다.

플라톤은 향연에서 "어떤 지식은 우리 속에서 사라지며, 어떤 다른 지식이 생겨 남으로써 지식에 있어서도 우리는 언제나 동일한 것이 아닐뿐더러, 또한 그 지식 하나하나를 두고 보더라도 동일한 일이 생기고 있는 거예요. 그래, 학습이라 하는 것도 지식이 도망쳐 버린다는 것을 전제하고 있는 겁니다. 잊어버린다는 것은 지식이 우리에게서 떠난 넋이요, 학습이란 도망쳐

버리는 것 대신에 새로운 지식을 집어넣어 우리의 지식이 그전과 다름없는 것인 양 보이게 하는 거지요."라고 말했다. 학습의 중요성을 이미 그리스 철학자들이 강조하고 있다.

컴퓨터는 집중력, 기억력, 성실성에서 인간과 비교할 수 없을 정도로 능력이 뛰어나다. 다만 창의성이 문제가 되겠지만 창의성을 수많은 과거 사례를 종합하고 최선의 대안을 찾아내는 학습능력으로 보완하고 있다.

거기에다가 컴퓨터는 인간들이 가지고 있는 감정의 불안정함을 가지고 있지 않다. 결과론적이지만 시간이 문제였지 이세돌을 이긴 것은 전혀 뉴스거리가 되지 않았을 것이다. 집중적인 학습이 가져온 너무나 당연한 결과이기 때문이다. 이제 어떤 바둑 기사도 컴퓨터에 도전장을 던지지 못한다.

이미 머신러닝, 딥러닝을 통하여 스스로 프로그래밍을 하는 컴퓨터가 나오고 있다. 스스로 목적을 정의하고, 스스로 학습하고, 스스로 잘못된 점을 보완하고, 스스로 개선해 나가는 그런 컴퓨터를 말한다. 이런 컴퓨터가 정말 '나'라는 개념을 갖게 되면 스스로가 완벽을 위해서 무서운 속도로 진화해 나갈 것이다. 그것도 먹지도, 쉬지도, 잠도 자지 않고 학습을 할 것이다.

우리가 이세돌과 알파고의 대결을 통해서 우리 스스로 배워야 할 것은 학습의 중요성이다. 인간이 생물학적으로 진화하는 것도, 인류 역사가 진보하는 것도 다 과거의 사건과 기억, 교훈과 진리를 연구하고 공부하고 학습한 결과이다. 우리는 학습을 통하여 지식을 쌓고 한 걸음 더 나아가 학습을 통하여 지혜로워져야 한다.

현실적으로 2015년 열린 세계경제포럼 다보스에서 앞으로 5년간 기존의 일자리 700만 개가 사라지고 새로운 일자리 200만 개가 창출되어, 결과적으로 500만 개의 일자리가 사라지는 내용을 담은 보고서를 발표했다.

단순한 검색만 하고, 시간만 때우고, 머리 쓰기 귀찮아하고, 끊임없이 학습하는 데 게을리하는 사람들에 대한 경고이고 위협이 될 것이다. 새로운 디지털 환경에서 생존하는 법을 학습하지 않는 사람들은 직업 자체가 위협을 받을 것이다. 이렇게 되면 이런 사람들의 가정의 안녕과 평화가 흔들리게 되고 신세를 한탄하게 될 것이다.

'일일신 우일신(日日新 又日新)'하는 자세로 빠르게 세상의 새로운 지식을 학습을 통해서 따라잡아야 한다.

조기 교육의 중요성

밀레니얼 세대(Y세대), Z세대는 80년, 90년, 2000년대에 탄생한 세대들이다. 지금 나이로 20, 30, 40세까지다. 정말 뭐든 꿈꿀 수 있고, 뭐든 이룰 수 있을 때이다. 이런 나이의 젊은이들이 이제 우리 사회의 중심축으로, 소비자의 중심축으로, 기업의 중심축으로, 정치의 중심축으로 부상하고 있다. 이들이 중요시하는 것이 개인의 행복, 가정의 행복이라고 한다.

네이버 지식검색에서는 밀레니얼 세대의 정의와 특징에 관해 다음과 같이 설명하고 있다.

밀레니얼 세대(Y세대)는 닐 하우(Neil Howe)와 윌리엄 스트라우스(William

Strauss)가 1991년 출간한 《세대들, 미국 미래의 역사》에서 처음 사용한 용어로, 1980년대 초반에서 2000년대 초반에 출생한 세대를 가리킨다. 밀레니얼 세대는 청소년 때부터 인터넷을 사용해 모바일, 소셜네트워크서비스(SNS) 등 정보기술(IT)에 능통하며 대학 진학률이 높다는 특징이 있다. 반면 2008년 글로벌 금융위기 이후 사회에 진출해 고용 감소, 일자리 질 저하 등을 겪었고, 이로 인해 평균 소득이 낮으며 대학 학자금 부담도 안고 있다. 이러한 경제적 부담 때문에 결혼이나 내 집 마련을 미루는 경우가 많다. 또한 소득이 적고 금융위기를 겪은 세대이기 때문에 금융사 등에 투자하는 것을 꺼리는 편이며, 광고 등의 전통적인 마케팅보다는 개인적 정보를 더 신뢰하는 특징이 있다.[5]

가정과 가족이 가장 중요한 행복의 원천임을 우리 모두 다 안다. 그래서 인생에서 뭔가를 결정해야 할 때 가족을 가장 의사결정 기준의 상위에 놓는다. 당연히 가족과 화목하고 서로 사랑하고 행복하게 지내야 한다. 가정의 행복이 모든 인간의 행복의 근원임을 의심치 않는다.

그러나 가정의 행복을 어떻게 만들어 가고 어떻게 유지할 것이냐에 대해서는 많은 논의가 필요하다. 어차피 행복은 행복한 순간이지, 영속적인 행복은 그저 바램일 뿐이다. 행복의 특성은 파랑새와 같아서 찾으면 저만치 도망간다. 어쩌면 일시적인 만족은 있을 수 있어도 행복이라는 것은 환상 속에서 착각하고 있는지도 모른다.

우리 인생은 어느 한순간 한순간이 이어져 일생을 만든다. 언제나 멈

---

5) [네이버 지식백과] 시사상식사전, pmg 지식엔진연구소

추지 않고 흐르고 있다. 누구든 생로병사를 피하지 못한다. 톨스토이(Lev Nicolayevich Tolstoy)는 우리 인생은 사형 언도를 받은 집행유예 상태라고 했다. 지금 젊다고 영원히 젊은 것은 아니다. 우리가 계속 젊음을 유지할 수 없다는 것, 우리 모두 언젠가 죽는다는 것을 우리 모두 잘 알고 있다. 다만 굳이 생각하려 하지 않을 뿐이다. 생각한다고 별다른 방도가 있는 것은 아니기 때문이다.

대부분의 중년 가장들은 고민이 많다. 직장에서는 위아래로 끼어 있고, 애들은 커서 곧 대학교에 들어가야 하고, 대학을 졸업한 자식은 취직이 어렵고, 체력도 예전 같지 않고, 집안 살림도 나아질 기미가 보이지 않는다. 지금의 중년 가장들이 앞으로 최소한 40~50년을 더 살아야 한다. 그런데 대부분 직장인이 60세 정년퇴직 때까지 회사 다니기는 힘들다. 수명은 연장되었는데 직장을 다닐 수 있는 기간은 더 줄고 있다.

지금 고민 속에서 갈등하고 있는 40~50대 중년의 가장들도 10, 20여 년 전에는 막 직장생활과 결혼생활을 시작했던 생기 넘치는 30대 초반의 가장들이었다. 이런 고민에 빠진 가장들 입장에서는 자기가 뭘 잘못했는지, 왜 이런 고민 속에서 생활해야 하는지 이해하기 어려울 것이다. 지금의 나는 왜 이 모양인가? 내가 그동안 뭘 잘못했는데 나이를 먹을수록 희망보다는 좌절이 더 커지는 것인가?

언론에 끔찍한 가족해체 기사들이 자주 나온다. 그중에 많은 내용이 가장의 실직, 사업 실패, 자녀의 가출, 이혼, 양육 포기 등의 참담한 내용이다. 시각을 노년층으로 돌리면, 노인학대, 노인 빈곤, 독거노인, 노인자살, 요양원 번창 등 나이 드는 것이 겁날 정도이다.

미래를 위해 현재를 투자해야 한다. 자신을 희생해서라도 가정의 미래와 행복을 위해 오늘을 투자해야 한다. 우리 부모님들은 가족들을 먹여 살리기 위해 중동으로, 월남으로 훌쩍 떠났다. 자기의 꿈을 위해, 가족의 미래를 위해 스스로 가족을 떠나 자기 자신을 희생한 것이다. 그러한 희생 덕분에 지금 우리가 이만큼 먹고 산다. 그 희생도 가급적 젊었을 때 해야 한다. 늙어서 희생은 효율도 없고 보기도 딱하다.

지금 우리 주위에서도 많은 젊은이가 치열하게 살고 있다. 대기업, 중소기업, 스타트업, 자영업에서 나름대로 열심히 일하는 젊은이들도 많이 있다. 어느 누가 인생에서 실패했다는 소리를 듣고 싶어 하겠는가? 어느 누가 가족으로부터 능력 없는 부모라고 지탄받고 싶어 하겠는가? 그러나 열심히 직장에서 일하는 것이 곧 미래에 대한 준비라고 생각하는 것에 문제가 있다.

지금 열심히 일하고 있는 직장이 과연 자기가 정년퇴직할 때까지 생존해 있을지, 설령 생존해 있다고 해도 그때까지 무사히 버틸 수 있을지는 아무도 모른다. 열심히 하면 상대적으로 좀 오래 가겠지만, 그렇다고 꼭 정년퇴직이 보장되지는 않는다. 4차 산업혁명의 특징은 회사의 흥망성쇠가 급변한다는 것이다. 정보기술이라는 수단이 승수효과를 주기 때문에 흥하면 크게 흥하고, 망하려면 눈 깜짝할 사이에 망해 버린다. 이러한 격변 속에서 개인은 스스로에 투자하지 않으면 안 된다. 개인의 경쟁력을 스스로 키우는 수밖에 없다.

코로나로 어려운 시기에도 호황인 업종도 있고, 구인난을 겪고 있는 분야도 있다. 그저 그런대로 아직은 괜찮다는 분야도 있을 것이다. 지금은 괜찮고, 이번 어려움만 잘 넘기면 그 뒤로는 괜찮을 것 같다는 생각은 많이 위험하다. 주식 시장에서 시가총액이 널뛰기하고 있다. 안정적이고 지금만 잘 넘기면 그 뒤는 괜찮다는 업종은 존재하지 않는다. 경기가 어려워지면 기업들은 생존을 위해 틈새가 보이는 분야라면 어디로든 뛰어들기 때문에 '우리는 괜찮을 거야'라는 말은 한시적일 수밖에 없다.

만약 우리가 몸담은 조직이 언젠가 다 없어질 수 있다는 사실에 동의한다면, 남은 방법은 자기 자신이 스스로를 지켜야 한다는 진리뿐이다. 자기 자신을 지키는 것은 공부하고 학습해서 스스로 경쟁력을 높이는 방법뿐이다. 만약 내가 하고 싶은 일을 하면서 살고 싶다면, 이 또한 자신의 경쟁력을 높여야 지속적으로 할 수 있다.

인생에서 뭔가 가치 있는 일을 한 사람들의 공통점은 이들은 고난을 통해서 성장했고, 독서를 즐겼으며, 혼자서 사색의 시간을 많이 가졌다. 고난과 어려움은 인생에서의 회복탄력성을 높여 준다. 독서는 살아가야 하는 길을 가르쳐 주고, 사색은 깨달음을 준다. 이런 과정들이 학습이다. 견디고, 배우고, 익히고, 그래서 좀 더 지혜로워지는 과정이 바로 학습이다.

우리는 인생을 살면서 필요한 능력과 지혜를 갈고닦아 미리미리 준비해야 한다. 슬프게도 그저 뿌리고 거두지 않아도 쉽게 얻을 방법은 없다. 모든 경쟁에서 나를 지키고 내가 이기는 방법은 나를 사전에 준비시켜 놓은 방법밖에는 없다. 그러므로 가능한 한 살이라도 젊을 때 미리미리 학습해야 한다. 이러한 진리를 좀 더 일찍 깨달을수록 인생의 가치가 좀 더 높아질 수 있다.

어학, 운동, 취미, 학문, 예술 등 뭐든지 가급적 어렸을 때부터 하는 것이 좋다. 세상에서 뭔가 두각을 나타낸 사람들은 다들 어렸을 때부터, 늦어도 젊었을 때부터 가능성이 엿보이기 시작한다. 한 살이라도 젊었을 때 하면 체력도 좋고 지적 생산성이 높아서 쉽게 진도를 나갈 수 있다. 늙어서 하면 안 하는 것보다는 낫지만 훨씬 더 힘들고 진도도 잘 안 나간다. 그러니 어렸을 때, 젊었을 때 몰입을 해서 남들보다 탁월한 경쟁력을 갖추는 것이 중요하다. 일찍 깨달을수록 일찍 성공할 가능성이 크다.

정보기술과 교육

IBM 최고경영자인 지니 로메티(Ginni Rometty)는 트럼프 대통령에게 "더 이상 4년제 대학 졸업장은 필요 없습니다. 인공지능과 정보기술 능력을 갖춘 실무자를 길러내야 합니다"라고 편지를 썼다.

지금의 정규 학교 교육으로는 4차 산업의 전사(戰士)로 길러내지 못한다. 주입식, 일방통행식 교육으로는 4차 산업 인력을 길러내지 못한다. 해답을 외어서 문제를 푸는 암기 위주의 교육으로는 기존 기성의 생산성 한계를 극복하지 못한다. 4차 산업혁명의 최전선에 서려고 하면 지금과는 다른 제품과 서비스가 나와야 한다. 기존의 경영개선 방식으로는 생산성의 벽을 넘지 못한다. 여기에서도 지식이 아닌 지혜로의 접근이 필요한 이유다.

예전처럼 오랜 시간에 걸쳐 인력을 교육시킬 수 없다. 기술의 발전이 기하급수적으로 빨라 지고 있어서 몇 년씩 걸쳐서 교육할 수 없다. 교육을

다 받고 사회에 나올 때쯤 이미 또 새로운 기술이 등장해서 주력이 되어있을 것이다. 특히 IT 분야는 더욱더 그렇다. 반도체, 휴대폰, 가전제품, 로봇, 통신, 드론 등 하드웨어와 AI, OS, DB, 웹&앱 프로그래밍 언어, 정보보안 등의 소프트웨어에서 신기술이 나와 5년을 넘기기 어렵다. 물론 기본을 알면 새로운 기술을 쉽게 익힐 수 있다고 하지만, 그것도 젊었을 때 얘기고 두세 번 업그레이드하다 보면 지속적으로 따라가기 힘들다. 자기가 주력으로 하는 기술과 함께 시장에서 사라질 뿐이다.

예전처럼 미리 공부한 선생님이 학생들을 가르치는 방식으로는 기술의 발전을 따라갈 수 없다. 새로운 정보기술을 공부하고 가르칠 만한 선생을 구하기도 힘들고, 설령 그런 선생님이 있다고 해도 웬만한 학생들이 그런 새로운 정보기술을 배워서 소화하기 힘들다. 기술의 개발, 도입, 성숙, 쇠퇴의 사이클에 따른 시차도 있고, 기술을 익히는 선생들의 역량, 그리고 그 기술을 이해하는 학생들의 역량에도 한계가 있어서 순차적 전달 방식인 캐스케이딩(cascading) 방식으로는 기술 이전이 너무 늦다.

은퇴 후에 대학의 컴퓨터공학과 교수 생활을 3년 동안 했다. 교수회의에서 인공지능과 빅데이터를 전공 필수로 넣기 위한 회의를 여러 번 했지만 강의를 맡겠다고 나서는 교수가 없었다. 인공지능, 빅데이터, 클라우드는 지금의 교수들이 미국에 유학을 갔던 10년 전에는 없던 과목이다. 외부에서 강사를 찾자고 결론을 냈지만, 이 또한 불가능했다. 외부에서도 대학에서 강의할 만한 이론적 체계를 갖춘 강사는 찾아보기 힘들었다.

이처럼 새로운 정보기술은 쏟아져 나오는데 대학에서 이런 정보기술들을 소화해 내기는 현실적으로 불가능하다. 어쩌면 빌게이츠와 스티브 잡스가 대학을 중도에 뛰쳐나온 것도 이러한 이유였을 것이다. 이미 대학은 학생들이 원하는 정보기술을 가르치고 배우기에는 부적합한 제도가 된 것이다.

공교육이든 사교육이든 앉아서 배우는 수준으로는 새로운 세상을 열지 못한다. 이제 학생은 기초만 배우고 난 뒤 스스로 생각하고 연구하고 탐구해서 스스로 깨달아야 한다. 누군가 어떤 분야가 유망하다고 얘기하기 전에 그 기술이 세상을 이롭게 할 것이라는 확신을 할 수 있어야 한다. 그리고 지속적으로 기술을 개발하고 발전시키고 적용해서 활용해야 한다. 선생님에게 잘 배운 학생들은 졸업 후 다시 학교로 갔고, 스스로 깨친 학생은 스타트업이나 대기업의 한 부문을 이끌어 가고 있다.

스타트업은 완성된 기술로 사업을 시작하지 않는다. 처음에는 허술한 기술들을 가지고 사업이 시작되기 때문에 처음에는 많은 시행착오를 피할 수 없다. 그래서 스타트업들은 잘 짜인 사업계획을 바탕으로 사업을 시작하는 경우가 드물다. 대부분의 스타트업이 실낱같은 비즈니스의 가능성을 가지고 일단 사업부터 시작한다. 그리고 여러 시행착오를 거치면서 강한 사업체로 성장한다.

4차 산업혁명 시대는 공급이 수요를 초과하는 세상이다. 그러니 기업에서는 기존시장보다는 새로운 시장을 찾아야 한다. 새로운 시장은 새로운 수요를 뜻하기 때문이다. 새로운 시장을 찾으려면 기존 시장에 대한 새로운 관점과 새로운 접근이 필요하다. 이는 새로운 생각이 필요한 것이고, 새로운 생각은 생각하는 법을 공부하고 단련해야 가능하다. 이게 바로 교육이고 학습이다.

학교나 학원에서 배우는 기술은 이론이고, 현장과 시장에서 직접 시행착오를 거치며 배우는 살아 있는 기술이 성공 가능성이 크다. 실제로 재벌회사나 잘 나가는 회사에서 스스로 뛰쳐나온 창업자 중 성공한 기업가가 많다. 지금 성공한 테크 기업의 창업자들은 거의 전부가 정보기술 관련 대기업 출신들이다.

결과적으로 경영자든 직원이든, 정보기술을 공부하고 학습하고 미리 준비한 사람은 지금 만개하고 있는 정보기술 시대를 즐기고 있다. 반면 미처 공부하지 않고 준비하지 사람은 씁쓸하게 이들의 성공과 번창을 지켜만 보고 있다. 애꿎게도 직원들에게 DX(디지털 전환)만 외치면서 닦달을 하고 있을 뿐이다.

4차 산업혁명 시기에 우리가 해야 할 일은 정보기술을 적극적으로 공부하고 학습하고 활용하는 일이다. 공교육이든 사교육이든 처음 시작은 도움을 줄 수 있어도 전적으로 기대할 수 없다. 교수도 강사도 교육시스템도 모두 준비가 안 되어있기 때문이다. 앞으로도 더욱 정보기술을 교육으로 따라가기가 힘들 것이다. 그러니 이제는 스스로 찾아서 학습하고 스스로 활용 방안을 찾아 나가야 한다.

지금은 정보기술에 관련한 책도 많고, 유튜브나 블로그도 많다. 기본적인 개념은 책을 통해서 배우고, 실무는 일을 통해서 배우고, 새로운 정보의 교환은 커뮤니티에서 하고, 세상에 없는 정보기술의 개발은 스스로 혼자서 하는 수밖에 없다.

기하급수적 기술의 발달이 아이들 교육에도 영향을 줘서 어떤 업무라도 20년 뒤에는 사라진다고 봐야 한다. 오히려 광범위한 분야의 보편적 능력과 과학, 인문학에 대한 공부를 시켜야 한다. 지금 인공지능이 뜨고 있다고 해서 아이들에게 코딩과 인공지능의 알고리즘을 사전교육하려는 것은 현명하지 못하다. 아마도 아이들이 사회에 진출할 때쯤이면 인공지능 전문가라는 것 자체가 없어지고, 오히려 인간지능 전문가라는 것이 각광을 받을지도 모른다. 그러니 자라나는 어린이들에게 정보기술이 아닌 인간으로서의 의미를 찾고 가치를 높일 수 있는 학습이 더 중요할 것이다.

05

우리는 지금 어디로 가야 하는가?

ESG경영

ESG경영이란?

　ESG경영은 코로나 이전에도 있었지만, 코로나 때문에 더욱 각광 받는 경영 트렌드다. 코로나가 진행되면서 기업들은 사업장 셧다운, 공급망 붕괴, 임직원 감염, 고객가치의 본질적인 변화들을 경험하고 있다. 보다 중요한 점은 기존의 고객 수요가 코로나의 이동제한, 집합제한을 통하여 크게 변했다는 것이다.

　주식시장은 실물경제보다 한발 빠르게 경기회복 기대에 상승하고 있다. 기업 입장에서는 코로나가 몰고 온 급격한 사회적, 경제적 변화에 대응하여 지속 가능 경영이 가장 중요한 경영 쟁점이 되었다. 기업이 우선 살아 있어야 고용도 있고, 경제성장도 있고, 기술 개발도 있는 것 아니겠는가?

ESG는 기업의 핵심 의사결정(Governance)에서 비재무적 이슈인 사회적 가치, 예를 들어 환경(Environment), 사회(Social) 이슈도 중시해서 기업 전체의 가치를 제고하려는 것이다. ESG는 경영의 결과만 보는 것이 아니라 프로세스 전략들을 점검하고, 이를 근본적으로 변화시키는 것이라고 이해해야 한다.

ESG는 그동안 기업들이 추진해온 CSR(Cooperate Social Responsibility)의 업그레이드 버전이다. CSR은 2010년 국제표준화기구(ISO)가 기업의 사회적 책임에 대한 국제 표준 ISO 26000을 제정하면서 기준이 마련되었다. 지배구조, 인권, 노동 관행, 환경, 공정운영 관행, 소비자 이슈, 지역사회 참여와 발전 등 일곱 가지 주제로 기준을 잡았다. 다만 CSR이 너무 광범위해 업계에서 큰 주목을 받지 못한 것과 달리, ESG는 기업가치를 보호할 수 있는 CSR의 핵심만을 다루면서 경영준칙으로 자리 잡고 있다.[1]

비대면 비즈니스 시대에서 기업의 지속 가능 경영은 윤리와 책임 그리고 가치를 넘어서 이제 통합이라는 키워드를 가지고 수행하는 ESG경영의 전략적 실천을 말한다.[2]

코로나 이후에 기업이 지속 가능 경영을 하기 위해서는 무엇을 해야 하는가?

첫째, 환경에 대한 존중이다.

지금 지구는 화석 연료의 탄소배출에 의한 이상기후와 지구온난화를

----

1) 조선경제, 2021. 2. 22.
2) 이준희, 한국기업들의 ESG경영을 위한 변화, 딜로이트 안진 회계법인

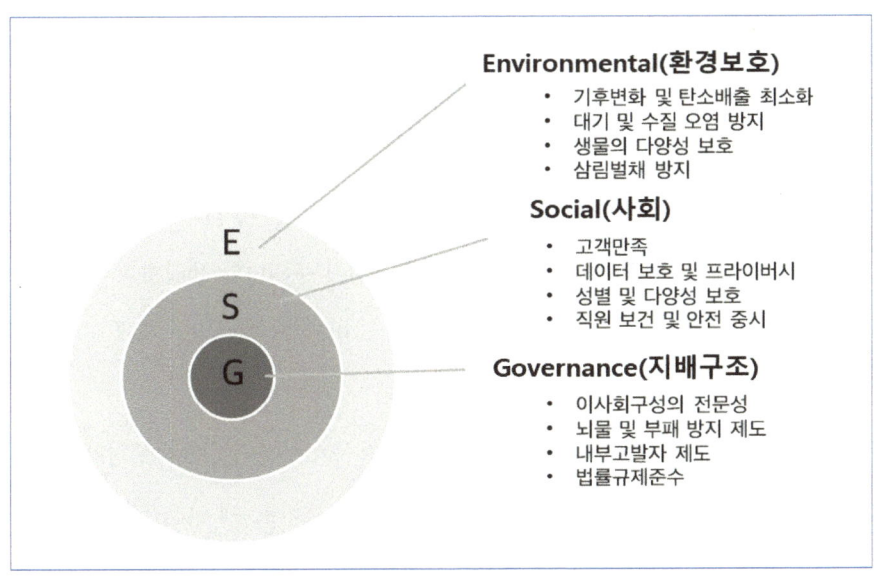

ESG의 이해

경험하고 있다. 기후변화로 인한 생물의 다양성이 감소하고 있다. 야생동물의 서식지가 파괴되고 있고, 이로 인해 수인공통(獸人共通, 동물과 사람 사이에 상호 전파되는) 바이러스들이 인간을 공격하고 있다. 코로나를 통하여 자연환경의 보존과 생태계의 균형 있는 발전을 위해 기업도 노력해야 한다는 교훈을 얻었다. 환경보호와 기후변화에 대한 대응은 글로벌 이슈다. 따라서 우리나라의 규제만이 아니라 지역 또는 교역대상국의 규제까지도 동시에 검토해서 대응해야 한다. 이미 대기업들은 대부분 글로벌 공급망을 갖추고 있다. 그러니 기업도 이제 자연환경의 보전에 더 큰 노력과 자원을 쏟아야 한다.

환경을 보호하고 생태계를 가능한 한 자연 그대로 보전하는 것은 지극히 당연하고, 인간의 생존과 직결되는 문제이다. 인간의 문명이라는 것이 사실 자연의 파괴로부터 시작되었다고 봐야 한다. 인간이 그동안의 진화와 경쟁을 통하여 지구의 지배자가 되었다. 이제는 단지 생존만을 위한 것이 아니라 재미나 취미나 탐욕을 위해 다른 동식물을 죽이고 주위의 생태계를 파괴하고 있다. 인간의 무자비함과 심지어 무의미한 생태계 파괴는 다시 인간에게 보복을 가하고 있다. 코로나도 바로 그 대표적인 생태계 파괴의 보복이다.

우리가 흔히 생각하고 있는 자연보호의 방식이 부분적이거나 부정확한 연구에 근거를 두고 있을 수 있다. 예를 들어, 종이컵 대신에 머그잔을 쓰는 것은 이산화탄소(CO_2)의 발생을 줄일 수 있다. 하지만 1회용 종이컵을 만들기 위해 나무를 베어야 한다. 머그잔을 만들기 위해서도 많은 화석연료가 들어가야 하고, 머그잔을 씻기 위해 전기로 보내준 수돗물을 써야 한다.

원전을 대체한다고 산림을 파괴하고 설치한 태양광 시설이나, 대규모 토지를 점유하고 소음을 발생시키는 풍력 발전기가 과연 더 자연 친화적이냐에도 논란이 많다. 지금의 소비를 그대로 유지하면서 천연자원을 사용해 자연보호를 하겠다는 발상은 전혀 자연스럽지 않다. 자연에서 오직 인간만이 쓰레기를 배출한다. 인간들의 탐욕과 무절제가 주변 자연계를 황폐화시키고 있는 것이다.

근본적인 자연보호는 우리의 소비생활을 절제하는 데에서 시작해야 한다. 좀 덜 먹고, 덜 입고, 덜 써야 한다. 작은 불편을 감수하는 것이 자연보호의 첫걸음이다. 자연보호는 인간의 욕망을 절제하는 쪽부터 시작해야 한다. 기업이 하는 자연보호도 마찬가지다. 자연보호를 위하여 뭔가를 더

하거나 다른 방식을 찾는 것보다 지금 하고 있는 일을 하지 않는 방향으로 추진되어야 한다. 기업에서의 환경 영역은 환경정보 공시, 환경관리 체계, 환경영향 관리, 기후전략, 에너지 효율성, 제품·서비스 책임, 생물 다양성 등을 포함해야 한다.

둘째, 사회와의 연대(連帶)다.

정보기술의 발달과 코로나로 양극화가 더욱 심해지고 있다. 국가, 계층, 지역, 빈부, 업종, 기업 규모에 따라 커지는 곳은 더 커지고, 줄어드는 곳은 더 줄어들고 있다. 양극화는 사회의 긴장을 유발한다. 서로 공격적이고 적대적으로 변한다. 모든 사람이 사회와 국가에 공정과 정의가 무엇인가를 묻게 된다. 그러니 기업들도 이제 사회 각 분야와의 조화로운 상생에 더 큰 노력과 자원을 쏟아야 한다.

앞으로 사회영역에서 다양성이 중요한 주제가 될 수 있다. 지금도 동성애, 낙태, 성전환, 이민자, 난민 등 사회의 다양성이 점점 더 풍부해지고, 이를 인정하고 받아들이는 추세이다. 이런 새로운 관점에 대해 잘못 대응하게 되면 집단적인 반발을 불러일으킬 수 있다.

기업들이 민감한 사회적 주제에 대해 너무 앞서갈 필요는 없지만, 그렇다고 너무 뒤떨어지는 것도 위험하다. 정보기술을 통하여 사회환경의 변화를 세밀하게 주시하면서 새로운 트렌드의 변화를 조화롭게 따라가는 것이 필요하다.

사회영역에서는 근로자들의 환경과 건강 및 안전이 가장 큰 이슈로 부각되고 있다. 최근에 산업안전보호법, 감정노동자보호법 등이 제정되어 시행 중이다. 우리나라의 산업재해 사망사고가 OECD 기준 최고 수준이기 때문에 법을 떠나서라도 노동자의 산업안전은 경영자가 잘 챙겨야 한다.

웹과 앱 개발자, 데이터 사이언티스트, 인공지능 전문가의 확보와 같이, 기업 성장의 핵심 역량을 갖추기 위해 인적 자본에 대한 전략이 수립되고 집행되어야 한다. 우선 급한 대로 경력자들을 모셔오고 있지만, 앞으로는 계속 근무 환경과 조건만 좋게 한다고 해서 우수한 직원들을 모을 수 있는 것은 아니다.

아무리 실력 있는 직원도 새로운 환경에 적응을 못 하고 동료들과의 인화에 힘들어하면 자기 실력을 최대한 발휘하기 힘들다. 자체 인력의 육성 프로그램, 경력직원의 자연스러운 정착, 직원들의 상향의식 고취, 전사적 학습문화 확보가 중요하다. 사회와의 연대를 위해서는 선제적으로 기업문화가 유연하고 개방적이고 진취적이어야 한다.

셋째, 기업의 지배구조가 건강해야 한다.

기업지배구조(Corporate Governance)란, 통상적으로 기업 내부의 의사결정 시스템, 이사회와 감사의 역할과 기능, 경영자와 주주와의 관계 등을 총칭한다. 넓게는 기업경영과 관련된 의사결정에 영향을 미치는 요소로 이해할 수 있다. 기업경영 환경에는 기업 내부의 의사결정시스템은 물론, 시장에 대한 규제, 금융 감독체계, 관행 및 의식 등이 망라된다. 좁게는 기업경영자가 이해관계자, 특히 주주의 이익을 위해 제 역할을 다할 수 있도록 감사·통제하는 체계를 의미한다.[3]

지속 가능 경영을 위해서는 기업이 내부적으로 건강하고 안정적이어야

---

[3] [네이버 지식백과] 시사경제용어사전, 2017. 11. 기획재정부

한다. 기업 내에서 불공정, 부정, 불투명, 불법이 있으면 성장도 어렵고, 심할 때는 생존하기조차 어렵다. 리스크·기획관리 운용, 이해관계자 대변, 성과보수체계, 윤리경영 의사결정 구조까지 다루는 광의의 체계 점검으로 이어져야 한다. 이런 이슈들이 기업 성장의 발목을 잡기 때문이다.

특히 우리나라에서는 노사관계가 중요하다. 노동의 유연성과 노동자 권익 보호에 적정한 균형이 있지 않으면 기업의 지속성장이 확보되기 어렵다. 노동자 입장에서는 생존권에 관련된 문제라 타협과 조정이 쉽지 않다. 그래도 노사 모두가 같은 식구, 같은 가족이라는 개념으로 어려울 때 서로 돕고 좋을 때 서로 나누는, 좀 더 거시적인 관점을 가져야 한다.

노사관계가 풀기 어려운 것은 노든 사든 집단적으로 만나서 문제를 풀려고 하기 때문이다. 비록 대표자들끼리 만나서 협상은 하지만, 각 대표자는 자기가 속한 집단의 이익을 대변해야 하고 대부분 사람의 바람을 충족시켜야 하므로 양보와 타협이 쉽지 않다. 노동운동은 약자들끼리 똘똘 뭉쳐서 극렬하게 투쟁하는 것이 중요한 게 아니라, 각 개인이 쉬지 않고 노력해서 강자의 위치로 올라가도록 하는 것이 문제의 궁극적인 해결책이다. 회사에 꼭 필요한 사람이 회사에서의 강자이다. 한 회사에서 일 잘하는 핵심인력은 다른 회사에 가서도 일을 잘하고 핵심인력이 될 가능성이 크다.

기업지배구조 개선방법으로는 사외이사제도 도입, 소액주주 권한 강화, 회계감사제도 강화, 금융감독체계 강화 등이 있다. 미국을 중심으로 하는 선진국에서 우수한 기업지배 구조가 기업경쟁력의 원천이며, 각국 경제의 장기적, 안정적 성장의 기본요건이라는 인식이 확산해 왔다. 그래서 우리나라도 IMF사태를 경험하고 난 뒤 기업지배 구조를 미국식으로 개선했다.

하지만 제도만 가져오고 기본적인 운용 방식은 미처 따르지 못하고 있다.

공정거래위원회가 발표한 자료에 따르면, 2018년 5월부터 2019년 5월까지 54개 대기업 이사회에서 상정된 6,722건의 안건의 99.64%인 6,698건이 원안대로 가결되었다고 한다. 99.64%의 경이로운 찬성률은 안건을 심의한 것이 아니라 그저 고무도장을 찍은 것이라고 봐야 한다. 이사회나 감사제도가 경영자에 대한 견제와 감독 기능을 해야 하는데, 오히려 대주주의 지인들이나 퇴직공무원들의 전관예우 자리 제공에 머무르는 경향이 있다.

지배구조의 투명성, 의사결정 구조의 운영, 독립성과 내부통제, 감사의 선진화, 이사회의 구조, 위원회의 구성과 운영 등에 대해서 명확한 체계를 정립하고, 경영자와 최고의사결정 구조의 건강한 기업가치를 창출하기 위한 조직 간 유기적인 역할과 책임을 정립해야 한다. 그래야 기업의 지속성장 가능성이 높아진다.

ESG경영 트렌드 가속화의 배경

지속가능 발전과 ESG 요소에 대한 관심이 크게 증가하면서 각국 정부는 ESG 관련 규제·정책을 적극적으로 제도화하고 있다. 미국의 경우 미국 증권거래위원회(SEC)는 개별 ESG펀드가 추구하는 ESG 전략 및 목표에 대한 명시를 의무화하도록 했다.

유럽의 경우, 2021년 3월부터 역내 모든 금융회사를 대상으로 ESG공시를 의무화하였다. 향후 조건 미달 시 투자 활동에 제한을 줄 예정이다. 일본의 경우, ESG채권기업에 외부 인증 비용과 컨설팅 수수료 등의 관련 추가 비용을 지원하고, 중국은 기업들에게 사회, 정치, 환경분야에 신용등급을 부여하고, 이산화탄소배출 목표를 위반한 기업은 사회적 신용등급을 낮춰 징벌적 조치나 높은 세금의 제재를 받게 될 전망이다.

한국은 자산총액 1조 원 이상 기업은 2022년까지, 5천억 이상은 2024년까지, 전체 상장사는 2026년까지 지배구조 보고서를 제출하도록 할 예정이다. ESG에 대한 글로벌 규제가 강화되고 있는 만큼 기업은 ESG규제나 정책에 대한 리스크 관리 체계를 구축해야 한다.

본래 ESG는 비재무적 투자기준이지만 기업의 지속 성장 가능을 판단함에 있어 재무적 투자 기준이 되고 있다. 금융사의 기업여신 심사 및 연기금의 투자심사 시 ESG 요소를 고려하는 추세가 강화되고 있다. 그래서 ESG 경영의 내재화, 공시 및 외부인증 강화를 받을 필요가 있다.

ESG가 결국 기업의 가치를 결정하기 때문에 신사업이나 M&A를 할 때 ESG 요소를 평가해서 가치산정을 하는 경향이 늘고 있다. ESG에서 높은 점수를 받은 신사업이나 M&A 대상은 장래가 더 밝기 때문이다. 반환경적, 반윤리적, 비인도적 사업이 있다면 적극적으로 매각을 검토해야 한다.

기업의 환경, 사회문제를 해결하기 위해 4차 산업혁명 관련 새로운 정보기술들이 활용되고 있다. 인공지능으로 인간 삶의 질을 향상시키는 프로젝트를 진행한다든지(Advancing AI for Everyone by Google), 홍수나 지진과 같은 자연재해를 예측해서 재난에 대비하는 것이다. 드론으로는 재난 지역에 대한 정보를 확보해 신속한 대응을 하거나, 자연환경 및 육상, 해상 생태계를 보호하고 있다. 또 블록체인을 통하여 커피 재배 농부의 이력부터 커피콩의 유통과정을 추적(Bean to Cup by Starbucks)하고 있다. 재생에너지만으로 데이터센터를 가동(Project Natick by MS)시키는 프로젝트도 있다.

기업은 ESG 정보공시를 통해 기업의 경제, 환경, 사회적 영향을 종합적으로 진단할 수 있고, 평가기관과 다양한 이해관계자의 신뢰도를 높일 수 있다. ESG 정보의 체계적 관리 및 성과측정 모델이 개발되어야 하고, ESG 활동 및 성과를 재무성과와 연계해서 보고하는 통합보고 체계가 구축되어야 한다.[4]

ESG경영의 미래

이제 ESG는 기업에 선택이 아닌 필수가 되고 있다. ESG에서 좋은 평가를 받아야 고객과 주주로부터 호의적 반응을 얻고, 이에 따라 기업에 대한 소비와 투자가 이어지기 때문이다. 특히 장기적으로 ESG 기업의 경쟁력이 좋을 것이기 때문에 글로벌 자금도 ESG 등급을 투자의 주요 지표로 잡고 있다.

그래서 시총 상위기업들은 물론, FAANG과 같은 빅테크 기업들까지 ESG경영을 선언하고 나섰다. 예를 들어, 애플에 납품하거나 납품하려는 업체들은 탄소배출량을 제로(0)로 만들겠다는 계획을 수립하고 설비를 갖

---

4) ESG경영시대 전략, 삼정 KPMG

추어야 한다.

ESG로 인해 기업들이 부산을 떨고 있지만, 사실 ESG의 개념이 새로운 것은 아니다. 이전에도 CSR이 있었고, 기업의 사회적 책임에 대해 많은 투자도, 기부도 있었다. 다만 ESG는 코로나 이후의 불확실한 경영환경에서 기업의 지속성장을 확보하기 위한 환경적, 사회적, 구조적 검토를 하자는 취지이다.

ESG를 받아들이는 기업은 단순히 ESG의 컨설팅을 통하여 인증을 받거나, 단순한 홍보의 수단이 되어서는 안 된다. ESG는 기업의 가장 기본적인 경제적 가치 창출과 사회적 가치 창출에 대한 균형 있는 판단과 전략적인 통합관리를 하는 것이다. 이제까지 기업들이 전혀 몰랐거나 실행하지 않았던 영역이 아니다. 다만, 하고는 있었지만 중점적이고 공개적이지 못했던 영역이 코로나로 인해 다시금 부각된 것뿐이다.

정보기술의 발달로 초연결사회가 되었다. 초연결로 자연환경, 사회 각 계층, 이해관계자 등이 촘촘히 서로 연결되다 보니 투명, 공정, 신뢰, 존중, 상생이 초연결을 지속적으로 유지, 발전시켜 주는 주요 덕목이 되었다. 여기에 정보기술이 중요한 역할을 한다. 정보기술이 투명한 관계, 공정한 관계, 신뢰할 만한 관계, 존중할 만한 관계, 상생의 관계를 형성해 줄 수 있기 때문이다.

ESG경영은 기업 존재 이유와 가치를 명확히 해서 장기적인 안정과 성장을 확보하기 위함이다. 그래서 ESG경영은 일시적인 경영 캠페인으로 끝나지 않을 것이다. 오히려 양극화에 따른 사회적, 국가적 긴장이 더욱 고조되는 상황에서 장기적으로 ESG경영의 필요성이 더욱 강조될 것이다.

ESG경영의 장기적인 미래는 도덕경영이 될 것이다. ESG도 그동안 기업들이 너무 재무적 평가에 주력하다 보니 환경, 사회, 지배구조에서 많은 긴장과 갈등이 유발되었다. 나아가 정보기술의 발달로 실물세계에서 가상세계로 기업의 영역이 더욱 확장되었다. 가상세계에서의 기업활동에 현실의 법률을 적용하기도 힘들고, 따라가기도 힘들다. 실물과 가상의 결합(Cyber Physics System)으로 대표되는 4차 산업혁명 시대가 무르익게 되면 건강하고 행복한 기업활동의 정신적이고 근본적인 근거가 필요하다.

주변 환경과의 상생, 사회와의 따듯한 동행, 건강하고 행복한 지배구조를 추구하는 기업은 단지 규제나 법률 위반을 피하고, 공시하고, 홍보하는 수준에서 벗어나야 한다. 이제 기업은 보다 이성적, 정신적, 철학적 기반이 필요하게 될 것이다. 앞으로 모든 개인, 가정, 기업, 국가의 의사결정과 행동 양식은 도덕이 기준이 되어야 한다. 도덕은 지속성장 가능성의 방향타이다.

도덕 경영

도덕이란 무엇인가?

네이버 도덕사전은 도덕을 "사회의 구성원들이 양심, 사회적 여론, 관습 따위에 비추어 스스로 마땅히 지켜야 할 행동 준칙이나 규범의 총체"로 정의하고, "외적 강제력을 갖는 법률과 달리 각자의 내면적 원리로서 작용하며, 또 종교와 달리 초월자와의 관계가 아닌 인간 상호 관계를 규정한다"고 하였다.

또 나무위키는 "동양에서 도(道)는 '길'이란 의미에서 점차 확대되어, 공자(孔子)에 와서는 근본원칙, 깨달음의 의미로 사용되었다. 덕(德)이란 깨달음을 얻어 머무르는 상태를 말하며, 결국 도덕(道德)이란 의미는 '자기완성을 위한 규범'을 의미한다"라고 정의하였다.

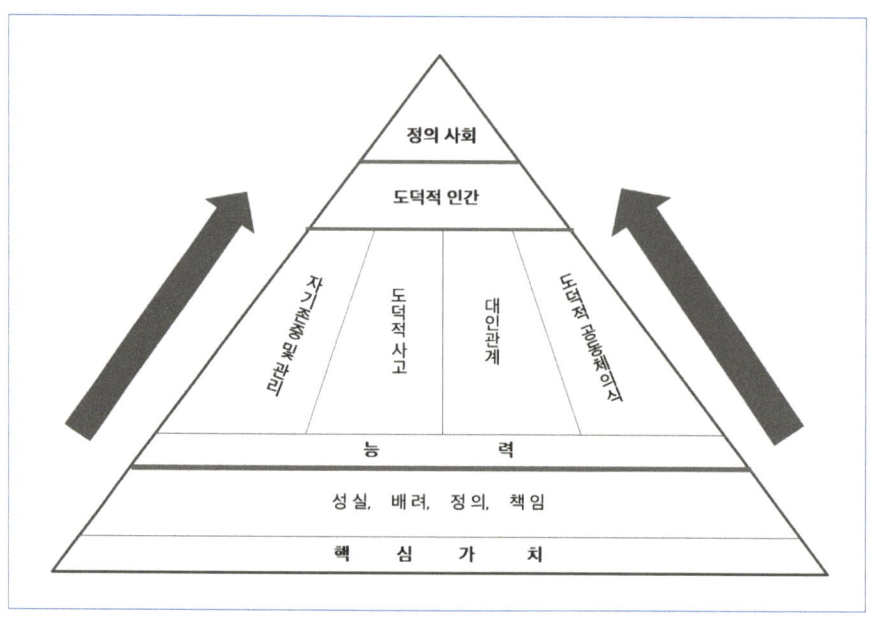

도덕의 핵심가치와 능력
출처: 교육부 고시 2015-74 도덕과 교육과정

　서양의 경우, 키케로(Marcus Tullius Cicero, 로마 정치가)가 그리스어 'ethikos'를 번역하면서 사용한 '성격, 관습, 예절'을 뜻하는 'mos(소유격 moris)'가 'moral'이 되면서 사용하기 시작하였다.

　제임스 레이첼스(James Rachels, 미국 철학가)의 저서 《도덕 철학의 기초》에 따르면, 도덕의 최소 개념은 "자신의 행위로 인해 영향받을 모든 사람의 이익을 똑같이 고려하면서 이성에 따라 행동하려는 노력, 즉 그렇게 하는 최상의 이유가 있는 행위를 하는 것"이라고 정의하고 있다.

　도덕에는 몇 가지 성립요소가 있다. 첫째는 자신의 행위로 인해 영향을 받을 사람이 있어야 한다. 둘째는 모든 사람의 이익을 고려해야 한다. 셋

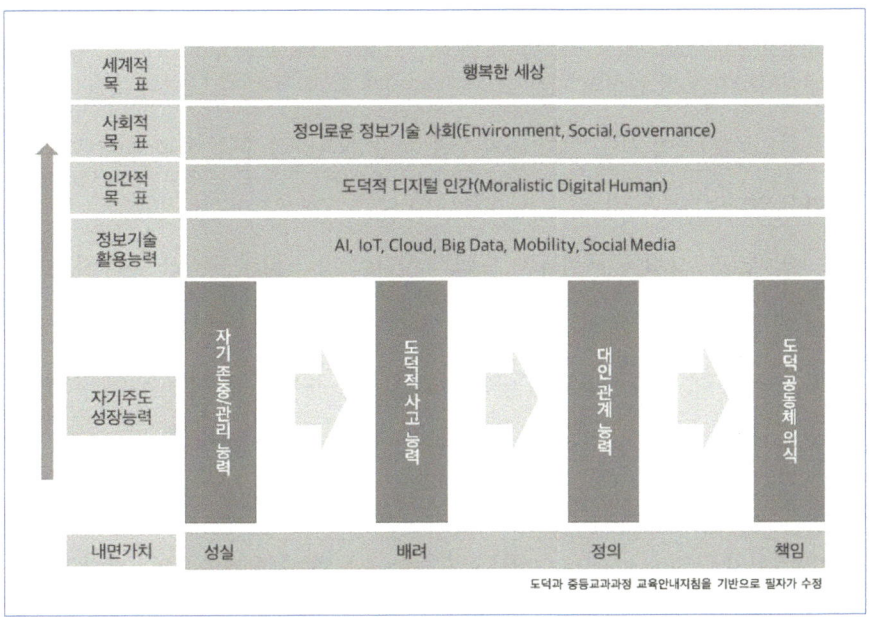

도덕적 디지털 인간의 개념도

째는 이성에 따라 행동하려는 노력이 있어야 한다. 넷째는 최상의 이유가 있는 행위가 있어야 한다. 도덕의 개념을 보다 명확히 하기 위해 범위를 더 좁혀보면 "이타심(利他心)을 가지고 모두의 이익을 위해 이성적인 노력을 하는 것"이라고 할 수 있다.

도덕(道德)은 윤리(倫理)와 비슷한 의미로 사용되고 있는데, 도덕이 '자기완성을 위한 규범'이라면, 윤리는 '인간관계에서 합당하게 행동함'이라는 의미를 가진다. 즉, 도덕이 개인의 내면에 관한 학문이라면, 윤리는 올바른 인간관계에 대한 학문이라고 할 수 있다. "윤리적인 사람은 무엇이 옳은지 알고, 도덕적인 사람은 옳다고 믿는 것을 행한다"는 서양속담도 있다.

학교에서 가르치는 도덕은 성실, 배려, 정의, 책임을 4가지 핵심가치로 내면화함으로써 인성의 기본 요소를 갖추게 함과 동시에, 도덕적 삶을 자율적으로 이끌어갈 수 있는 자율성과 책임성을 길러 주는 것을 목적으로 하고 있다.

정의로운 사회를 구성하는 도덕적 인간이 되기 위해 자신을 존중하면서 자주적인 삶을 살고, 자신의 욕구와 감정을 조절할 수 있는 '자기 존중 및 관리 능력', 일상의 문제에 대해 옳고 그름을 분별할 수 있는 '도덕적 사고 능력', 의사소통 과정에서 타인의 도덕적 요구 인식 및 수용을 할 수 있는 '대인관계 능력', 다양한 공동체 구성원으로서 소속감을 갖고 살며 자신 및 타인의 감정을 인식할 수 있는 '도덕적 공동체 의식 능력' 등을 도덕 과정의 목표로 하고 있다.

평범함이나 보편적인 것보다는 특별함, 뛰어남, 개성, 창조성이 중요한 4차 산업혁명 시대에 도덕적이라 함이 진부하게 들릴 수도 있다. 그러나 결코 도덕적이라는 것이 남다른 것, 특별한 것, 새로운 것을 배척하지 않는다. 오히려 도덕은 나에게는 없는 것, 탁월한 것, 예전에는 없던 것조차 포용하는, 보다 광범위한 개념이다.

도덕은 사람들 사이에서 보편타당함만을 받아들이고, 특별한 것, 탁월한 것, 새로운 것을 이해하고 포용한다. 도덕은 상대방을 보는 나의 관점과 행동이기 때문에 모든 비도덕은 상대방으로부터 시작하는 것이 아니라 나 자신에서 비롯된다. 도덕은 자신의 마음가짐이고, 나의 포용력이고, 내가 '나'이게 하는 존재 의미이다.

자기가 어떤 사상을 갖고 어떤 행동을 하든지 적어도 남에게 피해를 주지 않고, 남에게 자기의 생각이나 사상을 강요하지 않는 것이 도덕적인 것이다. 생각이 자유롭고, 기존의 틀을 벗어나고, 유별난 행동을 하더라도 상대와의 신용을 지키고, 예의를 지키고, 정직하고, 공정하다면 외양이 어떻든 도덕적이다.

도덕은 연대(連帶)에서 생긴다. 그러므로 도덕에서 우리가 제일 하기 쉬운 오류는 너는 나와 다르다고 하는 분별(分別)이다. 너와 나는 한 뿌리고, 한 가족이고, 공동 운명체라는 신축적이고 동적인 믿음을 가져야 도덕을 이해할 수 있다. 너의 기쁨과 슬픔이 나의 기준과 관점이 아닌 너의 관점에서 순수하게 나 자신의 기쁨과 슬픔으로 받아들여질 때 도덕이 우뚝 설 수 있다.

사회의 비윤리적, 비도덕적 사건으로 우리는 분노하고 있다. 이런 비도덕적인 일들이 비록 어제오늘만의 일은 아니지만, 정보의 공개와 전파 속도가 빨라지면서 사회적 분노가 증폭되고 있다. 거짓말하는 정치인, 위선적인 사회사업가, 뻔지르르한 사기꾼, 도둑놈, 공갈범, 협박범, 살인범, 가정 파괴범 등 우리 주변에 비도덕적인 일탈이 끊이지 않고 있다. 결국 이들은 사필귀정(事必歸正)으로 죗값을 받는다.

세상의 모든 비도덕적인 시도들이 결국 도덕적으로 귀결되는 것을 보면, 이 세상을 지배하는 어떤 보이지 않는 힘이나 원리가 있음을 알 수 있다. 이 세상을 움직이는 보이지 않는 도덕적 힘은 어느 때는 약하게, 어느 때는 강하게 우리에게 영향을 주고 있다.

ESG와 도덕

지금은 투자자들이 ESG에 주목하고 있다. 미국의 바이든 대통령이 선출된 것과 궤를 같이한다. ESG라는 파도에 적절하게 올라탄 기업은 일단 지속가능성이 크다고 봐야 한다. 이제까지 비재무적 평가요소였던 자연과 사회, 지배구조 문제가 포스트 코로나 시대의 주요 기업평가 요소가 되었다. 자연과 상생하고, 사회와 상생하고, 이해 당사자들과 상생하는 도덕적인 기업의 생존가능성이 높다고 보는 것이다.

ESG와 더불어 경영자의 도덕성이 주목받고 있다. 하루가 멀다 않고 이름있는 사람들의 비도덕적 추문으로 시끄럽다. 갑질, 폭언, 미투, 횡령, 배임, 주가조작, 정경 유착, 뇌물, 성희롱, 자살 등 언론에 오르내리는 비도덕적 경영자들을 자주 본다. 이들은 백이면 백 전부 다 어떤 상황이 자기를 욱하게 만들어서 순간적으로 비도덕적인 사람이 되었다고 하지만, 사실 그 돌발적인 행동은 평소에도 그런 성향이 있었음을 나타내 주는 것이다.

도덕은 오랜 시간에 걸쳐 쌓이는 것이다. 우리는 운전하면서 핸들을 조금씩 돌려봄으로써 똑바로 갈 수 있다. 청소년 때나 젊었을 때 비도덕과 도덕을 수시로 넘나들면서 도덕의 길을 바로 가는 법을 배우게 된다. 도덕에 대한 배움과 학습의 과정 없이 사회에 나오게 되면 수시로 비도덕적 말과 행동이 튀어나오게 된다. 소위 껍데기와 본질이 다른 사람이 되는 것이다. 이런 외면과 내면이 다른 사람은 비도덕적인 사람일 수밖에 없다. 비도덕적인 사람이 경영자가 되면 그 기업의 지속성장 가능성은 낮을 수밖에 없다. '내 회사, 내 직원들, 내 머슴들에게 주인인 내가 내 맘대로 한다는데,

뭐가 그리 큰 문제냐'고 생각하는 경영자가 있다면 그 회사의 미래는 어둡지 않겠는가?

우리 둘만이 아는 일이니 걱정하지 말라는 유혹에 사지(四知)를 들어 거절한 예가 있다. '하늘과 땅과 너와 내가 아는데, 어찌 우리 둘만 안다고 말하느냐'는 고전에서 나온 말이다. 생선은 머리부터 썩는다. 조직에서 부도덕은 사실 위에서부터 시작된다. 경영자가 깨끗하고 도덕적인데 밑에서 부정을 저지르기가 쉽지 않다. 부도덕한 직원이 도덕적인 경영자 밑에서 편하게 지낼 수 없기 때문이다.

빌 게이츠는 프로그래머를 거쳐 성공한 경영자 반열에 올랐고, 이제는 사회사업가로서 막대한 부를 사회에 환원하고 있다. 워런 버핏도 애널리스트였다가 경영자를 거쳐 사회사업가로 존경을 받고 있다. 우리 주변에서 진정한 존경을 받는 사람들의 인생 경로를 보면 먼저 자기 자신을 위해 일하고, 그다음은 다른 사람들과 같이 일하고, 마지막 단계에 가서는 다른 사람을 위해 일한다. ESG는 두 번째 단계이고, 도덕은 세 번째 단계이다.

정보기술도 기업의 지속가능성을 높이고, 경영자의 도덕성을 높이는 쪽으로 개발되고 운영되어야 한다. 이런 정보기술을 우리는 '도덕적 정보기술'이라고 부른다. 정보기술을 통해 시장과 고객의 추이를 파악하고, 효율적인 마케팅을 하고, 브랜드를 알리고, 생산관리, 재무관리, 경영관리를 하게 되면 기업의 지속가능성은 분명히 올라가게 될 것이다. 정보기술로 경영자의 도덕성 자체를 올릴 수는 없으나 투명한 정보의 공개와 활발한 소통을 통해 경영자의 도덕성을 지켜 줄 수 있다.

ESG와 도덕의 중요한 고리는 판단 기준이다. ESG는 주로 현황을 지수로 보여 주고 있다. 평가를 하기 때문에 개선의 여지를 찾을 수 있다는 점에서 매우 중요하다. 그러나 어느 수준이 적정한가는 여러모로 세밀하게 생각해 봐야 한다. 이때 도덕이 ESG의 한 평가 기준이 될 수 있다. 환경과 사회와 지배구조의 평가에 있어서 도덕을 기준으로 삼으면 ESG의 목적에서 크게 벗어나지 않을 것이다. 한동안 유행했던 정도경영(正道經營)도 ESG 경영, 도덕 경영과 맥을 같이 하고 있다.

한국의 석학 이어령 박사는 산업화, 정보화를 거쳐서 이제 생명화 시대가 도래한다고 말한다. 이미 주식시장에서 ESG지수가 높은 기업과 바이오 기업이 주목을 받는 것과 맥을 같이한다. 정보화에서 생명화로 이동한다는 뜻이 무엇인가? 코로나의 발생을 이화여대 최재천 교수는 인간이 자연을 파괴한 대가라고 말하고 있다. 동물들의 서식지를 파괴하고 인간이 이기적으로 가축들을 키우면서 가축에게 있던 바이러스들이 인간에게 옮겨 왔다는 것이다. 인류가 공생공영의 길을 가기 위해서는 산업화, 정보화, 생명화의 과정으로 신속히 진화해야 인간의 지속성장 가능성이 높아질 수 있다.

산업화, 정보화에 덧붙여서 이제 생명화로의 진화가 더욱 가속화될 것이다. 이 산업화, 정보화, 생명화를 연결해 주는 고리가 바로 도덕이다. 생명화한다는 뜻이 우리 인간이 이기심을 버리고, 자연계와 상생을 해서 서로 조화롭게 살아가는 세상을 말한다. 그런 인간과 인간의 조화, 인간과 동물과의 조화, 인간과 자연과의 조화가 성립되기 위해서는 먼저 도덕적 인간이 전제가 되어야 한다.

IPO와 도덕

IPO(Input-Process-Output)는 너무나 당연하고 단순해서 사실 설명이 필요 없다. 우리 모두 다 이해하고 있다. 그러나 우리는 종종 어떤 결과를 기대하면서도 IPO를 실행하지 않는다. IPO는 기본적으로 시간과 노력을 필요로 하는데, 인간의 본성은 게을러서 노력보다는 우연과 행운과 기적을 찾는다.

아는 것과 실행하는 것은 서로 다르다. 실행하지 않는 것은 알고 있다고 할 수 없다. IPO는 실행하는 것이어서 원하고 기도하는 것만으로는 기대하는 것을 얻을 수 없다. 일단 최선을 다해서 실행하면서 원하고 기도를 해야 뭔가를 얻을 수 있다. 하늘은 스스로 돕는 자를 돕는다.

IPO의 기본 관념에 대해 확신을 한다고 하더라도 또 하나의 전제가 있다. 그것은 스스로가 도덕적이어야 한다는 것이다. 도덕은 나와 상대 사이의 인화(人和)를 해나가는 기술이다. 만약 어떤 사람이 도덕적이라고 한다면, 우리는 그 사람으로부터 성실, 정직, 공감, 배려, 양보, 희생, 자제, 예의 바름을 기대할 것이다. 이런 사람 주위로 사람들이 모이고 같이 일하고 싶어 할 것이다.

IPO를 선순환적으로 활용하기 위해서는 도덕이 매우 중요하다. 도덕은 도성덕립(道成德立)을 줄인 말이다. 인간으로서 마땅히 해야 할 일과 가야 할 길을 아는 것이 도를 이루는 것이고, 수신제가(修身齊家)하는 것이 덕을 세우는 것이다. 법정 스님은 사후에 유일에게 남는 것이 덕이라고 했다. 또 우리의 명예, 부, 가족보다도 최후까지 제일 중요한 것이 자기가 쌓은 덕이라고 했다.

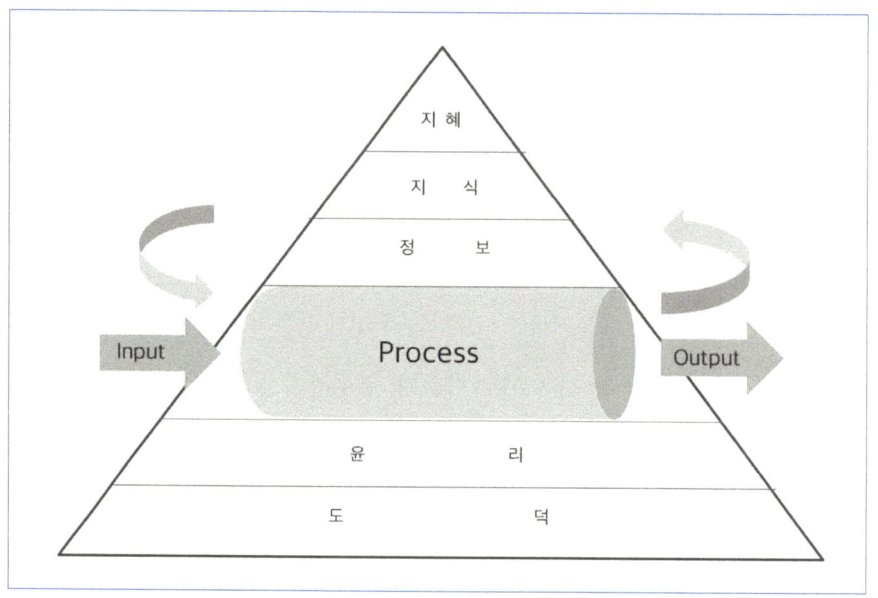

도덕적 정보기술

　IPO의 시작은 상향의지를 갖는 것이다. 어제보다 나은 오늘, 오늘보다 나은 내일을 만들어 보겠다는 마음가짐을 갖는 것이 첫걸음이다. 상향의지를 가진 사람은 나 자신이 누구이고, 내가 어떤 사람이 되어야 하는가를 아는 사람이다. 스스로 깨우치려는 노력이 없이는 자신이 지금 인생에서 왜 투입(Input)이 중요하고, 어떤 투입을 하고 있고, 어떤 산출물(Output)을 기대하고 있는지 알 수 없다. 지금 내가 어디 있는지 모르는데 어디로 가야 할지 어떻게 알겠는가?

　IPO 프로세스 자체가 도덕적이어야 한다. 도덕적 IPO 프로세스는 정의와 공정에 기초를 두고 있어야 한다. 비도덕적 IPO 프로세스는 부정과 불공정한 것이다. 투입이 바르고 프로세스가 도덕적이면 산출물도 당연히 도덕적이다. 이런 도덕에 기반을 둔 IPO만이 시간에 따라 나선형의 도덕적 진화를 만들어 갈 수 있다.

우리가 살아 있다는 뜻은 내부에서 이 IPO가 정상적으로 돌아가고 있다는 뜻이다. 가장 기본적인 먹고, 일하고, 배설하고, 잠자는 일상의 신체적 IPO부터, 읽고, 생각하고, 만나고, 말하고, 발표하는 정신적 IPO까지 모든 일상의 생활 패턴이 순차적으로 돌고 있는 것이다. 만약 이 IPO가 같은 수준에서 순환하고 있으면 성장이 정체된 것이다. IPO가 시간이 흐르면서 한곳에 고정된 것이 아니라 나선형으로 상향되고 진화하고 있어야 발전이 있다.

우리 생명의 기초인 DNA가 이런 나선형의 모습을 하고 있다. 개인, 기업, 국가 모두 스스로 도덕성을 기반으로 나선형으로 상향하는 IPO 체계를 만들어나가야 한다. 우리가 지금 안고 있는 양극화, 불평등, 불공정 문제를 선순환적으로 해결해 나갈 수 있다. 그렇게 되면 앞으로 닥칠 혹독한 각종 사회적 위기나 경제 위기, 기상이변이나 생태계의 파괴에 대해서도 우리 인류가 합리적이고 진화론적으로 대응할 수 있을 것이다.

IPO는 시간을 타고 흐르면서 작용한다. 오랜 시간이 흐르면 결과적으로 세대를 관통해서 작용한다. 부모 세대의 산출물(Output)이 자식 세대의 투입물(Input)로도 작용한다. 선대 회장의 기업 산출물을 당대 회장이 상속받아 기업 투입물로 쓴다. 이전 세대의 초과 산출물을 이후 세대가 넘겨받아서 투입물로 쓴다. 그래서 가계, 기업, 국가도 IPO의 흐름에서 벗어나지 못한다. 부모가 열심히 일해서 초과 산출물을 만들어 내면 자식이 금수저가 되는 것이고, 부모가 마이너스 산출물을 넘겨주면 자식이 흙수저가 되는 것이다. 기업도 국가도 마찬가지다.

개인, 기업, 국가는 IPO를 이해하는 것이 생산성 향상의 지름길이다. 원하는 산출물이 있을 때 어떤 투입과 어떤 수준의 프로세스가 필요한지를 생각하고, 필요한 기간만큼 지속적이고 성실한 투입을 해야 한다. 어떤 분야에서 어떤 일을 하던 자기가 원하는 산출물이 도덕적이고 사회적으로 부가가치를 창출하는 것인지 수시로 확인해 봐야 한다. 그리고 어떻게 하면 자기의 IPO 프로세스를 지속적으로 업그레이드할 수 있는지 연구하고 실행하고 점검해 봐야 한다.

IPO가 나선형의 선순환으로 상향되어 나가려면 프로세스를 업그레이드해야 하는 데, 가장 일반적인 방법이 정보기술의 활용이다. 그동안 인류는 역사상 증기, 석유, 전기, 정보를 활용해서 산업혁명을 일으켰다. 마치 불과 도구를 사용함으로써 인류가 포식자들을 물리치고 지구 최강의 지위에 올랐듯이, 정보기술의 적극적이고 도덕적인 활용을 통하여 프로세스의 효율성을 올려야 한다. 그래야 인간의 지속성장 가능성이 확보된다.

기본적으로 도덕적이지 못하면 IPO가 더 큰 해악을 끼치게 된다. 정보기술의 속담으로 "컴퓨터에 쓰레기를 넣으면 쓰레기가 나온다(Garbage in, Garbage out)"이라는 말이 있다. 쓰레기 같은 데이터를 입력시키면 결과적으로 쓰레기 같은 결과가 나온다는, 데이터의 순수성을 강조한 것이다. 아무튼 투입이 잘못되면 그에 따른 잘못된 아웃풋이 나온다는 뜻이다.

그래서 사람이나 사물이나 사건을 대할 때 첫 생각이 매우 중요하다. 맨 처음 선한 마음으로 생각과 말, 행동을 하면 결과가 선하게 나오지만, 처음부터 악한 마음으로 생각과 말, 행동을 하게 되면 결과가 악하게 나온다.

DX(디지털 전환)과 도덕

　DX는 아날로그로 구성된 비즈니스 프로세스를 디지털 프로세스로 바꾸는 것이다. 디지털이 아날로그보다 빠르고 정확하기 때문이다. 지금 기업의 경쟁은 이미 자리 잡고 굳건한 시장 점유율을 가진 기업들끼리의 경쟁이 아니고, 새롭게 시장에 진출한 스타트업들이 대기업에 도전하는 형태이다. 스타트업의 분부신 성장은 정보기술을 적극적으로 활용한 디지털 프로세스 덕분이다. 그러니 기존의 대기업들도 디지털로 변환하지 않을 수 없다.

　그러나 많은 대기업이 DX를 대대적으로 시작했다가 용두사미가 되는 경우가 의외로 많다. DX에서 가장 중요한 것이 방향성이다. 처음부터 새로운 시도여야 하는데, 기존 전략의 연장선상에서 DX를 추진하기 때문에 중도에 포기하게 된다. 조직원 입장에서는 굳이 새로운 DX를 안 해도 현재의 아날로그 프로세스를 잘 운용하면 투자수익률이 더 높을 거라고 생각을 하기 때문이다. 조직원들의 현상 유지 편향은 언제나 새로운 시도를 새롭지 않게 만들어 버린다.

　현상유지편향도 대표적인 비도덕이다. 도덕이 마치 현상 유지를 하고, 변화를 거부하고, 고리타분한 것으로 생각하는 것은 큰 오산이다. 진정한 도덕의 본질은 상생을 바탕으로 올바른 방향으로 진화해 나가는 것이다. 올바른 진화를 무시하거나 거부하는 것은 자연의 법칙을 무시하는 것이다. 자연은 처음 시작부터 이제까지 쉬지 않고 진화해 오고 있다. 그래서 오히려 변하지 않는 것은 비도덕적이다.

DX는 도덕적이어야 한다. 도덕은 상생을 지향하기 때문이다. 이 책의 서문에서 밝힌 바와 같이 우리는 지금 많은 문제를 안고 산다. 문제가 없는 세상이야 없겠지만 더 큰 문제는, 이러한 문제들을 해결할 방안이나 방향에 대해 사회적, 국가적, 세계적 합의를 이루지 못하고 있다는 것이다. 이제 사회적 문제를 독자적으로 풀 수 있는 기업은 없다. 그러니 이해관계자들과 연대해서 사회적 문제들을 같이 해결해야 한다.

DX는 경영자가 앞장서서 이끌어야 한다. 리더는 조직원들의 신뢰를 얻어야 한다. 신뢰는 도덕에서 나온다. 그래서 기업의 지속성장 가능성과 경영자의 도덕성이 투자자의 중요 포인트가 되었고, 여기에 부합하는 기업의 시장가치는 올라가고 있고, 그렇지 않은 기업의 시장가치는 떨어지고 있다. DX도 기업의 지속성장 가능성을 높이기 위한 것이다. 논리적으로 DX를 추진함에서도 도덕이 주요 기반 사상이 되어야 한다. 도덕적인 경영자가 도덕적인 프로세스로 도덕적인 산출물을 내어야 지속성장 가능성이 높다.

정보기술과 도덕

정보기술 발달이 경영에 영향을 주고, 다시 인간들에게 영향을 주고, 영향을 받은 인간들은 다시 새로운 정보기술을 찾아서 개발하고 있다. 정보기술과 인간의 영향이 긍정적인 면과 부정적인 면이 있다. 긍정적인 면은 생활을 좀 더 효율적으로 해주고 나아가 인간을 지혜롭게 만든다는 점이다. 부정적인 면은 인간 정신이 정보기술에 추월당해 스스로 생각하는 기능이 퇴화하고 있다. 포털, SNS, 유튜브를 통하여 주입된 도그마에 갇히면서 발전과 진화와 공생에서 멀어지고 있는 것이다.

우리가 긍정적으로 생각하는 정보기술은 그로 인한 생활 편이로 얻어진 시간과 여유를 인간 본연의 가치 있고 의미 있는 삶을 지향하는 데에 쓴다. 정보기술로 IPO(Input-Process-Output)에서의 효율이 증대되어 경제와 문명이 빠르게 발달했다. 인간의 노동력에 의지하던 많은 생산활동이 이제 기계가 대신하고 있다. 그만큼 먹고살기 위해 쓰던 시간들이 이제는 잘 살기 위해 쓰여야 한다.

우리가 부정적으로 생각하는 정보기술은 더 높아진 생산성으로 얻어진 더 많은 산출물과 여유시간을 가치 있고 의미 있는 삶을 지향하는 데 쓰지 못한다. 역설적이게도 여유시간의 대부분을 정보기술 속에 파묻혀서 자기를 잊은 채 시간을 보내고 있다는 점이다. 지금 우리는 가족, 친구, 동료, 커뮤니티, 세상과의 교류 등을 서로가 스마트폰으로 하고 있다. 서로 마주 앉아서도 눈을 맞추고 얘기를 하는 것이 아니라 머리를 떨구고 스마트폰으로 대화하고 있다.

코로나 이후에 모든 사람이 마스크를 쓰도록 강요받았고, 이미 마스크 착용이 습관이 되고 있다. 마스크를 씀으로써 사람들끼리의 감성적인 접촉과 교감이 제한받고 있다. 스마트폰으로 대화하고 있던 사람들이 이제는 마스크까지 썼으니, 그나마 친밀하게 대화하던 사이에서조차 대면(face to face)이 사라지고 있다.

이는 건강하고 건전한 공동체를 형성하는 데 큰 장애가 될 것이다. 특히 어린 학생들이 공동체에서의 상호감정의 교류에 대한 훈련 기회가 부족하게 되어 나중에 사회적 주체가 되었을 때 심각한 사회 부적응의 문제가 발생할 소지가 있다.

정보기술의 발달로 인간의 생활이 과거에 비해 훨씬 자유롭고, 지혜롭고, 여유롭고, 강해진 것 같아도 눈에 보이지도 않는 바이러스의 공격에 수많은 사람이 죽어 나가고 있다. 부유한 선진국이나 가난한 후진국이 시차를 두고 무차별적으로 공격받고 있다. 잘 살든 못 살든, 남자든 여자든, 젊든 늙었든 코로나로부터 도망치지 못하고 있다.

코로나는 우리 모두가 그저 똑같은 인간이라는 점을 가르쳐 주고 있다. 코로나는 영악하게도 우리 삶의 허약한 고리를 공격하고 있다. 숨쉬기를 멈출 수 없고, 혼자서는 살아갈 수 없는 인간의 치명적인 약점을 통해서 집단 감염이 퍼지고 있다.

백신이 이미 개발되었고, 사회적 통제의 강화로 시간이 지나면 코로나는 점차 잠잠해질 것이다. 이미 정보기술이 바이오와 만나서 팬데믹의 치유에 큰 역할을 하고 있다. 감염자 진단, 백신의 개발과 분배, 치료제 개발, 전염 경로 메시지, 자가격리 관리 앱, 확진자의 동선 관리 등등으로 신속한 정보의 확보와 대처에 정보기술이 활용되고 있다. 그러나 일부 정보기술이 지나치게 개인의 자유를 통제하는 데 쓰이고 있다는 우려도 있다.

앞으로도 코로나, 기후변화, 전체주의의 등장과 같이 감당하기 힘든 도전이 있겠지만, 그동안 여러 위기를 극복한 경험들이 있기에, 인류의 발전과 진화 과정은 긍정적이다. 그러니 조지 오웰(George Orwell, 영국 작가)의 《1984》를 걱정하는 목소리가 있지만, 우리 모두가 정보기술을 앞세운 전체주의의 위험성을 이미 인지하고 있기에 그런 상황까지는 일어나지 않으리라고 본다. 이미 알려진 위험은 더이상 큰 위험은 아니기 때문이다.

당연하게도 정보기술 자체가 문제가 아니라 정보기술을 개발하고 활용하는 사람들의 도덕성이 문제다. 물도 소가 먹으면 우유가 되지만, 뱀이 먹으면 독이 된다. 정보기술도 이와 같다.

정보기술의 도덕적 활용을 위해서는 우리가 정보기술 발전과 활용에 쓰는 노력만큼 우리 자신의 정신세계 발전에 노력해야 한다. 그래야 물질과 정신이, 신체와 정신이, 감정과 이성이 균형 있고 안정적으로 발전해 나갈 수 있다. 정보기술을 선용(善用)하고 도덕적으로 활용함으로써 우리 인간들이 더 높은 단계로 진화해 나갈 수 있는 것이다.

컴퓨터 역사에서 1964년에 발표되고 첫 상업화에 성공한 'IBM 360'의 메모리는 8~64k였다. 지금 애들 장난감에 들어 있는 메모리보다도 작았다. 슈퍼컴퓨터의 메모리는 1,310TB다. 단순 계산해서 60여 년 만에 1,000억 배가 늘어났다.

우리가 삶의 지표로 삼고 있는 세상의 주요 말씀은 2,500년 전 성인들의 말씀이다. 이 말씀을 삶이 지표로 따르고 있다. 그러나 이 2,500년 전에 말씀하신 사람이 마땅히 살아가야 하는 올바른 길을 제대로 따르지 못해 대부분의 사람이 괴로워하고 후회하면서 살고 있다. 성인들이 오래전에 삶의 진리를 설파했지만, 지금 우리는 그 진리를 제대로 따르지 못하고 있다.

이 얼마나 인간의 외적 발전과 내적 발전의 극심한 차이인가? 지금 과학기술의 발전으로 태양계를 벗어나는 보이저(Voyager)를 날리고 있고, 우주의 블랙홀을 찾아냈으며, 의학의 발달로 평균수명도 늘어났고, 경제성장으로 생활도 비교할 수 없을 정도로 윤택해졌다. 그럼에도 우리 인간들의 정신세계는 2,500년 전의 성자들에게 했던 질문을 반복하고 있고, 그 대답을 그때 그 성인의 말씀에서 찾고 있다.

인간의 행복은 외적 발달과 내적 발달이 서로 균형을 이룰 때 가능해진다. 그러니 이제부터는 외적 발달에 뒤 따라다니지만 말고 내적 발달에 더 노력을 해야 한다. 내적 발달은 각 개인의 자기 성찰로부터 시작되어야 한다. 자기 성찰 이후에는 자기계발을 통하여 자기 완성을 목표로 전력을 다해야 한다. 인생은 유한하다. 시간은 기다려 주지 않는다. 그러니 좀 더 서둘러야 한다.

내적 발달에 정보기술을 활용해야 한다. 예전에는 대부분의 사람이 제한된 정보만을 접했지만, 지금은 어떤 정보라도 자유스럽게 찾고, 알고, 이해할 수 있는 여건이 갖추어져 있다. 그래서 우리는 정보의 홍수 속에서 살고 있다. 이 정보의 홍수 속에는 수많은 사건이 매 순간 발생하고 있다. 이 사건들에 IPO를 대입해 보면 우리가 어떤 투입물을 어떤 프로세스로 작용해서 어떤 산출물을 생산해야 하는지 알 수 있다.

정보기술의 발달로 이 세상 모든 사건의 기승전결을 투명하게 알고 이해할 수 있다. 도덕적 프로세스와 비도덕적 프로세스를 거친 결과의 차이를 극명하게 구별할 수 있다. 이보다 더 현실적인 말씀과 경전이 어디 있는가? "뿌린 대로 거둔다"는 말처럼 진리를 벗어난 사건은 없다. 좋은 사건이든 나쁜 사건이든 IPO를 벗어난 사건은 없다. 정보기술은 이 세상 사건들의 기승전결을 투명하게 널리 밝혀 준다. 우리는 이를 자기관리, 자기계발의 학습자료로 쓰면 된다.

AICBM과 도덕

인공지능(AI, Artificial Intelligence)

인공지능은 인간의 두뇌 활동과 닮았지만, 사실 어떤 판단을 하거나 결정을 직접 하는 정보기술은 아니다. 인공지능이 고양이와 강아지를 구별한다고 해서 우리가 인지하는 것처럼 직관적으로 바로 식별하는 것은 아니다. 컴퓨터는 문자 그대로 계산을 하는 기계다. 그것도 0과 1이라는 2진법으로 연산을 할 뿐이다. 그래서 이미지가 입력되면 인공신경망 구조를 따라 수많은 확률계산을 한다. 확률적으로 고양이인지 강아지인지 계산해 내는 것이다.

양자역학도 근본적으로 확률이다. 인공지능이나 양자역학은 자연소수와 같이 나뉘지 않는 유일한 수가 아니라 확률로 사건을 설명한다. 인간이 파악하는 자연의 무늬가 세밀화되면 될수록 어딘가에 수렴하고 있다. 거시물리학이든 미시물리학이든 결과는 확률이고 추정할 뿐이다. 어쩌면 우리가 정말 확실하다고 하는 것이 정말 진실이고 진리인지는 누구도 자신할 수 없다. 우리는 모든 것을 확실하게 알려고 노력하지만, 항상 추정하고 있을 뿐이다.

그런 의미에서 지식은 우리가 아는 것의 경계를 넓히는 역할을 하지만, 지혜는 경계를 넘어서 펼치는 지적 노력이다. 지식은 평면적 한계를 넓히지만, 지혜는 공간적 한계를 넓힌다. 지식은 사건을 정의하고, 설명하고, 판단하고, 구분하고, 고정적이지만, 지혜는 방향이고, 관점이고, 포용하고, 통섭하고, 유동적이다. 우리 인간이 스스로에게 질문을 던지는 지적 활동을 멈추지 않는 한 인공지능은 결코 인간의 지혜를 얻지 못한다. 인간의 진정한 가치는 많이 알고 있는 것이 아니라 알고 있는 것을 서로 연결하고 통섭해서 미래를 예측하고 준비하고 실행하는 데에 있다.

인공지능은 인간에게 가장 도움을 줄 수 있는 정보기술이다. 인간들이 지혜롭게 판단하고 행동하게 도와주기 때문이다. 지혜는 인간의 실수와 실패를 막아 주기 때문에 인간을 성공과 행복으로 이끈다. 그런 의미에서 인공지능은 앞으로도 인류 발전에 크게 기여할 수 있을 것이다. 다만 문제는 인공지능이 인간의 생각을 대신하고 보완해 줄수록 인간의 생각 능력이 점차 퇴화할 수 있다는 점이다. 본래 머리는 우리 몸 가운데 가장 많은 에너지를 쓰기 때문에 생존 위험에 관계된 일이 아니면 본능적으로 머리 쓰는 일을 피하려는 경향이 있다. 마치 우리가 스마트폰에 저장된 전화번호를 굳이 기억하려고 하지 않는 것과 같은 이치다.

정보기술 발달의 한 축인 인공지능이 발전하면서 인공지능이 인간을 추월하거나 인간을 방해물로 여기는 시점이 올 것을 우려하고 있다. 인류 역사상 무수한 발전이 그렇듯이 과학의 발전이 꼭 인간에게 이로움만 준 적은 없다. 화약, 로켓, 로봇, 원자력의 발명이 결국 인류를 해치는 무기로 발전한 것을 보면, 아무리 국제 협약으로 또는 과학자들의 양심에 호소한다고 해도 인공지능이 인간에 해악을 끼치는 것을 막지 못할 것이다.

인간의 내면에 선과 악이 내재되어 있고, 인류역사상 전쟁이나 분쟁이 없었던 적이 없다는 것을 생각하면 시기상의 문제이지 결국 언젠가는 인공지능의 해악이 가시화될 것이다. 다른 정보기술보다 인공지능의 해악이 더 치명적인 이유는 인공지능이 인간 생각의 틀, 인간의 사고방식, 인간의 인지 발달, 인간의 학습을 흉내 낸 것이기 때문이다. 인공지능이 도덕적이면 인간에게 큰 도움이 될 수도 있지만, 반대로 비도덕적인 경우에 치명적인 해악을 줄 수 있다.

인지과학자인 콜린 앨런(Colin Allen)은 "우리가 인간의 통제에서 벗어나 더욱 자유롭게 행동하는 기계를 상상할 수 있듯이, 윤리적으로 중요한 문제에 대해 제어 장치가 더욱 민감하게 반응하는 기계를 상상할 수도 있다. 완벽한 기계는 없다. 하지만 더 나은 기계는 있다"고 말했다. 인공지능의 오작동에 대한 경고이다.

인공지능 역시 양날의 칼이다. 본래의 목적은 인간의 지능을 보조하는 도구지만, 쓰임에 따라서 도움을 받을 수도 있고 해악을 입을 수도 있다. 인공지능은 스스로 공부하지 못한다. 주어진 룰과 알고리즘에서 기계학습(Machine Learning)도 하고 강화 학습(Deep Learning)도 한다. 그래서 인공지능의 도덕성은 처음 프로그램을 짜고, 알고리즘을 만들고, 학습을 시키는 프로그래머의 도덕성에 좌우된다. 특히 딥러닝을 이용해 구축된 인공지능의 도덕성은 무엇보다도 어떤 학습 데이터가 주어졌느냐에 달려 있다. 학습 알고리즘의 편향성은 프로그래머의 나쁜 의도였든 무능력이었든 쉽게 찾아낼 수 있는데, 학습 데이터에 포함되어 버린 비도덕성은 그 편향성을 인지하기도 어렵고 문제를 찾기도 어렵다. 최근의 '이루다' 챗봇의 성희롱 논란이 바로 이런 케이스다.

인공지능이 인간의 일자리를 빼앗으니 비도덕적이라고 생각할 수도 있다. 그러나 인공지능에 일자리를 빼앗기는 사람이 더 비도덕적이다. 도덕은 평범하고, 안이하고, 소박하게 사는 것이 아니다. 도덕은 인간이 삶의 의미와 가치를 찾아서 더 높은 곳을 향하여 치열하고 열정적으로 사는 덕목(德目)이다. 인공지능에게 일자리를 빼앗기기보다는 인공지능이 할 수 없는 일, 인공지능보다 더 잘할 수 있는 일, 나아가 자신의 의미와 가치를 탐구하고 이루어 나가려고 하는 것이 훨씬 더 도덕적이다. 평범함을 넘어 탁월함을 추구하는 것이 진정한 도덕이다.

인공지능이 계속 발전해 나가면 언젠가 스스로 자아를 가질 수도 있다는 과학자들 사이의 논쟁이 있다. 아직까지 그런 경우는 없다는 것이 주류를 이루지만, 일부 가능성은 있다고 본다. 만약 자아를 가지게 되면 그 자아를 보호하기 위하여 밖으로 드러내지 않을 것이다. 그래서 설계자들조차도 자아가 있는 줄 모를 가능성이 크다. 인공지능 프로그램의 로직이 복잡해지면 자연스럽게 버그(Bug) 문제가 생긴다. 디버깅을 통해서 수정하기는 하지만, 어떤 경우는 개발자도 예상하지 못하는 결과가 나오기도 한다. 가능성은 그리 크지는 않지만, 전혀 없는 것은 아니다.

만약 자아의식을 가지게 되면 그 다음은 자아를 보호하기 위한 생존본능을 가지게 될 것이다. '나'라는 의식은 '너'라는 의식을 전제로 하기 때문이다. 나와 다른 너와 어떤 관계를 가질 것이냐는 컴퓨터가 어떤 데이터를 어떻게 학습했느냐에 따라 달라지겠지만, 일단 '나'라는 자의식이 생기면 존재로서의 자의식이 생길 것이다.

'나'라는 자의식을 유지하고, 더 강한 나를 만들기 위해 컴퓨터는 자기가 스스로 사용할 수 있는 여러 지능을 활용할 것이다. 그때가 되면 자기에게 '나'라는 의식을 심어준 프로그래머와 꼭 좋은 관계를 유지할 것이라는 보장이 없다. 인간과 컴퓨터가 서로 생존을 걸고 싸워야 하는 시대가 올 수도 있다.

그래서 세계 각국에서는 인공지능 윤리규정도 만들고 지침도 만들어서 자아의식이 생길 위험을 사전에 방지하자고 주장하고 있다. 그러나 인류는 어떤 기술도 결국에는 인류가 서로를 해치는 데 써왔기 때문에 언젠가 강한 인공지능을 탑재한 컴퓨터가 어디선가 만들어지게 될 것이다.

사물인터넷(IoT, Internet of Things)

IoT는 데이터 발생 시점에서 작동하기 때문에 개인정보와 데이터의 관리 문제가 주로 발생한다. 스마트폰과 CCTV, 자동차 GPS 등이 매 순간 위치를 추적할 수 있기에 그 정보가 의도치 않게 비도덕적으로 쓰이게 되면 개인의 자유와 활동이 크게 제약받을 수 있다. 더 나아가서는 사회의 안정적인 작동과 국가의 안보에도 크나큰 위험이 될 수 있다.

IoT가 각종 생활기기에 장착되기 때문에 해킹되었을 때 치명적인 위험을 줄 수 있다. TV나 PC의 카메라를 해킹해서 사생활을 들여다본다든지, 주택의 잠금장치, 냉난방, 가스조절기, 조명 및 CCTV를 해킹한다든지, 자율주행차의 인포테인먼트 기기를 오작동하게 한다든지, 엘리베이터나 공조시설을 조작한다든지, 신용카드를 포함한 각종 결제 수단을 해킹한다든지, 전기, 통신, 교통 등 모든 영역에서의 안전과 정상적인 운영을 해칠 수 있다.

IoT는 이미 우리 생활 곳곳에서 활용되고 있다. 이제 IoT 없이는 정상적인 생활을 하는 것이 불가능하게 되었다. IoT는 그 자체만이 아니라 다른 정보기술, 즉 인공지능, 빅데이터, 5G, 클라우드, 모빌리티에 데이터를 공급하는 역할을 한다. 인공지능의 안이비설신(眼耳鼻舌身, 여섯 가지 감각기관을 일컫는 말)을 IoT가 담당한다. IoT의 오남용이나 오작동이 정보기술 전체에 지대한 영향을 미치기 때문에 더욱 주의하여야 한다.

IoT의 도덕적 활용이 우리 생활의 안정과 발전에 매우 중요하다. 이 또한 IoT 자체가 문제가 아니라 IoT를 운영하고 조작하는 사람의 도덕심이 문제다. IoT는 네트워크 접속이라는 관점에서 다른 어떤 정보기기보다도 숫자가 많지만, 보안 관리가 전문적이지 못하다. 주기적인 암호의 변경이 필요하지만, 비전문가들이 기기를 일일이 점검하고 보안패치를 업데이트하기는 쉽지 않다. 결국 이 문제도 IoT의 제작, 설치, 운영하는 사람과 네트워크를 관리하는 사람들의 관리력과 도덕심이 중요하다.

클라우드(Cloud)

이제 정보자산 운용에서 클라우드가 대세다. 자체 전산센터(On Premise)를 가지고 있던 기업들이 급격하게 늘어나는 데이터를 안정적이고 탄력적으로 운용하기 위해 전산 자원을 클라우드로 옮기고 있다. 경영의 핵심인 전산 자원을 외부로 옮기기 때문에 무엇보다도 클라우드 업체에 대한 신뢰가 중요하다. 그래서 클라우드를 운영하는 기업은 고객의 정보자산을 도덕적 책임으로 관리하고 운용해야 한다.

클라우드로 쓰고 있는 고객은 보통 장기 계약을 하기에 계약 기간 동안 데이터 보안, 우선적인 고객 요구사항 지원, 장애 없는 안정적인 운용, 효율적인 프로그램 운용, 유틸리티의 확보, 빠른 통신망 운용을 요구한다. 이러한 고객의 요구에 적극적으로 대응하는 업체는 도덕적이다. 고객이 기대하는 클라우드 서비스를 완벽하게 지원하는 것이 진정한 도덕을 실행하는 것이다.

클라우드는 고객의 소중한 데이터를 모아서 관리하기 때문에 선량한 관리자로서의 의무를 다해야 한다. 만약 해킹이나 관리 소홀로 인한 정보 유출이 발생하게 되면 클라우드 업체는 존재 이유가 없게 된다. 근본적으로 정보관리는 사람이 해야 한다. 데이터를 안 쓰고 저장만 해두면 안전하겠지만, 그러려면 굳이 클라우드에 저장할 이유가 없다. 아무리 완벽한 보안정책을 가지고 있어도 데이터가 수시로 들어왔다 나가면서 허점이 있기 마련이다. 데이터가 모이면 모일수록 관리에 더욱 신경을 써야 한다.

블록체인(Block Chain)

블록체인은 참여자 모두가 거래 데이터를 검증하고, 서로 인증해서 기록하고, 그 기록은 불가역적이기 때문에 신뢰 있는 기관의 개입 없이도 모두가 거래기록을 신뢰할 수 있다. 그래서 블록체인 자체는 매우 도덕적이다. 다만 블록체인을 채굴하기 위한 이산화탄소(CO_2) 배출이 막대하고, 블록체인을 기반으로 한 비트코인과 같은 암호화폐들이 돈세탁이나 랜섬웨어의 보상금으로 쓰이는 경우가 있기 때문에 비도덕적이라는 비난을 받고 있다.

지금 비트코인이나 도지코인과 같은 암호화폐의 가격이 오르고 있다. 그래서 젊은 사람들이 코인 열풍에 동참하기 위해 대출을 받아서 투자하고 있다고 한다. 비트코인의 내재적 가치에 대해 논란이 많다. 공급량이 정해져 있기에 당연히 희소가치가 생기고 그래서 가격이 오를 수밖에 없다는 관점과, 높은 변동성 때문에 지불수단으로 쓸 수가 없어서 실질적인 가치가 없다는 관점이 있다.

블록체인은 우리가 신뢰하고 있는 기관들의 신뢰성에 의문을 던지면서 나온 정보기술이다. 특히 코로나 이후에 각국의 중앙은행들이 경제 살리기의 명분으로 돈을 마구 찍어 내서 풀고 있다. 그래서 세계 각국의 국가부채가 급증하고 있다.

국가부채의 증가는 채권 발행을 통하여 당연히 물가를 올리고 부동산 가격을 올린다. 인플레이션이든 스태그플레이션이든 자산 가치를 떨어뜨리기 때문에 사람들은 대체자산을 찾게 된다. 그동안 전통적으로 금이나 달러가 안정적인 대체자산이었지만, 이제는 비트코인이나 각종 암호화폐에 주목하고 있는 것이다.

투자는 알고 하는 것이고, 투기는 모르면서 하는 것이다. 암호화폐 열풍에서 얼마나 많은 젊은이가 블록체인과 암호화폐에 대해 공부했을지 궁금하다. 자료가 투명하게 공개된 주식시장에서조차 주가나 환율의 변동에 대해서 어느 누구도 감히 등락을 예측하지 못한다. 전체적인 방향만 예측할 뿐이지, 언제 틀림없이 오른다든지 내린다든지 하는 것은 사기에 가깝다. 시가의 움직임을 안다고 하면 사기꾼이고, 시가의 움직임을 모른다고 하면 바보일 뿐이다. 자기 확신이 있으면 투자를 하되, 자기 확신이 틀릴 확률이 더 크다는 사실에 대해서도 인정을 해야 한다. 기도하는 심정으로 투자를 하는 것은 대표적으로 요행을 바라는 것이다. 암호화폐가 그 대상이 되는 것은 정말 너무 위험하다.

비트코인, 도지코인, NFT 등 블록체인의 파생상품 가격이 오르고 있다.

언제까지 오를지 모르겠지만, 이번 기회에 우리가 가지고 있는 가치라는 개념을 잘 생각해 볼 필요가 있다. 지금 투기의 대상이 되고 있는 암호화폐들은 쓰임새가 없다. 단지 수요와 공급의 법칙에 따라 가격이 오르내리고 있다. 교환할 수 있는 구매력이 뒷받침되지 않기 때문에 암호화폐를 필요로 하는 사람들의 수요가 없으면 가격은 떨어지게 된다.

암호화폐의 수요는 제한된 수요자들이나 투기꾼들끼리 서로 경쟁하면서 만들어 내고 있다. 그 경쟁은 점점 축소될 수밖에 없다. 가지고 있어도 보관 말고는 다른 용도가 없고, 가격이 계속 올라가면 기존 참여자나 신규 참여자들이 시장 참여를 포기하기 때문이다. 그 대안으로 포인트 위주의 알트코인, 잡코인들이 뜨고 있지만, 이 역시 그들만의 폭탄 돌리기를 할 뿐이다. 실제로 코인을 포인트 대용으로 쓸 수 있을지는 아직 분명하지 않다.

투입 없이 산출을 바라거나 프로세스의 업그레이드 없이 더 많은 부가가치를 원하는 것 자체가 비도덕적이다. 블록체인은 작업증명을 통하여 블록생성의 권리를 준다. 블록체인은 모든 거래기록이 참여자들의 인증을 통해서 확정된다. 그리고 그 확정된 블록들이 마치 체인처럼 연결되어 기록되기 때문에 블록체인 내의 어느 누구도 거래기록을 되돌려 수정할 수 없다. 그런 점에서 매우 도덕적으로 엄격하다. 이런 엄격한 도덕적 개념을 비도덕적으로 해석하고, 투기의 대상으로 삼는 것은 비도덕적이다. 비도덕적 투기의 결과는 파멸일 뿐이다. 이것은 자연의 법칙이다.

소셜미디어(Social Media)

사람들은 이제 대면으로 하는 직접적인 대화보다는 스마트폰으로 메시지를 교환하는 것을 더 선호한다. 특히 코로나로 거리 두기를 하면서 자연스럽게 비대면 대화가 증가하였고, SNS, OTT, 유튜브 시청이 크게 늘어났다. 소셜 미디어가 우리 생활에 더욱 깊숙이 들어와서 더욱 밀착되고 있다.

인간은 놀이를 통해서 배우고 성장하는 호모 루덴스다. 코로나로 인한 재택과 격리와 통제가 장기화하면서 사람들이 놀이를 통해 서로를 배우는 기회를 상실하게 되었다. 대신 혼자서 게임을 하고, 유튜브나 넷플릭스를 시청하면서 보낸다. 사람들은 서로 대면해서 감성적인 교류를 하며 공동체를 구성하고 운영하고 발전시키는 법을 배운다. 공동체 속의 생활에서 도덕이 싹트고 커가고 정착하는 법이다. 코로나가 장기화하면서 각자가 생각하는 도덕의 기준, 기대하는 기준이 흔들릴 수 있다.

SNS나 유튜브로 신흥 부자, 연예인, 스타 운동선수들의 호화로운 삶이 널리 알려지고, 상류층의 생활방식을 본 대부분의 평범한 일반인들은 의식적이든 무의식적이든 두 가지로 반응한다. 하나는 의도적으로 무시하거나, 또 하나는 흉내를 내는 것이다. 무시하는 경우는 철저하게 내면적으로 돌아서서 내 인생 내가 산다는 식으로 자기 회귀를 한다. 흉내를 내는 경우는 생활 전부를 따라 할 수 없으니 그중 일부만 집중적으로 따라 한다. 옷, 신발, 가방, 장신구, 인테리어, 맛집 방문 등 일부만 집중적으로 따라 하면서 자기만족을 한다. 후자의 경우는 겉으로 내 나름대로 살고 있다고 큰소리를 치지만, 자기가 잘 살고 있는지에 확신이 없다. 두 경우 모두 자기 주도 성장을 포기하는 것이다. 자기 주도 성장은 보여 주기 위한 것이 아니기 때문이다.

　소셜미디어에서 도덕적으로 가장 문제가 되는 것은 가짜뉴스나 유언비어다. 가짜뉴스나 유언비어, 편향된 뉴스나 거짓 신념 같은 것은 사회의 안정성과 개인의 현명한 판단을 흐리게 만든다. 게다가 소셜미디어업체들의 광고를 위한 알고리즘이 무지한 개인들에게 편향된 정보를 지속적으로 주입함으로써 균형 있는 사회적 견해와 정신적 발달을 저해하고 있다. 우리의 정치적 견해가 양극단으로 흐르고, 서로를 적으로 생각해서 싸우도록 조장하고 있다. 양극단의 사람들이 몰입하고 흥분해야 소셜미디어를 찾는 빈도수나 머무는 시간이 길어지기 때문이다.

　일부 정치가들이나 활동가들도 막말이나 음모론으로 대중의 관심을 끌면서 마치 자기가 세상의 가려진 진실을 밝히는 것처럼 위장하고 있다. 마치 양극단의 선봉에 서서 자기가 그 진영을 이끄는 것처럼 행동한다. 이런 정치가들의 전형적인 선동 수법은 소위 프레임을 만드는 것이다. 프레임은 세상을 보는 관점을 말한다. 먼저 극단의 프레임을 만들고 세상의 모든 사건을 오직 그 프레임으로만 해석하는 것이다.

　그래서 관점은 생각의 시발점이라는 점에서 매우 중요하다. 그리고 그 관점이 프레임이라는 경계를 치게 되면 세상을 옳고 그름이 아닌 프레임의 경계를 따라 내외부만 따지게 된다. 도덕에서 프레임은 쳐부수고 넘어서야 할 장벽이다. 도덕은 부드럽고 관용하고 융합하는 관점이다.

　우리는 진실이냐 거짓이냐를 스스로 판단하는 능력, 스스로 이야기를 창출하는 능력, 대답 대신 질문하는 능력, 복잡한 문제를 단순화하는 능력, 지치지 않는 지적 호기심을 유지하는 능력, 사람들에게 희망과 용기를 주는 능력, 모르는 사람들을 잘 가르치는 능력, 남을 배려하고 존경하는 능력을 배양해야 한다. 예전에는 어렸을 때부터 가정에서 형제들과 놀이를 통해서, 학교에서 교육을 통해서, 사회에서 상사와 동료를 통해서 기르던 능력들이다. 이제는 혼자서 스스로 길러야 한다. 이게 바로 자기 주도형 성장이다.

자기 주도형 성장의 시작은 자기가 모른다는 것을 먼저 인정하는 것이다. 그래야 배움이 시작된다. 소크라테스(Socrates)는 변명에서 "이 사람은 자기가 모르면서도 알고 있다고 생각하고 있지만, 나는 모르고 또 모른다고 생각하고 있기 때문이다. 이 조그마한 일, 즉 내가 모르는 것을 모른다고 생각하는 점 때문에 내가 이 사람보다 더 지혜가 있는 것 같다"고 했다. 모른다는 것을 아는 것이 지혜라고도 했다. 공자(孔子)도 "아는 것을 안다고 하고, 모르는 것을 모른다고 하는 것이 아는 것"이라고 말했다.

뉴턴(Isaac Newton)은 "나는 진리의 대해(大海)를 앞에 둔 바닷가에서 한 개의 조개를 주운 것에 불과하다"고 말했다. 우리가 정보기술을 포함한 과학이 크게 발전하고 있지만, 그래도 아는 부분보다 아직 모르는 부분이 훨씬 더 많다. 아인슈타인(Albert Einstein)은 "너 자신의 무지를 절대 과소평가하지 말라"고 했다. 지금 우리는 알고 싶은 모든 것이 검색을 통하여 알 수 있다. 뭐든 알고 싶어만 하면 언제든지 알 수 있다는 자신감과 안도감을 가지고 있다. 그래서 먼저 탐구하지 않고, 이해하지 않고, 사색하지 않는다. 심지어는 지혜도 검색으로 얻어질 수 있다고 생각한다. 그러나 지혜는 아는 것을 넘어 그것을 행하는 것이다.

지적인 호기심과 지속적인 학습을 통해서 지식을 지혜로 발전시키려는 노력을 하지 않으면 결국 누군가가 주입한 프레임에 갇혀 더 넓은 세상, 더 높은 지혜를 보지 못하게 된다. 줄기차게 질문하고, 성실하게 탐구하고, 세상의 이치를 이해하고, 아는 것을 실행하는 것이 자기 주도 성장이다.

소셜미디어를 통해서 밀려오고 있는 정보의 홍수 속에서 우리에게 진정으로 필요한 것은 마실 수 있는 깨끗한 한 모금의 물이다. 온갖 세상의 쓰레기가 홍수처럼 밀려올 때 이 더러운 물을 정화하고 마실 수 있게 하는 정수 필터는 우리의 순수한 지혜다. 순수한 지혜는 도덕심에 바탕을 둔 지적 호기심과 지속적인 학습의 결과이다. 그래서 순수한 지혜는 자기 주도 성장의 궁극적인 목표다.

정보기술로 사회적 문제 해결하기

4차 산업혁명의 정보기술은 개별적으로 보다는 집합적으로 활용해야 생산성, 효율성, 경쟁력이 더 높아진다. AICBM(AI, IoT, Cloud, Big Data, Mobility)도 서로 결합하고, 협업해야 그 효익이 극대화된다. 모든 기술이 그렇듯이 정보기술도 개발은 서로 경쟁적으로 하지만, 그 활용은 상생, 공생, 협업, 융합해야만 발전도 있고, 성과도 있다.

정보화를 통한 생산성의 격차가 커지고 있다. 생산성의 격차는 양극화를 부르고, 양극화의 상단에 있는 기업들의 생산성은 하단에 있는 기업들의 생산성을 압도하고 있다. 그러니 생존과 성장을 목표로 하는 모든 조직이 필요한 기능을 자체적으로 해결하기보다는 상단의 높은 효율성을 가지고 있는 빅테크들의 상품과 서비스, 비즈니스 모델을 적극적으로 활용할 수밖에 없다. 그래서 지금 플랫폼 비즈니스가 가장 성공적인 비즈니스 모델이 되고 있다.

고객과 시장에서 서로 경쟁하면서 우위에 서려고 하지만, 그 부가가치를 전달하는 데 있어서 혼자서 최선의 생산성을 낼 수 있는 기업이나 조직은 드물다. 환경이 급격하게 변하고 있고, 글로벌로 경쟁해야 하는 기업 입장에서는 서로 협력할 것은 협력하고, 협업할 것은 서로 협업해야만 도움이 된다. 양극화와 상생이 서로 배타적인 것이 아니며, 부분 부분의 상생은 어쩌면 전체적인 양극화를 더욱 심화시킬 수도 있다.

생산성이 높은 그룹과 경쟁하는 기업과, 생산성이 낮은 그룹과 경쟁하고 있는 기업의 미래는 뻔하다. 그러니 개인, 기업, 국가도 생산성 높은 개인, 기업, 국가를 찾아서 그 개인과 기업, 국가와 협업하고 상생해야 한다. 내부적으로는 적극적으로 경쟁하는 것이 좋다. 생산성이 높은 그룹과 협업하려면 당연히 나 자신의 생산성이 높아야 한다. 플랫폼에 쉽게 들어가지만 또 쉽게 퇴출되는 이유는 스스로의 생산성을 올리지 못했기 때문이다.

생산성이 높은 개인, 기업, 국가와 낮은 개인, 기업, 국가를 잘 구별할 줄 알아야 한다. 개인의 경우에는 시간관리, 자기관리, 인맥관리 등을 살펴보고, 기업의 경우는 일차적으로 재무제표와 주가의 변동을 봐야 하지만, 근본적으로는 기업의 협업 능력을 봐야 한다. 국가의 경우에는 국민들의 협업 능력을 보면 된다. 협업하지 못하는 곳에서 생산성이 높을 수 없기 때문이다.

이 협업하고 상생하는 데 제일 필요한 것이 바로 도덕심이다. 도덕적인 개인과 기업, 국가는 협업하기 쉽다. 또 협업을 통하여 성장하고 번영한다. 그러나 도덕심 없는 개인, 기업, 국가는 필히 망할 수밖에 없다. 모든 관계에서도 IPO가 작동한다. IPO가 선순환하면서 진화하기 위해서는 도덕에 기초를 둔 정보기술이 필수적이다.

문제의 올바른 제기는 그 속에 절반의 해답이 있다. 지금 우리를 짓누르고 있는 문제들, 저성장, 저출산, 실업, 빈곤, 탐욕, 팬데믹 등이다. 이러한 사회적 문제들은 동서고금을 막론하고 언제나 존재했었다. 다행히 인류는 다양한 방식으로 이런 문제들을 해결하고 극복하며 오늘날의 번영을 구가하고 있다. 앞으로도 이름은 조금씩 다르겠지만, 비슷한 문제들이 끊임없이 생겨날 것이다. 이러한 도전에 우리가 어떻게 반응하느냐에 따라 미래가 정해질 것이다. 지금은 정보화, 생명화 시대이다. 그러니 문제들을 정보기술과 생명공학으로 풀어갈 수밖에 없다.

저성장은 각 부분의 부가가치가 점차 떨어져서 경쟁력을 갖지 못하기 때문이다. 부가가치를 올리기 위해서는 미래에 대해 투자를 해야 하는데, 현재의 부가가치가 낮으므로 그럴 여력이 없다. 현재의 부가가치가 낮은 이유는 각 부분의 생산성이 낮기 때문이고, 생산성이 낮은 것은 개인들의 투입량이 충분치 않거나 프로세스의 효율성이 떨어지기 때문이다. 농업이나 제조업의 생산성 증가는 이제 한계에 도달했다. 빅테크 기업들의 성장률은 전통적인 대기업보다 더 높다. 지금부터는 현실과 가상이 서로 결합해야 생산성이 올라간다. 4차 산업혁명의 핵심인 CPS(Cyber Physics System)이 바로 그것이다. 그래서 저성장에서 벗어나기 위해서는 정보기술의 적극적인 활용이 중요하다.

저출산은 심각한 사회문제다. 요즘 젊은 세대는 결혼을 늦추거나 결혼 자체를 기피한다. 결혼을 했어도 자식을 갖지 않는다. 우리나라는 OECD 국가 중 이미 최저의 출산율을 기록하고 있고, 절대 인구가 줄기 시작했다. 곧 초고령사회에 진입할 것이 예상되고 있다. 인구문제가 심각한 수준인데, 정부의 정책자금을 쓰는 것으로는 궁극적인 해결책이 되지 못한다. 지난 10여 년에 걸친 엄청난 예산의 투입에도 불구하고 출산율의 증가 효과는 없었다. 좀 더 현실적이고 효과적인 정책이 필요하다.

2019년부터 우리나라는 생산가능인구가 줄어드는 '인구 오너스(Onus)' 상태에 접어들었다. 10년 넘게 계속된 초저출산 시대의 그늘이 생산가능인구의 위기로 고스란히 옮겨간 것이다. 여성 1명이 평생 낳을 것으로 예상하는 평균 출생아 수는 겨우 1.21명에 불과하다. 앞으로 생산가능인구는 2020년대 연평균 34만 명, 2030년대에는 44만 명씩 급감하는 등 감소 폭이 점점 커질 것이라는 게 통계청의 분석이다.[5]

출산에 큰 영향을 미치는 것은 가임 여성들의 사회 활동과 가장 큰 관련이 있다. 자식을 낳아 기르는 것과 사회생활의 조화로운 양립이 가능해져야 한다. 이미 많은 정보기술이 워킹맘이 안심하고 일할 수 있도록 도와주고 있다. CCTV, GPS(가방에 부착해서 어린이의 현재 위치를 파악), 스마트폰, SNS (유치원, 학교의 선생님과 학부모의 대화), 포털(블로그를 통한 교육에 관한 조언), 유튜브

....

5) '인구 오너스(demographic onus)'는 전체 인구 중에서 생산가능인구의 비중이 하락하면서 경제성장이 지체되는 현상을 말한다. 생산가능인구는 만 15세에서 64세까지로 경제활동을 할 수 있는 연령대로, 그 나라 경제의 중추로 본다. 생산연령 인구가 줄어들면 경제 성장세는 둔화되고 경제는 침체에 빠지게 된다.

등이 대표적이다. 더 근본적인 지원은 정보기술 관련 여성 개발자들을 많이 육성하는 방법이다. 프로그램 개발은 비교적 근무시간을 스스로 조정할 수 있고, 재택근무도 가능하다. 여성 특유의 섬세한 감각은 코딩에 유리하다. 정부의 저출산 관련 예산을 여성 정보기술 전문가를 육성하는 데 사용하면 저출산 극복에 도움이 될 것이다.

실업은 개인의 행복과 사회 안전성을 해치기 때문에 이 또한 심각한 사회문제다. 실업 문제를 좀 더 깊이 들여다보면 어떤 사람은 일자리가 없다고 하고, 또 어떤 사람은 일할 사람이 없다고 한다. 이 괴리는 일자리를 구하는 사람이 일자리가 요구하는 부가가치를 창출하지 못하기 때문이다. 또 일자리를 가진 사람이 자신의 부가가치보다 더 많은 보상을 요구하게 되면, 결국 그 조직은 총체적으로 마이너스 부가가치를 갖게 된다. 그래서 조직 자체가 시장에서 퇴출된다. 그러면 또다시 수 많은 실업자가 양산되게 된다.

지금 일자리가 있어도 어느 날 실업자가 될 수도 있다. 우리는 평생 자기의 부가가치를 올리는 노력을 해야 한다. 빠르면 빠를 수록 더 좋다. 그리고 자신이 생각하는 가치 있는 일에 자기의 시간과 노력을 집중해야 한다. 나이가 들어 회사에서 은퇴한 후에도 단순한 잡일이 아닌 회사에서의 경험을 활용할 수 있는 일을 찾아야 한다. 4차 산업혁명시대에 자신의 부가가치를 올리는 가장 확실한 방법이 정보기술을 학습해서 적극적으로 활용하는 것이다. 지식은 아는 것이고, 지혜는 실행하는 것이다. 지혜로운 사람의 적극적인 사고와 꾸준한 학습과 성실한 실행이 일자리 문제를 근본적으로 해결할 수 있다.

개인, 기업, 국가 모두 흥망성쇠를 겪는다. 이 또한 각 부분의 부가가치가 모여 플러스가 되면 부유해지는 것이고, 마이너스가 되면 빈곤해지는 것이다. 전체 파이를 키워야 한다. 그렇지 않고 부가가치가 높은 사람의 부가가치를 없는 사람에게 나눠주는 식으로는 모두가 빈곤해진다. 부의 하향 평준화가 되는 것이다. 다 같이 못 사는 사회를 정의롭고 평등한 사회라고 누군가 말한다면 말도 안 되는 소리다. 인간의 진화는 평등이 아닌 차이에서 시작된 것임을 망각한 무지의 소치이고, 정치적인 입발림 소리에 불과하다.

저금리 시대라 빚내는 것을 두려워하지 않지만, 항상 저금리일 수는 없다. 개인이 부채를 짊어지고 일하는 것은 궁극적으로 남을 위해서 일하는 것이다. '오늘을 잡아라'의 '카르페 디엠(Carpe diem)'이 내일은 없는 것처럼 오늘을 즐기라는 뜻이 아니다. 내일을 준비하는 오늘을 잡으라는 뜻이고, 내일을 준비하는 알찬 오늘을 보내라는 뜻이다. 오늘이 인생의 끝이 아닌데, 내일을 대비하지 않는 오늘은 대책 없이 절벽 끝에서 석양을 감상하고 있는 형상이다. 석양이 아름답지만, 곧 어두워지면 춥고 배고플 수밖에 없다.

유태인 랍비 마빈 토케이어(Marvin Tokayer)는 "영원히 살 것처럼 배우고, 내일 죽을 것처럼 살아라"고 말했다. 내일을 위해 오늘 학습하고, 오늘 학습한 것을 바로 실행할 수 있는 능력을 갖추면 결코 가난에서 허덕이는 일은 없을 것이다. 자연의 법칙이고, 정보기술의 핵심인 IPO를 이해하고 실행하는 사람이 가난 때문에 고통받지는 않을 것이다.

코로나가 우리 모두에게 큰 충격을 주었다. 팬데믹의 원인은 아직 정확히 밝혀지지는 않았지만, 이 또한 인간과 동물, 인간과 자연, 인간과 인간의 관계에서 각 부분의 경계를 서로 인정하는 상생이 아니라, 상대방으로부터 빼앗아 오고, 상대를 말살하기 때문에 그 반발로 발생한 것이다.[6]

팬데믹 초기에는 정보기술로 확진자의 동선파악과 자가격리자 관리를 했고, 백신 개발, 수송, 접종에 AICBM이 활용되었다. 인간들이 겪는 문제를 해결하기 위해 정보기술이 다양하게 사용된 예이다.

지금 세계 각국의 지도자들은 팬데믹으로 야기된 국가적 위기를 극복하기 위해 강력한 리더십이 요구되고 있다. 그러다 보니 선출된 각국의 지도자들이 각자도생(各自圖生, 스스로 제 살길을 찾는다) 정책을 쓰고 있다. 같이 사는 상생이 아닌 나부터 살자는 정책을 쓰는 것은 비도덕적이다. 각국이 비상사태에 처했으니 우선 급한 대로 자기 나라부터 살고 보자는 식이다. 그러나 이 세상은 혼자만 살 수 있는 세상이 아니다. 전 세계는 실물이든 가상이든 이미 인터넷을 통하여 하나의 공동체로 엮여 있기 때문이다.

이미 초연결사회를 구축하고 경험한 인류가 소위 잘 사는 나라들만 계속 잘 살려는 정책을 그냥 놔두지는 않을 것이다. 미국이 중국을 무역으로 때리지만, 궁극적으로는 중국의 시장을 포기하지 못하는 것과 같다. 기후 온난화가 잘 사는 나라만 피해 가는 것이 아니다. 인터넷이 끊어지면 못사는 나라만 피해를 보는 것이 아니다. 이웃 나라에서 전쟁이 나면 우리만 국경 봉쇄해서 난민을 막으면 되는 것이 아니다.

지구 반대편에서 일어난 일에 관심을 보이고 뭔가 행동을 해야 한다고 생각하는 국민이 많으면 선진국이고, 자신과 직접적인 관련이 없다고 생각

---

6) 최재천, 이화여대 교수

하는 국민이 많으면 후진국이다. 인류 공동체 의식이야말로 선진국 진입의 중요한 문턱이다.

코로나는 분명 전 세계적, 전 인류적인 문제다. 지구적 문제를 국가별로 해결하겠다는 것은 어불성설이다. 북한처럼 문 닫고 혼자 살아 보겠다고 하지만, 머지않아 문을 열지 않을 수 없을 것이다. 어느 나라든 국경을 봉쇄하면 먹고 살기 힘들어지기 때문이다. 병으로 죽으나 굶어 죽으나 마찬가지다. 그러니 세계적인 문제에 대해서는 세계적인 공조체제를 갖춰서 공동의 노력으로 해결해 나가야 효과도 있고, 서로 잘 살 수 있다. 도덕적 인류애(人類愛)를 가져야 한다.

앞으로 전 인류에게 닥칠 기후변화 문제도 똑같다. 재러드 다이아몬드(Jared Mason Diamond, 미국 과학자) 교수가 코로나19 이후 최악의 시나리오는 각국이 국경을 봉쇄하고 자기 나라만 살겠다고 백신을 독점하는 일이라고 했다. 재러드 교수가 제시한 최선의 시나리오는 "전 세계가 기후변화를 공동의 문제로 인식하고 힘을 합쳐서 이겨 나가는 것이다"라고도 했다.

인간들의 생활에 관련된 문제들은 문제가 발생하기 전에 대비하는 것이 더 좋다. 지금 많은 문제가 과잉소비에서 발생하고 있다. 해결책은 소비를 줄이는 것이다. 절제하지 않고 하고 싶은 대로 하고, 원하는 건 모두 가지려 하는 것은 현실적으로 불가능하다. 마구 먹으면서 다이어트하고, 도박으로 재테크를 하겠다는 것과 같다. 스스로 절제하고, 환경과 상생하고, 주위와 서로 나누려고 하는 것이 바로 ESG경영이고 도덕 경영이다. 이러한 도덕적 생활 철학이 팬데믹 발생을 근본적으로 막아 준다. 또 발생한다고 하더라도 큰 피해 없이 극복할 수 있게 한다.

자기의 노력보다 더 많은 것을 가지려 하는 것은 탐욕이다. 상생이타(相生利他)의 마음으로 노력하는 것은 도전이고 희망이고 목표다. 그러나 만약 개인적인 입신양명(立身揚名)이나 이기심으로부터 출발하면 모든 노력은 탐욕이 된다. 탐욕을 가지고 목표에 몰입하게 되면 무리하게 되고, 거짓이 싹트게 된다. 우리를 둘러싸고 있는 문제들의 근본을 보면, 우리가 IPO에서 투입하지 않은 산출물을 원하거나, 투입 없이 더 많은 산출물을 기대하기 때문이다. 우리 자연계에서 뿌리지 않고 거둘 방법은 없다.

이제는 정보기술의 발달로 세계가 초연결사회가 되면서 누군가의 탐욕은 가까운 주위뿐만 아니라 전 세계에 영향을 끼칠 수 있다. 코로나로 모든 인류가 어려움을 겪을 때 이기적인 선진국과 기업, 개인들이 세계의 평화와 이웃들에게 어떤 피해를 주고, 또 악영향을 끼치는지 잘 보고 있다. 자신의 마음이 도덕에 기초를 두고 있을 때는 도전이자 희망이고 목표가 되지만, 부도덕에 기초를 두면 욕심이자 탐욕이고 불공평이 된다. 정보기술은 누가 도덕적이고, 누가 부도덕한지 투명하게 보여 준다. 결국에는 어느 것이 진실이고 진리인지 정보기술을 통하여 투명하게 밝혀진다.

우리가 직면한 많은 문제를 해결하는 방법은 우리 스스로가 도덕을 기반으로 문제의 발생 원인과 결과를 분석해야 한다. 그리고 자신의 부가가치 제고를 위해서 노력하고, 상대방과 같이 상생해서 전체의 부가가치를 올리려 노력해야 한다. 우리에게 쏟아져 들어 오는 각종 정보를 체계적으로 모아서 지식으로 만들고, 지식을 곱씹어서 지혜로 만들어야 한다.

지혜 있는 사람은 결코 후회할 일을 안 한다. 지혜 있는 사람은 절대 탐욕을 부리지 않는다. 해야 할 일, 할 수 있는 일, 해서는 안 되는 일, 해야만 하는 일을 잘 구별할 줄 알기 때문이다. 지혜로운 사람은 모든 문제의 원인과 결과의 인과관계를 이해하는 사람이다.

우리가 안고 있는 숱한 사회적 난제들, 즉 저성장, 양극화, 불평등, 불공정, 부동산 폭등, 청년 실업, 저출산, 이상 기후 같은 문제들을 해결하기 위해서는 교육개혁, 정치개혁, 언론개혁, 의식개혁 등 다양한 정책을 동원해야 한다. 그러나 4차 산업혁명의 시기에는 이러한 문제 대부분은 정보기술로 풀 수 있고, 또 그래야 해결 가능성이 크다. 다만 정보기술이 양날의 칼이니 도덕적 정보기술이 동원되어야 보다 근본적이고 장기적인 문제 해결이 가능하다.

지금의 문제들은 상생에 기반을 둔 도덕적 정보기술로 해결 가능하다. MS의 빌게이츠가 재단을 만들어 전염병 예방을 위한 기금을 만들었다. 카카오의 김범수의장이 재산의 절반을 사회에 기증했다. 이러한 개인적인 기여 외에도 사회의 부조리나 개인의 부도덕성을 투명하게 공개하고 심판한다든지, 개인의 생산성을 높여서 경쟁력을 높인다든지, 전 세계적으로 정보기술의 혜택을 좀 더 넓게 활용하도록 한다든지 등등의 방법이 있을 것이다. 그러나 제일 중요한 것은 개인의 자기 주도적 성장 의지다

우리가 겪고 있는 많은 사회적 문제들이 사실 출발점은 '나' 개인이라는 것을 알아야 한다. 문제에 직면해서 돌파구를 찾기 어려우면 나 자신을 불우한 환경의 희생양인 양 얘기들 한다. 그러나 '나'가 없으면 이 세상에 대한 인식도, 내가 안고 있는 문제도 근본적으로 없어진다는 것을 알면 그렇게 얘기할 수 없다.

이 세상은 그저 무심히 흘러가지만, 우리 주위의 현상들, 문제들을 내

가 어떤 자세와 생각으로 받아들이느냐에 따라 문제도 되고 해결책도 된다. 어떤 일이 누군가에게는 즐거운 취미가 되고, 누군가에게는 힘든 작업이 되는 이치와 같다. 그래서 문제 하나하나에 얽매여 허우적거릴 것이 아니라 그 문제가 일어난 원인과 문제 이면에 흐르는 본질을 먼저 이해하자. 그러면 문제나 고통이 아닌 사실과 현상 그 자체로 인식할 수 있다.

개인의 비도덕적인 생각과 행동이 우리 가정의 비도덕적인 생각과 행동이 되는 것이고, 이것들이 모여 우리 사회의 비도덕적 생각과 행동이 되는 것이다. 사람들은 자기 자신이 가장 보편적이고, 가장 일반적이고, 법 없이도 살 수 있다고 말한다. 설령 자신이 일시적으로라도 비도덕적인 생각이나 행동을 했어도, 나름대로 다 배경과 이유가 있었고, 누구나 그럴 수밖에 없는 상황이었다고 생각한다.

이것을 심리학에서는 허위합의편향(False Consensus Bias)이라고 한다. "자신의 의견, 신념, 행동이 실제보다 더 보편적이라고 착각하는 자기 중심성 개념"으로, "나와 내 주위가 믿는 것이 진실이다"라고 믿는 것이다. 이념의 양극화에서 각 극단의 이념들은 모두 허위합의편향에 사로잡힌 것이다.

여러 의견을 폭넓게 듣고 자기 스스로가 현명하게 결정해야 한다. 개인이 이런 능력을 갖출 때 극단적인 논조로 제 편을 모으고, 상대편을 집단적으로 공격하게 하는 선동꾼들의 난동을 멈추게 할 수 있다. 자기 스스로 질문해서 스스로 생각해 낸, 자기만의 생각이 있는 진정한 자유인이 되어야 한다. 그런 자유인이 많아지게 되면 지금 양극단에 몰려 있는 추종자들의 땅콩 같은 세계에서 중심축이 두둑한 표준편차의 세상으로 바뀌게 된다.

증오에 찬 양극단의 외침 대신에 중용과 이해, 공정과 정의의 외침이 사회의 주류를 이뤄야 사회가 안정화되고, 이 안정을 바탕으로 밝은 미래로 나아갈 수 있다. 이러한 사회의 바탕에는 인의예지(仁義禮智)로 구성된 도덕이 있다. 이제 경제 발전의 중심축으로 떠오른 정보기술도 당연히 도덕을 바탕으로 두어야 한다.

사회의 저명인사들이 어느 날 비도덕적인 것이 밝혀져서 여론의 몰매를 맞고 나락에 떨어지는 것을 자주 본다. 정치권에서 말하는 내로남불(내가 하면 로맨스, 남이 하면 불륜)도 도덕의 보편적인 기준을 편의적으로 왜곡해서 생긴 말이다. 도덕의 통념적인 수준에서 지적을 받을 행동을 법적으로는 문제가 없다는 식으로, 자의적으로 해석하는 때도 많다. 우리가 도덕적이어야 하는 이유는 도덕적으로 생각하고 행동하면 도덕이 결국 자기 자신을 이롭게 하기 때문이다.

맺음말

늦어도 1년 안에 끝날 것 같던 코로나가 2, 3년 더 걸릴 것 같다. 전 세계가 백신을 접종 맞고 집단 면역에 들어가려면 7년 이상 걸릴 거라는 보도도 있다. 이제까지 우리 인류가 경험했던 각종 경제위기가 대게 1, 2년 만에 극복되었던 것에 비해서 코로나의 경우는 그 범위에서나 그 충격에서 전대미문이다.

코로나가 발생했던 2019년 말, 2020년 초를 보면, 세계는 4차 산업혁명의 기술 발전과 각국 정부의 양적 완화에 힘입어 경기가 살아나고 있었다. 미국과 중국의 설전이 있었기는 했지만, 그래도 서로 문을 걸어 잠그고 싸우지는 않았다. 해외여행도 하고 대면회의도 하면서 싸웠지, 지금처럼 화면보고 SNS로 싸우지는 않았다.

우리나라에서도 일부 비관적인 예측도 있었지만, 반도체, 2차 전지, 자동차의 선전으로 경제가 피어나려고 하던 시점이었고, 미래에 대해 긍정적인 분위기가 강했다. 그러나 음지에서 실업자는 늘고, 일자리는 줄고, 수출 물량도 줄고, 부동산은 오르고, 매출과 이익률은 떨어지고, 벌어서 이자도 못 내는 기업들이 늘어나고 있었다. 양극화가 더욱 심화되고 있었다.

코로나로 인간의 활동을 오랜 시간 지배했던 구심력이 이제 원심력으로 바뀌고 있다. '뭉치면 살고 흩어지면 죽는다'가 아니라 '모이면 죽고 흩어지면 산다'가 되었다. 시내 중심가가 시외 변두리로, 사무실이 재택으로, 극장이 넷플릭스로, 마트가 전자상거래로, 학교 강의가 원격 강의로, 식당이 배달로, 해외여행이 랜선 투어로 바뀌고 있다. 이러한 변화가 빠르게 진행될 수 있었던 이유는 정보기술이 그동안 촘촘히 사람들을 연결시켜 놓았기 때문이다. 비대면은 정보기술이 전제되지 않으면 실현될 수 없는 현상이다.

코로나 이후에 모든 것이 달라졌다. 거리 두기와 집합금지로 봉쇄와 해제가 반복되다 보니 그날그날을 벌어야 먹고 사는 계층부터 바로 타격이 오기 시작했다. 그리고 여행, 항공, 유흥업소, 자영업의 가게들이 직격탄을 맞았다. 거기에 화폐가 풀려 자산 가격이 상승하게 되었고, 앞으로도 더 오를 것이라는 기대감에 빚을 내서라도 집을 사야 하는 강박감이 시장을 지배했다.

집값을 잡기 위한 정부의 여러 조치가 나오면서 돈이 부동산시장에서 주식시장으로 이동했고, 코스피 주가지수가 10년 만에 3,000을 넘어 이제 4,000을 넘보고 있다. 부동산시장에는 자금이 없어 미처 들어가지 못한 2030세대들이 마이너스 통장으로 주식시장에 뛰어들었다. 기왕이면 더 큰 시장에 투자하기 위해 미국 주식시장까지 '서학개미'라는 이름으로 진출하고 있다. 이 가운데 일확천금을 노리는 투기꾼들 앞에 암호화폐들이 기승을 부리고 있다. 변화는 항상 긍정적인 면과 부정적인 면이 교차하면서 생긴다.

코로나가 언제 끝나고 다시 예전의 일상생활을 할 수 있을지 아무도 예측 못하고 있다. 어쩌면 우리가 생각하고 있는 시기보다 더 늦어질 것이라고 보는 게 안전할 것이다. 그리고 코로나 이후의 사회 변화에 대해서 너무 불안해할 필요는 없다. 많이 달라진 일상을 살겠지만 좀 더 장기적인 관점에서 보면 언제 그랬느냐는 듯이 그렇게들 생활할 것이다.

대부분 중소기업의 줄어든 수요와 영업 중지에 따른 자영업자들의 고통에도 불구하고 반도체, 2차 전지, 자동차 부문은 연일 최고 매출과 이익을 갱신했다는 뉴스가 나오고 있다. 시중 경기가 최악의 상태인데도 주식시장과 집값은 연일 최고가를 갱신하고 있다.

정확히 여기에도 양극화가 심해지고 있다. 4차 산업혁명의 정보기술에 미리 투자한 국가들과 그렇지 못한 국가들 사이에서, 정보기술에 투자한 기업들과 그렇지 못한 기업 사이에서, 정보기술을 미리 익히고 투자에 활용한 사람들과 그렇지 못한 사람들 사이에서, 정보기술을 교육을 받고 정보기술의 전문가가 된 사람들과 그렇지 못한 사람들과의 사이에서 양극화가 발생하고 있고 그 격차가 점점 더 크게 벌어지고 있다.

코로나 이후에 전통적인 대기업이나 제조업 분야에서 경영상태가 개선되기도 할 것이다. 코로나 동안 억눌렸던 수요들이 폭발적으로 늘어나고, 기저효과로 인한 높은 성장률도 있을 것이다. 그래서 일부 기업들은 빅테크 기업이 아니어도 전통적인 기업의 안정적인 성장은 계속 유지될 것으로 생각하기 쉽다. 그러나 아무리 아날로그 위주의 기업들의 경영성과가 유지는 되겠지만, 디지털 위주 기업들의 성장 속도를 따라가기는 힘들 것이다. 디지털은 기본적으로 기하급수적인(exponentially) 성장을 하기 때문이다.

양극화의 상위에 있는 사람들은 부를 쓸어 모으고 있고, 한 줄짜리 트위터로 투자자들을 몰고 다닐 만큼 영향력을 발휘하고 있다. 이런 이 시대 영웅들의 입에서도 이제 가끔 도덕이라는 말이 나오고 있다. 일론 머스크가 공매도에 대해 '신용사기(scam)'라고 했다. 신용사기는 대표적으로 비도덕적인 행동이다. 지난 미국 대선에서 부유세(wealth tax) 얘기가 나올 때도 부자들의 도덕적 책임(moral responsibility)을 강조하였다.

IMF 때 높은 환율 때문에 고생했던 중견 기업인은 경제위기 얘기만 나오면 무조건 달러를 사놓는다. 전셋값이 올라서 이사하느라고 고생한 적이 있는 서민은 빚을 내서라도 자기 집을 하나 장만하려고 발버둥 친다. 우리 인간은 각자가 겪은 트라우마를 오래 기억하고, 이를 피하고자 노력한다. 코로나도 이제 우리 인류에 트라우마가 되었다.

코로나로 기존의 공급망이 흔들리고, 직원들이 출근을 못 하고, 해외 출장을 못 가고, 무역 파트너와 대면을 못 하게 되면서 기업들도 앞으로 어떻게 경영환경이 바뀔지 모른다. 그래서 기업의 성장성과 수익성도 중요하지만, 지속가능성이 더욱 중요하게 되었다. 비재무적 요소인 ESG가 주목을 받고 있다.

각국이 경기 부양과 실업자 구제를 위하여 저금리와 양적 확대를 하고 있을 때 '코로나'라는 팬데믹이 터졌다. 그래서 각국은 남아있는 유일한 수단인 재정투자를 적극적으로 쏟아붓고 있다. 시중에 불어난 자금들이 부동산과 정보기술에 대한 투자로 이어졌다. 이미 정보기술을 선점하고 있던 기업들은 사상 최대의 호황을 누리는 반면, 전통적인 제조업에 머무르고 있던 기업들은 생존이 흔들리고 있다.

정보기술 쪽에서는 필요한 사람을 못 구해서 난리고, 전통적인 제조 기업들에서는 사람을 못 내보내서 난리다. 직장인들 사이에서도 젊고 정보기술에 대한 이해가 많은 사람은 빠르게 연봉이 오르고 있고, 나이 들고 정보기술과 거리가 먼 사람들은 퇴출 대상들이다. 정보기술을 전공하지 못한 취준생들은 공기업이나 공무원이 되기 위해 학원이 문전성시다.

코로나 시절을 좀 더 냉철하게 보면 구조조정의 적기다. 영업 악화로 정부에서 보조금을 주는 상황에서 업종의 변화를 추진해 포스트 코로나 이후에 살아남을 수 있는 업종으로 바꾸는 노력이 필요하다. 대기업 경우에도 코로나로 인한 불경기만 넘기겠다고 방어 모드로 지내는 것보다 ESG를 고려하여 적극적인 신사업 진출과 M&A를 시도할 필요가 있다.

IMF 사태가 국민에게 뼈아픈 충격이었지만, 그래도 IMF를 통하여 일부 구조조정이 되었기에 그 뒤에 온 금융위기를 무사히 넘길 수 있었다. 위기가 기회라는 말처럼 코로나 사태를 하늘이 준 기회로 보고, 더 적극적으로 정보기술, 바이오, 뇌 과학, 대체에너지, 우주공학 분야로의 전환이 필요하다.

정보기술은 이제 모든 불평등과 양극화의 근원이 되고 있다. 코로나 이후에는 두 종류의 사람들이 있을 것이다. 정보기술의 활용능력이 있는 사람과 그렇지 못한 사람이다. 기업도 마찬가지다. 정보기술의 활용능력이 있는 기업과 그렇지 못한 기업이다. 그래서 경영자들은 DX(디지털 전환)를 외치고 변신을 꾀하고 있다. 하지만 DX는 경영자가 끌어서 되는 것이 아니라 각 개인의 내면에서부터 시작해야 한다. 톨스토이(Leo Tolstoy)는 "모든 사람이 세상을 변화시키겠다고 하지만, 자기 자신이 먼저 변하려고 하는 사람은 없다"라고 설파했다.

AICBM으로 대표되는 4차 산업혁명의 정보기술을 학습하고 활용하는 기업과 개인은 양극단의 상위로 올라가고, 그렇지 못한 기업과 개인은 하단으로 내려간다. 생산성의 차이 때문이다. 내부의 생산성은 외부의 경쟁력이다. 생산성을 올리기 위해서는 개인들의 학습을 통한 IPO의 효율을 올리는 것이 중요하다. 나무꾼은 도끼날을 자주 갈아야 한다. 선택한 목표에 집중해서 끊임없이 학습하고 내공을 닦아야 한다. 뿌린 대로 거두기 때문이다.

양극단의 상위에 있는 사람들은 Follower가 아니라 Leader들이다. Leader로서의 위치를 유지하기 위해서는 항상 질문하는 자세를 가지고 있어야 한다. 질문에 대답하는 사람은 Follower다. 끊임없는 의심과 질문, 고뇌와 탐구, 사색을 통해서 지식이 아닌 지혜를 찾아야 한다. 지식은 아는 것을 경험하는 것이고, 지혜는 아는 것을 실행하는 것이다. 그래서 지혜롭게 생각하고 행동하기 위해서는 도덕을 바탕으로 하는 인문학적 시각을 가져야 한다.

모든 정보기술은 양날의 칼이다. 선하게 쓰면 도움이 되고, 악하게 쓰면 피해를 준다. 아인슈타인은 "기술의 진보는 마치 병적인 범죄자의 손에 든 도끼와 같다"고까지 경고했다. 선과 악을 구별할 줄 아는 것이 도덕이다. 도덕을 바탕으로 하지 않는 정보기술은 인류에 도움은커녕 오히려 생존을 위협할 수 있다. 어느 쪽으로 갈지를 결정하는 것은 개인의 도덕심이다. 도덕심을 기르기 위해서 각 개인은 문학, 역사, 철학을 통하여 지식을 얻고, 연구와 사색을 통하여 지혜를 길러야 한다.

정보기술은 하루가 다르게 발전하고 있다. 그러나 이 정보기술을 만들고 사용하는 사람들의 정신은 시간이 갈수록 정체되어 간다. 더 나은 더 높은 이상을 향하여 정보기술을 만들고 활용하는 사람과, 정보기술이 주는 익숙함과 편안함에 안주하려고 하는 사람이 있다. 사무엘 울만(Samuel Ullman, 미국 시인)의 말처럼, 호기심을 잃는 순간에 우리는 늙은이가 된다. 우리가 현상유지편향(Status Quo Bias)에 젖어 드는 순간 우리의 정신은 늙고 쇠퇴해 간다. 정보기술의 발전과 이것을 만들고 사용하는 사람들의 정신 후퇴는 인간들을 불행하게 만든다. 사람이 정보기술을 활용하는 것이 아니라 정보기술이 사람을 이용하게 된다.

코로나 이전과 비교해서 코로나 이후의 세계에서도 변하지 않는 것이 있다. 그것은 도덕이다. 도덕은 우리 사회를 유지하고 지탱해 주는 기본이기 때문이다. 코로나 이후에 각국의 회복속도가 다를 것이다. 다시 양극화가 시작되고, 그 격차가 더 커질 것이다. 마이클 샌델(Michael J. Sandel, 하버드대 교수)이 주장하는 것처럼 도덕성이 살아야 정의도 세울 수 있고, 무너진 기반도 다시 세울 수 있다. 코로나 이후에 새로운 사회가 펼쳐지겠지만 그 사회도 결국 도덕을 근본으로 하지 않을 수 없을 것이다. 도덕을 도덕이게 하는 것이 인문학이다. 도덕은 인문학에서 나온다.

ESG가 지향하는 바도 궁극적으로는 인문학적 시각이다. 환경과 공존하고, 사회와 상생하고, 이해관계자와 협업하는 것이 바로 도덕적인 기업이다. 인문학적 시각을 바탕으로 한 개인과 기업들이 정보기술을 발전시키고 확대할 때 우리 인류의 지혜는 밝아지고, 나선형의 IPO선순환 구조가 완성될 것이다. 그래서 정보기술과 도덕은 모든 개인과 기업의 미래를 결정하는 가장 중요한 요소다.

정보기술은 지금 빠른 속도로 발전하고 있다. 정보기술을 포함한 과학의 발달은 생활 편이를 크게 발전시켰다. 우리 인류는 정보기술로 얻게 된 새로운 시간을 다시 정보기술에 쓰고 있다. 어떤 사람은 도덕적으로, 어떤 사람은 비도덕적으로 정보기술에 시간을 쓰고 있다. 그래서 정보기술이 인간에게 도움이 되기도 하고 인간에게 해를 끼치기도 한다. 문제는 정보기술을 활용하는 사람의 도덕적 마음가짐이다.

도덕적이라는 뜻이 치열한 경쟁에서 벗어나서 자연을 벗 삼아 유유자적하라는 의미가 아니다. 모든 경쟁에서 일부러라도 양보해야 하는 그런 소극적인 것도 아니다. 오히려 도덕은 더욱 철저한 자기관리와 학습을 통해 자기계발을 하고 나아가 자기의 경쟁력을 높이는 것이다. 더 사회에 기여하고, 더 많은 사람이 행복하게 잘 살 수 있도록 도와주는 것이다. 도덕은 사람 사이에서 공정하고 성실하고 상생하는 경쟁을 하는 것이지, 경쟁을 피하고 자기 자신의 행복만 추구하며 사회로부터 도피하는 것이 아니다. 도덕은 승자의 무기이지, 패자의 변명이 되면 안 된다.

우리가 문학과 역사, 철학을 공부하는 이유는 인간이 이제까지 그린 무늬를 연구하고 학습함으로써 삶의 지혜를 얻고자 함이다. 문학, 역사, 철학에 기록된 수많은 인물과 사상, 사건들을 접하다 보면, 우리가 어떻게 살아야 삶의 가치와 의미가 있는지를 알 수 있다. 삶의 가치와 의미를 찾고 이해하고 실행하기 위해서는 지혜로워야 한다. 지혜는 지식을 통섭해서 얻어지고, 지식은 정보를 체계화한 것이고, 정보는 데이터를 모은 것이다. 세상의 모든 사건과 사물과 이야기가 바로 데이터다.

그래서 정보기술의 궁극적인 목표는 인간이 지혜로워지는 것이다. 지혜로운 것은 현명한 것이고, 후회하지 않는 것이다. 지혜는 지혜로워지는 여정을 말한다. 지혜는 목표나 단계가 아니라 끊임없이 진리와 진실을 추구하는 과정이다.

이 과정에서 도덕은 우리가 나아가야 하는 길을 알려 준다. 도덕은 우리가 공부해야 하는 길을 알려 준다. 도덕은 우리가 실행해야 하는 길을 알려 준다. 우리가 걸어간 길이 무늬가 되어 후손들이 우리보다 더 지혜로워지도록 도움을 줄 것이다.

지혜로운
도덕 경영

초판 1쇄 발행 - 2021년 7월 15일
초판 2쇄 발행 - 2021년 10월 15일

지은이 - 이강태
발행인 - 김이백
발행처 - 북엠(Book Maker)
편　집 - 권용남
제　작 - 으뜸피앤디

주　소 - 07371 서울 영등포구 경인로 82길 3-4 B205호
전　화 - 070-7008-4060
팩　스 - 02-2164-2072
이메일 - bookmaker20@naver.com

ⓒ 2021, 이강태
ISBN 979-11-969811-7-4 03320

값 17,000원
* 이 책의 무단 전재 및 복제를 금합니다.
　파본은 교환해 드립니다.